Gerlinde Mathias

Liebe, Sexualität und Reinheit

Erläuterungen, Berichte und Tipps für junge Christen

Liebe, Sexualität und Reinheit

Erläuterungen, Berichte und Tipps für junge Christen

Gerlinde Mathias

Bibliografische Information der Deutschen Nationalbibliothek:
Die Deutsche Nationalbibliothek verzeichnet diese
Publikation in der Deutschen Nationalbibliografie;
detaillierte bibliografische Daten sind im Internet
über http://dnb.dnb.de abrufbar

© 2024 Gerlinde Mathias
Lektorat: Magdalena Kesselstatt
Korrektorat: Martina Obletter und Mag. Nora Paul
Covergestaltung: eine der Autorin bekannte Person, Lara Stürmer
xBluexMoon (Zeichnungen)

Herstellung und Verlag:
BoD – Books on Demand, Norderstedt

ISBN: 978-3-7597-2907-1
.

Heiliger Johannes Paul II,
bitte für uns

INHALTSVERZEICHNIS

Anmerkungen:
Die Bibelzitate sind der Einheitsübersetzung 2016 entnommen.
Übersetzungen aus nicht deutschen Quellen wurden von der
Autorin vorgenommen, sofern nicht anders angegeben.
Persönliche Berichte ohne Quellenangaben wurden von Personen
verfasst, die die Autorin persönlich kennt.

Einleitung

Einmal ging ich an einem Vormittag in eine Kirche, weil ich die Messe besuchen wollte. Zu meiner Überraschung war die Kirche gesteckt voll, weil eine Schulmesse gefeiert werden sollte. Bei der Predigt rief der Priester einen Schüler zu sich nach vorne. Ich glaube, der Junge war neun oder zehn Jahre alt. Der Priester fing an, ihm Fragen zu stellen.

Priester: „Was machst du, wenn dieses Schuljahr zu Ende ist?"

Schüler: „Ferien. Und dann steige ich in die nächste Schulstufe auf."

Priester: „Und was machst du dann?"

Schüler: „Ich schließe die Grundschule ab."

Priester: „Und dann?"

Schüler: „Dann gehe ich in die Mittelschule."

Priester: „Und dann?"

Schüler: „Dann gehe ich in eine andere Schule und mache die Matura."

Priester: „Und dann?"

Schüler: „Dann studiere ich Medizin."

Priester: „Und dann?"

Schüler: „Dann lerne ich eine Frau kennen, heirate sie und bekomme Kinder."

Priester: „Und dann?"

Schüler: „Dann arbeite ich als Arzt und sorge für meine Familie."

Priester: „Und dann?"

Schüler: „Dann gehe ich in Pension."

Priester: „Und dann?"

Ich weiß nicht mehr genau, wie lange er weiterfragte, aber ich war ganz berührt davon, dass dieses Kind so genaue Vorstellungen vom Leben hatte, sowohl beruflich als auch privat. Er wusste, dass er

Arzt werden wollte, und er war davon überzeugt, dass er einmal eine wunderbare Frau heiraten würde, um mit ihr eine Familie zu gründen und Kinder zu haben.

Daraufhin habe ich mich auch dafür interessiert, welche Vorstellungen Jugendliche vom Leben haben. Was ist euch wichtig bezüglich eurer Zukunft?

Die Ergebnisse der Shell-Jugendstudie 2019 sind eindeutig: 94 % der Jugendlichen finden eine vertrauensvolle Partnerschaft überaus wichtig und 90 % wünschen sich ein gutes Familienleben.[1] Das deckt sich also mit den Vorstellungen des Kindes aus der Messe.

Und wenn du darüber nachdenken würdest, was wäre für dich wichtig bezüglich deiner Zukunft? Versuche einmal, daran zu denken, wie dein Leben in fünf, zehn oder fünfzehn Jahren aussehen wird, zum Beispiel an einem gemütlichen Sonntagnachmittag. Nimm dir am besten ein oder zwei Minuten Zeit zum Nachdenken und lies dann weiter.

Wahrscheinlich kommt in deiner Vorstellung dein Ehemann bzw. deine Ehefrau vor und vielleicht krabbelt oder rennt auch das eine oder andere Kind herum.

Das ist die Sehnsucht oder der Wunsch vieler: eine eigene Familie zu haben. Und dass das Leben in der Familie harmonisch verläuft. Trennung und Scheidung kommen in unseren Vorstellungen und Wünschen nicht vor. Weder in denen des neunjährigen Jungen noch in unseren.

In der heutigen Zeit, wo man so oft von Scheidungen hört, sie selbst aus unmittelbarer Nähe miterlebt oder man sogar in einer Patchworkfamilie aufwächst, ist es wirklich verwunderlich, dass trotzdem so viele junge Menschen tief in ihrem Inneren den Wunsch haben, eine Familie zu gründen und sich später NICHT scheiden zu lassen. Ich glaube, das liegt daran, dass es Gottes Wille ist, dass die meisten von uns heiraten. Er selbst legt uns diese Sehnsucht ins Herz, weil es sein Plan ist, dass wir als Erwachsene

---

[1] https://www.shell.de/ueber-uns/shell-jugendstudie/alle-schaubilder-und-grafiken/_jcr_content/par/expandablelist/expandablesection_22031779.stream/1570991137592/89898c2dfde17e03414e5cb64f1f6241ea4de026/shell-youth-study-infographic-family-values-religion.pdf, aufgerufen am 18.11.2019.

unsere eigene Familie gründen und Kinder bekommen. Und Er will auch, dass wir bis ans Ende unseres Lebens zusammenbleiben.

Aber ist das heutzutage nicht ein ziemlich unrealistischer Wunsch? Ich glaube nicht, denn wenn Gott will, dass wir unser Leben mit einem Ehepartner verbringen, dann werden wir es mit Seiner Hilfe schaffen.

Als ich 16 Jahre alt war, hat Gott mir ein wunderbares Geschenk gemacht: Er hat mir seine Liebe gezeigt und den Glauben an Jesus Christus, seinen Sohn, geschenkt. Ich durfte erkennen, dass Er mir ganz nahe ist und es immer sein wird und dass Er nur das Beste will für mein Leben. Also beschloss ich, von nun an mit Ihm zu leben. Ich fing an, jeden Sonntag bewusst zur Messe zu gehen, betete, fuhr zu verschiedenen Jugendtreffen, las Heiligenbiografien und andere christliche Bücher und versuchte auch, so manch Gelesenes in die Tat umzusetzen. Immer wieder stellte ich mir die Frage, was Gott von mir wollte, was genau ich tun und was ich lassen sollte. So verging die Zeit und ich kam zu der Schlussfolgerung, dass man nur wahrhaft glücklich und frei leben kann, wenn man sich an das hält, was uns die Kirche lehrt und zu tun bittet. Auch und besonders, was die Liebe und die Sexualität betrifft. Ich kann Daniel Ange nur zustimmen, wenn er sagt: „Die Kirche sieht das Beste in dir, und sie will es um jeden Preis schützen, ja selbst wenn sie dich gegen dich selbst schützen muß. Denn ihre Forderungen sind in Wahrheit die deines eigenen Herzens. Sie wagt, viel zu verlangen, denn sie weiß, daß du groß genug bist, um darauf zu antworten. Und ihre Forderungen entsprechen dem, was du an Großem in dir trägst. Sie schätzt dich um deiner selbst willen. Die Kirche strebt für dich das Maximum dessen an, wozu du fähig bist."[2]

Aber wenn es um die Sexualität geht, hat man sehr oft das Gefühl, dass die Kirche uns einen riesigen Berg von Verboten auferlegt, an die sich sowieso keiner halten kann. Oder es ist ein Thema, über das nicht geredet wird, weil man eben nicht darüber spricht. Ein Tabuthema. Aber am meisten wird von den Verboten geredet. Genauso wie im Garten Eden, wo Adam und Eva die Früchte eines bestimmten Baumes nicht essen durften. Ich glaube jedoch, wir

---

[2] Daniel Ange, *Dein Leib geschaffen für die Liebe,* Linz 2003, S. 41. Dieses Buch ist in der alten Rechtschreibung verfasst. Bitte das bei diesem und allen weiteren Zitaten daraus zu beachten.

versteifen uns manchmal ein bisschen zu sehr auf diesen einen Baum, von dem sie nicht essen durften, denn eigentlich ist der Mensch „im Besitz einer sehr weitgehenden Freiheit, denn er darf ‚von allen Bäumen des Gartens' essen".[3] Das heißt, wir haben eigentlich eine sehr große Freiheit, wir können wählen zwischen Äpfeln, Birnen, Kirschen, Bananen, Trauben, Orangen usw. Der einzige „Baum", von dem wir nicht essen sollen, ist der, wo man darüber entscheidet, was gut und böse ist. Diese Entscheidung gehört Gott allein. Nur Er hat die Macht, darüber zu entscheiden, was gut ist und was böse. Deshalb wird die Kirche niemals die 10 Gebote ändern oder abschaffen, sie wird auch nicht die Gebote bezüglich der Ehe oder Sexualität ändern, weil sie dazu einfach nicht befugt ist. Kein Bischof, kein Priester und kein Papst kann das ändern. Nur Gott. Wir sind also frei in dem Sinn, dass wir tun können, was wir tun wollen, auch wenn wir dabei sündigen. Aber wir können nicht darüber entscheiden, ob das, was wir machen, gut oder schlecht ist.

Das klingt jetzt ein bisschen negativ, ist es aber nicht. Denn die Freiheit, die Gott uns schenkt, hat nicht nur die Dimension, dass wir entscheiden dürfen, was wir tun oder lassen. Die Freiheit, die Gott uns schenkt in Jesus Christus und dem Heiligen Geist, ist eine Freiheit, die uns frei machen will vom Gesetz. Das heißt, je ernster wir versuchen, Jesus nachzufolgen, zu beten, fragen, was Er will für mich, desto freier werden wir innerlich und desto weniger empfinden wir die Gebote als eine Last oder einen Zwang. Je mehr wir Jesus bitten, dass Er in unser Leben kommt, in unserem Herzen wirkt und dass Er uns zeigt, was gut für uns ist, desto freier werden wir von den Geboten, weil wir immer weniger den Wunsch haben, sie zu brechen. Das ist eine Gnade, ein Geschenk, das Gott uns machen möchte. Bitten wir Ihn darum!

Mir ging es so: Je länger ich Jesus nachfolgte, desto freier wurde ich von dem Empfinden, dass gewisse Gebote schwer zu akzeptieren oder zu leben sind, auch was die Sexualität betrifft. Ich hatte immer mehr den Wunsch, so zu leben, wie Gott es uns durch

---

3   Päpstlicher Rat für Gerechtigkeit und Frieden, *Kompendium der Soziallehre der Kirche*. Freiburg im Breisgau 2006, 136. Diese Schrift ist in der alten Rechtschreibung verfasst. Bitte das bei diesem und allen weiteren Zitaten daraus zu beachten.

die Kirche bittet. Schon einige Jahre bevor ich meinen Mann kennenlernte, hatte ich erkannt, dass Jesus von mir wollte, dass ich keinen Sex vor der Ehe habe. Ich traf die Entscheidung, den Willen Gottes diesbezüglich zu erfüllen, in Freiheit und Freude. Ich empfand es nicht als Last. Gott schenkte mir noch eine andere Gnade: Er hat mich auch von dem Gefühl befreit, mich vor irgendjemandem dafür rechtfertigen zu müssen deswegen. Ich konnte mit ganz einfachen, klaren und freundlichen Worten sagen, wie ich das sehe. Ohne Angst vor möglichen Reaktionen. Ich sehe das als Geschenk Gottes, weil ich merke, dass ich es von mir aus nicht geschafft hätte.

Für mich war und ist es auch eine große Freude, zu sehen, dass viele meiner Freunde dieselbe Entscheidung getroffen haben, in derselben Freiheit und Freude. Mit manchen von ihnen habe ich über verschiedene Aspekte der Sexualität gesprochen und festgestellt, dass sehr oft ähnliche Fragen auftauchen: Was ist Liebe? Was ist Sex? Gibt es einen Unterschied zwischen diesen beiden Sachen? Was heißt Keuschheit oder Reinheit? Ist Masturbation gut, so wie es alle Jugendzeitschriften schreiben? Was mache ich, wenn meine Freunde vorschlagen, dass wir einen Pornofilm sehen? Wie soll ich reagieren, wenn alle Leute um mich herum Nacktfotos per Snapchat verschicken? Was mache ich, wenn mir ein Freund erzählt, dass er homosexuell ist? Was bedeutet es, ein Mann oder eine Frau zu sein? Was macht einen Mann zu einem Mann und eine Frau zu einer Frau? Sind wir nur äußerlich oder auch innerlich verschieden? Was, wenn ich mit 18 noch keinen Freund bzw. keine Freundin habe? Kann ich mein Leben als Single irgendwie sinnvoll nützen? Hilft mir die Art mich zu kleiden dabei, schneller einen Freund zu finden? Was ist in einer Liebesbeziehung wichtig? Worauf soll man achten? Was können wir tun, damit unsere Ehe einmal gelingen kann? Warum sagt die Kirche, dass man keinen Sex vor der Ehe haben soll? Und was genau bedeutet das? Ist Küssen, Petting, Heavy Petting „erlaubt"?

Auf diese und noch mehr Fragen habe ich versucht, eine Antwort zu finden, besonders in der Zeit, in der ich eine Beziehung zu einem Mann hatte, aber auch als ich Single war, und noch jetzt, wo ich schon verheiratet bin. Die Antworten, die ich in diesem Buch zusammengetragen habe, beziehen sich einerseits auf die Lehre der Kirche zum Thema Sexualität, Liebe und Ehe, andererseits auch auf praktische Aspekte des christlichen Lebens als Single und wenn man in einer Beziehung steht.

Einige meiner Freunde haben ihre Erfahrungen mit mir geteilt, damit wir sehen können, wie Gott wirkt und dass wir nicht die Einzigen sind, die versuchen, nach den Geboten Gottes zu leben. So ist dieses Buch entstanden und ich bete, dass es dir und vielen Menschen eine Hilfe sein möge, um durch das Wirken Gottes zur inneren Freiheit von allen Geboten zu gelangen und die Liebe und Sexualität so zu leben, dass du dich dabei glücklich und frei fühlst. Möge Gott dein erster und wichtigster Helfer sein auf dem Weg der Liebe, hin zur Ehe und einem gelungenen Familienleben. Dafür bete ich.

Gerlinde Mathias

TEIL 1
LIEBE, SEXUALITÄT, EHE UND KEUSCHHEIT

Das ist mein Gebot,
dass ihr einander liebt,
so wie ich euch geliebt habe.
Joh 15, 12

Einführung Teil 1

Wir leben in einer Welt, die voll ist von Liebe und Sexualität. Es gibt keinen Kinofilm, wo nicht irgendein Mann eine Frau findet und mit ihr ins Bett geht, auch wenn es eigentlich ein brutaler Actionthriller ist. Sämtliche Jugendzeitschriften und Internetportale sind voll von Liebesratschlägen, den neuesten Liebesgeschichten der Stars usw. Selbst irgendein relativ unwichtiges Werbeplakat hat oftmals sexuelle Inhalte. Man kann dem Thema Liebe und Sexualität praktisch nicht entkommen. Manchmal habe ich das Gefühl, wir leben in einer übersexualisierten Welt.

Interessant ist, dass diese sexgesättigte Kultur, in der wir leben, erst in den letzten 50 Jahren entstanden ist. Früher gab es keine Werbeplakate mit halb nackten Personen, keine Sexszenen in Filmen, es gab auch nicht den sozialen Druck, dass man mit spätestens 16 einen Freund oder eine Freundin (gehabt) haben sollte, mit dem oder der man auch ins Bett geht, auch wenn man weiß, dass die Beziehung nicht allzu lange halten wird. Wenn man daran denkt, seit wie vielen Tausenden Jahren es uns Menschen schon gibt, dann sind diese 50 Jahre eigentlich gar nicht viel. Das, was heute „normal" ist, war es die meiste Zeit unserer Geschichte nicht. Kannst du dir das vorstellen?

Ich will damit nicht sagen, dass früher alles besser war, und ganz sicher gab es auch genug Leute, die trotz der offiziellen Normen Sex hatten vor oder außerhalb der Ehe. Aber ich will uns nur klarmachen, dass vieles, was wir heute diesbezüglich sehen und erleben, erst vor kurzer Zeit so geworden ist. Christopher West sagt darüber: „Das Problem mit unserer sexgesättigten Kultur ist (...) nicht, dass sie Körper und Sex überbewertet. Das Problem ist, dass sie nicht erkennen kann, wie wertvoll Körper und Sex tatsächlich sind."[4] Genau das ist es: Unser Körper, unsere Sexualität, wir, wir sind wundervoll, überaus wertvoll, unendlich wertvoll! Und Gott hat einen Plan mit uns, mit unserem Körper und unserer Sexualität, einen wunderbaren Plan. Damit dieser Plan zu seiner vollen

---

[4] Christopher West, *Theologie des Leibes für Anfänger,* Kißlegg 2005, S. 16.

Entfaltung kommen kann, müssen wir uns bewusst sein, wie wertvoll die Sexualität ist, wie wertvoll wir als Person sind, unser Körper und unsere Seele. Dann werden wir auch besser verstehen können, warum uns Gott und die Kirche bitten, Sexualität in einer bestimmten Art und Weise zu leben und dabei auf manche Dinge zu verzichten.

Es geht also in erster Linie nicht darum, zu wissen, was man tun darf und was man lieber lassen soll, sondern wir müssen verstehen, was die Kirche und somit auch Jesus Christus unter Liebe verstehen, was die Ehe ist, was mit Liebe gemeint ist, dass es in der Liebe nicht nur auf das Körperliche ankommt, auf das Küssen und Schmusen. Liebe ist viel mehr. Wenn wir versuchen, die Größe und den Wert der Liebe und der Sexualität aus der Sicht der Kirche zu verstehen, wird in uns der Wunsch entstehen, danach zu leben und die ganze Welt davon zu überzeugen, wie wertvoll dieser Schatz ist. Möge der Heilige Geist uns dabei helfen und unseren Verstand und unser Herz mit Einsicht und Weisheit erfüllen.

Eins. Zuerst geliebt

Die Liebe Gottes

Man kann nicht über die Liebe zwischen Mann und Frau, das Verliebtsein, eine Liebesbeziehung oder die Ehe reden, wenn man nicht zuerst über die größte Liebe spricht, die die Menschheitsgeschichte kennt: Gott.

„Gott ist Liebe." (1 Joh 4, 8)

„Mit ewiger Liebe habe ich dich geliebt." (Jer 31, 3)

„Kann denn eine Frau ihr Kindlein vergessen, ohne Erbarmen sein gegenüber ihrem leiblichen Sohn? Und selbst, wenn sie ihn vergisst: Ich vergesse dich nicht." (Jes 49, 15)

Dieser wunderbare Gott, der „Ich bin" (Ex 3, 14), ist ein persönlicher Gott, eine Person, die dir nahe sein will, um dich mit Frieden, Freude und Liebe zu erfüllen. Er ist ein Gott, den wir Vater, Abba, Papa nennen dürfen. Und diese Seine unendlich große Liebe wollte Er uns zeigen, erweisen, offenbaren. Damit wir den unsichtbaren Gott auch sehen können, hat Er aus Liebe Seinen Sohn Jesus Christus auf die Erde gesandt „als Sühne für unsere Sünden" (1 Joh, 4, 10), „damit wir durch ihn leben" (1 Joh 4, 9).

Der größte Liebesbeweis Jesu ist Sein Tod am Kreuz.

„Er [Jesus] war Gott gleich, hielt aber nicht daran fest, wie Gott zu sein, sondern er entäußerte sich und wurde wie ein Sklave und den Menschen gleich. Sein Leben war das eines Menschen; er erniedrigte sich und war gehorsam bis zum Tod, bis zum Tod am Kreuz." (Phil 2, 6–8)

„Denn Gott hat die Welt so sehr geliebt, dass er seinen einzigen Sohn hingab." (Joh 3, 16)

Jesus hat für uns gelitten und wurde gekreuzigt, Er hat Sein Leben freiwillig hingegeben, damit wir nie wieder von Ihm getrennt werden können und damit Er uns unsere Sünden verzeihen kann.

„In ihm haben wir die Erlösung durch sein Blut, die Vergebung der Sünden nach dem Reichtum seiner Gnade." (Eph 1, 7)

„Er hat den Schuldschein, der gegen uns sprach, durch-gestrichen und seine Forderungen, die uns anklagten, aufgehoben. Er hat ihn dadurch getilgt, dass er ihn ans Kreuz geheftet hat." (Kol 2, 14)

Aber damit ist es nicht getan. Gott Vater hat Jesus auferweckt. Jesus ist auferstanden. Gott „hat ihn von den Wehen des Todes befreit und auferweckt; denn es war unmöglich, dass er vom Tod festgehalten wurde" (Apg 2, 24).

„Wir wissen, dass Christus, von den Toten auferweckt, nicht mehr stirbt; der Tod hat keine Macht mehr über ihn." (Röm 6, 9)

Jesus lebt! Er ist lebendig wie du und ich. Noch mehr, Er hat dadurch auch uns das Leben geschenkt, das ewige Leben im Himmel. Jesus sagt:

„Ich bin die Auferstehung und das Leben. Wer an mich glaubt, wird leben, auch wenn er stirbt, und jeder, der lebt und an mich glaubt, wird auf ewig nicht sterben." (Joh 11, 25–26)

Und: „Im Haus meines Vaters gibt es viele Wohnungen." (Joh 14, 2)

Doch schon jetzt auf der Erde will uns Jesus glücklich machen, nicht nur im Himmel, wenn wir einmal sterben.

„Ich bin gekommen, damit sie das Leben haben und es in Fülle haben." (Joh 10, 10)

Damit wir dieses Leben in Fülle tatsächlich erleben können, hat Er uns zwei wunderbare Mittel hinterlassen, nachdem Er in den Himmel aufgefahren war. Den Heiligen Geist und die Sakramente.

Der Heilige Geist ist wunderbar, Er ist „wie eine heilende Salbe, wie lebendiges Wasser, wie (ein) brausender Sturm oder wie flammendes Feuer. Jesus Christus selbst spricht vom Beistand, Tröster, Lehrer und Geist der Wahrheit"[5].

„Der Geist ist es, der lebendig macht." (Joh 6, 63)

Er macht unseren Glauben lebendig, Er ist das Feuer, das uns antreibt und uns den Wunsch ins Herz legt, das zu tun, was Jesus will. Und Er gibt uns auch die Kraft dazu!

Die Sakramente, und besonders die Eucharistie, sind ein weiterer Liebesbeweis Gottes an uns.

---

5   *Youcat Deutsch,* München 2011, 115.

„Ich bin das Brot des Lebens. Eure Väter haben in der Wüste das Manna gegessen und sind gestorben. So aber ist es mit dem Brot, das vom Himmel herabkommt: Wenn jemand davon isst, wird er nicht sterben. Ich bin das lebendige Brot, das vom Himmel herabgekommen ist. Wer von diesem Brot isst, wird in Ewigkeit leben. Das Brot, das ich geben werde, ist mein Fleisch für das Leben der Welt." (Joh 6, 48–51)

In dem kleinen Stückchen Brot, das wir bei der Messe essen dürfen, ist Jesus wirklich gegenwärtig. Deshalb wird es auch mit besonderer Ehrfurcht behandelt, in einem schönen Tabernakel aufbewahrt oder in der eucharistischen Anbetung in eine goldene Monstranz gegeben. So können wir Jesus anschauen und Er uns. Auf geheimnisvolle und wunderbare Weise ist Er bei uns und will, dass wir Ihm ganz nahe sind, ob in der Messe, im Gebet vor dem Tabernakel oder in der eucharistischen Anbetung. Jeder Empfang der Kommunion in der Messe „verbindet mich tiefer mit Christus, macht mich zu einem lebendigen Glied am Leib Christi, erneuert die Gnaden, die ich in der Taufe und Firmung erhalten habe, und macht mich stark im Kampf gegen die Sünde"[6]. Die heilige Teresa von Kalkutta sagt: „Als wir mit der täglichen Anbetung begannen, wurde unsere Liebe zu Christus viel intimer, unsere Liebe zueinander verständnisvoller, unsere Liebe zu den Armen mitleidvoller, und die Anzahl der Berufungen hat sich verdoppelt."[7] Weil Jesus die Quelle der Liebe ist, schenkt Er uns Seine Liebe beim Empfang der Kommunion und in der eucharistischen Anbetung.

Die Liebe Gottes erfahren

Nicht immer ist es einfach, das alles zu glauben, und manchmal geben wir uns nicht damit zufrieden, am Sonntag in die Messe zu gehen. Zumindest ging es mir so. Als ich 15 oder 16 Jahre alt war, zweifelte ich an Gott. Ich wusste nicht, ob es Ihn und Jesus wirklich gibt. In der Messe dachte ich viel über die verschiedenen Gebete nach und fand nicht alles hundertprozentig schlüssig. So verging die Zeit und ich fand keine Antworten auf meine Fragen und Zweifel.

---

[6] *Youcat*, 221.
[7] Heilige Teresa von Kalkutta. In: *Youcat*, S. 132.

Der *Youcat* sagt uns: „Der Glaube ist ein reines Geschenk Gottes, das wir erhalten, wenn wir innig darum bitten."[8] Und dieses Geschenk wurde mir gegeben.

Trotz all der Zweifel, die ich hatte, sah ich bei einigen kirchlichen Veranstaltungen, dass die Gläubigen sich ehrlich um mich bemühten, was mir Vertrauen einflößte. Dann wurde ich zum Weltjugendtag nach Paris eingeladen. Da konnte ich trotz aller Zweifel nicht Nein sagen, denn ich hatte noch nie eine längere Reise ins Ausland gemacht. Ich fuhr also mit einer Jugendgruppe nach Paris. Dort war ich tief beeindruckt von der Freude der Jugendlichen. Alle waren fröhlich, lachten und tanzten für Jesus. Es war ehrlich, wirkte nicht künstlich und die Leute waren auch nicht betrunken. Das gefiel mir. Heute glaube ich, dass die Ursache dieser Fröhlichkeit der Heilige Geist war, den sie bewusst in ihr Leben aufgenommen hatten. Jedenfalls war ich dort und genoss die fröhliche Stimmung. An einem Abend fand ein Treffen statt, bei dem gesungen wurde und einige Leute von ihrem Leben mit Jesus erzählten. Am Ende wurde Jesus in der Monstranz in den Saal gebracht und wir beteten Ihn an. In diesem Augenblick durfte ich die Gegenwart Jesu und seine Liebe ganz stark spüren, fast körperlich. Es ist schwer, das zu beschreiben, aber ich wusste plötzlich, dass es Jesus wirklich gibt, dass er mich liebt und immer für mich da ist. Ohne dass irgendjemand etwas gesagt hätte, hatte ich diese Gewissheit plötzlich im Herzen.

Jesus hatte mir seine Liebe gezeigt, denn Er sagt ja selbst: „Und auch ich werde ihn lieben und mich ihm offenbaren." (Joh 14, 21) Jesus offenbart sich auch noch heute und Er will sich auch dir zeigen.

Manchmal geschehen diese Offenbarungen aber auch ganz anders:

Michael ging spazieren und sah einen ziemlich eigenartigen Mann an einer Kirchentür stehen. „Den seh ich mir genauer an", dachte er und deshalb tat er so, als ob er in die Kirche hineingehen würde. Da sagte der Mann zu ihm: „Der Eingang ist auf der anderen Seite." Michael beschloss, zu der anderen Tür zu gehen und trotzdem hineinzugehen. Er erzählt: ***„Ich wusste nicht, dass in der Kirche gerade Messe gefeiert wurde und ich verstand***

---

8   *Youcat*, 21.

auch nicht viel, weil ich die Landessprache noch nicht beherrschte. Aber plötzlich hatte ich das tiefe und sichere Gefühl, zu Hause zu sein, und es kamen Erinnerungen aus meiner Kindheit in mir hoch, als ich mit meiner Familie zur hl. Messe ging. Ich fing vor Rührung zu weinen an und spürte den Wunsch, mich vor der Größe Gottes niederzuknien.
Das war ein wichtiger Augenblick in meinem Leben, weil ich danach anfing, Gott mehr zu suchen, und ich fing nach einiger Zeit wieder an, in die hl. Messe zu gehen, die Sakramente zu leben und den großen Schatz zu entdecken, der uns im Glauben und in der Kirche geschenkt wird."

Markus erzählt: *„Ich bin in einer gläubigen Familie aufgewachsen. Wir haben am Abend als Kinder gemeinsam gebetet, auch gab es ein Tischgebet vor dem Mittagessen. Wir haben jeden Sonntag die hl. Messe besucht. Nach der Firmung haben uns die Eltern freigestellt, ob wir weiterhin die hl. Messe am Sonntag besuchen wollen.*
Bei mir fing dann die Partyzeit an. Ich wollte überall dabei sein und ich habe (fast) keine Party versäumt. Auch der Alkohol ist reichlich geflossen. Generell hatte ich einen Lebensstil, der sehr auf Vergnügen ausgerichtet war. Erfolg war mir auch wichtig – ich hatte vor Kurzem mein Studium abgeschlossen, doch für mich waren Spaßhaben, Dazugehören, Überall-Dabeisein sehr wichtige Werte.
Mit 25 Jahren hatte ich einen Autounfall. Es war in einer lang gezogenen Kurve, die enger wurde. Ich war zu schnell dran. Ich habe bemerkt, dass mir ein Auto entgegenkommt. Mein Auto hat es geschleudert, ich habe gegengelenkt, doch es hat nicht geholfen. Ich hatte Angst, das entgegenkommende Auto ‚abzuschießen‘. Dann habe ich stark gegengelenkt. Das Auto fuhr in den Straßengraben. Mein Auto hat sich (gefühlt) mehrmalig überschlagen – so genau weiß ich das nicht mehr. Ich bin dann gegen die Fahrtrichtung auf dem Dach gelandet.

Währenddessen sah ich mehrere Szenen aus meinem Leben. All das passierte für mich in Zeitlupe. Ich schrie laut: ,Nein!!!!!!!‘, und hatte große Angst, dass ich den Unfall nicht überleben würde.

Glücklicherweise ist mir fast nichts passiert. Ich hatte 3 Tage ein steifes Genick – sonst war ich unverletzt.

Nach dem Unfall habe ich darüber nachgedacht, was der Sinn meines Lebens ist. Ist das, was ich bisher gelebt habe, wirklich alles? Oder gibt es noch andere Dinge, denen ich vielleicht bis jetzt zu wenig Bedeutung beigemessen habe? So hat sich für mich auch die Frage nach Gott gestellt.

Über Jugendgottesdienste habe ich mich dem Glauben angenähert. Bei einem großen Treffen von Gläubigen zu Pfingsten ging ich beichten. In einer Kleingruppe haben wir uns ausgetauscht und dann haben wir gelost, wer für wen beten soll. Ich habe eine junge hübsche Frau gezogen und mir gedacht: ,Ok, für sie bete ich.‘ Nach mehreren Tagen haben wir aufgelöst, wer für wen gebetet hat. Ich habe mir gedacht: ,Gebet ist gut, ich kann ja jetzt weiterbeten.‘ Ich hatte nämlich festgestellt, dass mich das Gebet stärkt und mir hilft, den Tag gut zu bewältigen. Und so ist mein Gebetsleben gewachsen. (Und die Dame von Pfingsten habe ich aus den Augen verloren.)

Im Laufe der Jahre habe ich Jesus besser kennengelernt: Gott ist die Liebe, ER ist immer gut und hat gute Pläne für mein Leben. Nur ER kann mich zu 100 % erfüllen und glücklich machen – sonst nichts und niemand. Ganz besonders habe ich das erfahren, als ich in Quarantäne war und von jedem direkten zwischenmenschlichen Kontakt abgeschnitten war. Da habe ich gerungen, gekämpft. Ich wollte das Glück in der Einsamkeit finden. Da wurde mir die Erkenntnis geschenkt, dass nur Gott die vollkommene Liebe ist. Kein Mensch kann so lieben wie Gott.

Auch wurde für mich das Wohl meiner Mitmenschen immer wichtiger, ich bin in der Nächstenliebe gewachsen und ich möchte, dass viele Menschen Jesus kennen und lieben lernen."

Vielleicht könntest du hier ein ähnliches Erlebnis erzählen. Oder vielleicht nicht. Vielleicht kommt dir das alles ein bisschen spanisch vor und du weißt nicht so recht, was du damit anfangen sollst. Kommen wir nochmals auf das zurück, was im *Youcat* steht: Der Glaube ist ein Geschenk, wenn wir darum bitten. Bitte Gott, dass Er dir hilft zu glauben, dass Er dir Gewissheit schenke. Er wird es tun. Vielleicht nicht sofort. Manchmal muss man ein wenig abwarten. Hör aber auf keinen Fall auf, Ihn darum zu bitten, selbst wenn du einige Wochen oder Monate auf eine Antwort warten musst. Gib nicht auf! Gott weiß, wann für jeden der perfekte Augenblick ist.
Oder du bist jemand, der eine ziemlich große Abneigung gegen Jesus, Gott oder die Kirche hat. Aber ist es vielleicht nicht so sehr Abneigung, sondern eher die Angst davor, etwas ändern zu müssen, wenn man jetzt anfinge, nach Gott zu fragen?
„Fürchte dich nicht, denn ich bin mit dir; hab keine Angst, denn ich bin dein Gott!" (Jes 41, 10)
„Gott aber erweist seine Liebe zu uns darin, dass Christus für uns gestorben ist, als wir noch Sünder waren." (Röm 5, 8)
Wir brauchen also wirklich keine Angst zu haben, auch wenn nicht alles in unserem Leben so ist, wie es Gott vielleicht gerne hätte. Er wird aber auch nie etwas von dir verlangen, was dir schadet. Wenn Jesus uns bittet, etwas in unserem Leben zu ändern, dann tut Er das immer so, dass wir erkennen, dass dies auch wirklich das Beste für uns ist. Er verlangt auch nichts, was unmöglich für uns ist.
„Fürchte dich also nicht und hab keine Angst; denn der Herr, dein Gott, ist mit dir überall, wo du unterwegs bist." (Jos 1, 9)
Andere von uns haben in ihrer Vergangenheit Schreckliches erlebt und haben daher eine große Abneigung oder Zweifel Gott gegenüber.
Wer von uns hatte das Glück, in einer heilen Familie aufzuwachsen, in der sich die Eltern nicht scheiden ließen? Wo man sich nach einem Streit wieder versöhnte? Zu oft gibt es körperliche Misshandlungen, vielleicht sogar sexuellen Missbrauch. Auch so manche Kommentare hinterlassen Wunden im Herzen. Die einen werden oder wurden vielleicht ständig heruntergemacht oder mussten ständig hören: „Der oder die macht alles besser als du."

Andere wachsen praktisch ohne Vater auf oder fühlen sich überbehütet, manche leiden, weil sie sehr schüchtern oder verschlossen sind usw. Es gibt unzählig viele Dinge, die dazu führen, dass es uns schlecht geht.

„Aber er hat unsere Krankheiten getragen und unsere Schmerzen auf sich geladen. (…) durch seine Wunden sind wir geheilt." (Jes 53, 4–5) „Er heilt, die zerbrochenen Herzens sind, er verbindet ihre Wunden." (Ps 147, 3) „Nicht die Gesunden bedürfen des Arztes, sondern die Kranken." (Mt 9, 12) Sei voller Zuversicht! Jesus kennt dich und weiß, wie es dir geht. Er wird dich mit Seiner Liebe heilen und neu machen.

Wir dürfen auch eine der wichtigsten Eigenschaften der Liebe Gottes nicht vergessen: die Treue. „Wenn wir untreu sind, bleibt er [Christus] doch treu, denn er kann sich selbst nicht verleugnen." (2 Tim 2, 13)

Wenn ich unseren Kindern beim Spielen zusehe, höre ich manchmal Sätze wie: „Wenn du mir das nicht gibst, lasse ich dich nicht mit meinem Auto spielen." Oder im Kindergarten: „Wenn du mich nicht mitspielen lässt, bin ich nicht mehr dein Freund." Gott ist nicht so. Auch wenn wir nicht mit Ihm leben wollen oder Seine Gebote nicht halten, wird Er uns immer treu sein, wird Er immer geduldig und voller Liebe auf uns warten. Wie der barmherzige Vater. Er nimmt seinen Sohn freudig wieder bei sich auf, obwohl er sein ganzes Geld verschleudert und sicher kein christliches Leben geführt hatte.

„Der Vater sah ihn schon von Weitem kommen und hatte Mitleid mit ihm. Er lief dem Sohn entgegen, fiel ihm um den Hals und küsste ihn." (Lk 15, 20) Dann schlachtet er sogar sein bestes Kalb und gibt ein Fest, weil sein Sohn wieder da ist. So ist Gott. Er wartet geduldig auf uns und auf alle Menschen und ist uns treu.

Egal, wer du bist, wie es dir geht und was du machst – geh zu Jesus, geh in die Messe, in eine Kirche zum Gebet und frage Jesus nach der Wahrheit. Bitte den Heiligen Geist, dass Er zu dir kommt und dir die Wahrheit zeigt. Er wird deine Treue belohnen und es tun.

„Bittet und es wird euch gegeben; sucht und ihr werdet finden; klopft an und es wird euch geöffnet! Denn wer bittet, der empfängt; wer sucht, der findet; und wer anklopft, dem wird geöffnet." (Mt 7, 7–8)

Zwei. Zur Liebe berufen

Geliebte, wenn Gott uns so geliebt hat,
müssen auch wir einander lieben. (...)
Wenn wir einander lieben,
bleibt Gott in uns
und seine Liebe ist in uns vollendet.
1 Joh 4, 11–12

2.1 Zur Liebe berufen

Papst Benedikt XVI. hat 2005 eine Enzyklika über die Liebe geschrieben. Gleich am Anfang schreibt er: „Zunächst aber steht uns diesbezüglich ein sprachliches Problem im Weg. Das Wort ‚Liebe' ist heute zu einem der meist gebrauchten und auch mißbrauchten Wörter geworden, mit dem wir völlig verschiedene Bedeutungen verbinden."[9] Geht es uns nicht allen so? Wo fangen wir an darüber zu reden und wo hören wir auf? Das Wort *Liebe* hat so viele Facetten ...
Aber grundsätzlich ist eines klar: Jesus will, dass wir einander lieben. Das ganze Neue Testament ist voll von Aufrufen, die Liebe in die Tat umzusetzen. „Denn das ganze Gesetz ist in dem einen Wort erfüllt: Du sollst deinen Nächsten lieben wie dich selbst." (Gal 5, 14) „Ich aber sage euch: Liebt eure Feinde (...) wenn ihr nämlich nur die liebt, die euch lieben, welchen Lohn könnt ihr dafür erwarten?" (Mt 5, 44–46) Und auch im *Youcat* steht: „Der Glaube ist unvollständig, solange er nicht in der Liebe wirksam wird."[10]

Wenn wir einen Blick in die Bibel werfen, stellen wir fest, dass im griechischen Text für das Wort *Liebe* im Neuen Testament sehr oft

---

[9] Benedikt XVI, Enzyklika *Deus Caritas Est*, Rom 2005, 2. Diese Schrift ist in der alten Rechtschreibung verfasst. Bitte das bei diesem und allen weiteren Zitaten daraus zu beachten.

[10] *Youcat* 21.

der Ausdruck *Agape* verwendet wird. Agape bezeichnet die selbstlose, sich schenkende Liebe, auch die Liebe zu unseren Feinden, die Liebe, die in erster Linie das Wohl des anderen sucht.[11] Sie ist eine „Grundhaltung des Lebens. (...) Die Agape blickt nicht auf sich selbst, lässt sich von Enttäuschungen nicht erschüttern, ist trotz heftiger Anfechtungen treu und konstant"[12].

Wir Christen sind berufen zu dieser Grundhaltung des Lebens, wir sollen immer versuchen, so zu handeln, dass es den anderen gut oder besser als momentan geht. Wir sollen nicht nur auf uns selbst schauen, sondern bewusst so handeln, dass wir das Wohl unserer Mitmenschen nicht aus den Augen verlieren. Das gilt für alle Christen, egal ob jung oder alt, ob verheiratet oder nicht, ob Priester oder Ordensfrau.

2.2 Die Liebe zwischen Mann und Frau

Verliebtsein

Das Erste, was uns so einfällt, wenn wir an die Liebe zwischen Mann und Frau denken, ist das Verliebtsein. Dieses Gefühl, das einen einfach so überkommt, ohne dass man dagegen etwas tun kann. Es passiert einfach. Es ist die Liebe „zwischen Mann und Frau, die nicht aus Denken und Wollen kommt, sondern den Menschen gleichsam übermächtigt"[13], wie Papst Benedikt XVI sagt. Ist das nicht wunderbar, wenn man verliebt ist? Wer es schon einmal erlebt hat, der kann sicher bestätigen, dass man tatsächlich nichts dagegen tun kann. Es kribbelt im Bauch, man wird nervös, wenn man den anderen sieht, man kann nicht aufhören an sie/ihn zu denken, man will möglichst viel Zeit miteinander verbringen, man freut sich unendlich, wenn der andere anruft oder eine nette Nachricht schickt usw.

Es soll auch schon mal vorgekommen sein, dass man gar nicht merkt, dass man verliebt ist, es ist einfach da, es geht einem gut,

---

[11] Vgl. Benedikt XVI, *Deus Caritas est*, 3–8.
[12] Raphael M. Bonelli, *Frauen brauchen Männer (und umgekehrt)*, München 2018, S. 312.
[13] Benedikt XVI, *Deus Caritas Est*, 3.

und dann braucht es einen mehr oder weniger auffälligen Wink mit dem Zaunpfahl, damit es einem bewusst wird. Bei mir war es so, als ich meinen Mann kennenlernte. Ich denke, ich kannte ihn erst zwei Wochen, als ich schon einigermaßen verliebt war. Nach ungefähr zwei Monaten ergab sich eine Situation, in der ich auf eine Frau eifersüchtig wurde. Wegen einer ziemlichen Kleinigkeit. Als ich darüber nachdachte, warum ich denn wegen so einer Lappalie eifersüchtig war, ging mir ein Licht auf: Ich muss wohl verliebt sein in diesen Mann, es gibt keine andere Erklärung für diese übertriebene Eifersucht. In anderen Fällen sagt es uns vielleicht jemand: „Ich glaube, X ist verliebt in dich." „Du bist verliebt in sie, oder?" In den meisten Fällen ist es einem selbst ziemlich bald klar, dass man sich verliebt hat. Wie schön ...

Dieses starke Gefühl des Verliebtseins bewegt uns dazu, nicht bei uns selbst stehen zu bleiben, nicht nur um uns selbst, um unsere eigenen Probleme zu kreisen, sondern wir bekommen plötzlich den Wunsch, mit der geliebten Person Zeit zu verbringen, mit ihr zu reden, sie zu fragen, wie es ihr geht, was es Neues in ihrem Leben gibt, und wir wollen der Person Freude bereiten, dazu beitragen, dass es ihr gut oder noch besser geht. Es geht also auch um das Du, nicht mehr so sehr um das Ich. Oder anders ausgedrückt: Wenn es sich um authentische Liebe handelt, dann muss der Partner als Person geachtet werden, die Sehnsucht nach ihm soll nicht von (sexueller) Begierde bestimmt sein. Sie erfordert ein gewisses „Eintreten" in das Geheimnis der Person, ohne dieses Geheimnis je zu verletzen.[14] Oder anders ausgedrückt: „Je mehr man sich für die geliebte Person verantwortlich fühlt, desto mehr wahre Liebe ist vorhanden."[15]

Wenn man verliebt ist, geht vieles wie von selbst. Man ruft die Freundin/den Freund regelmäßig an, man kocht sein oder ihr Lieblingsessen, bereitet eine kleine Überraschung vor, um dem anderen eine Freude zu bereiten. Er nimmt sich Zeit, um sie abzuholen, sie hilft ihm bei einer Arbeit, die er sonst alleine machen müsste usw.

---

[14] Vgl. West, *Theologie des Leibes,* S. 125f.

[15] Johannes Paul II, in: Jason Evert, *If You Really Loved Me*, Denver 2013, S. 40.

Die Entscheidung zur Liebe

Nun ist aber wissenschaftlich erwiesen, dass das Verliebtheitsgefühl nach ca. zwei Jahren wieder verschwindet. Und man hört das auch oft genug, wenn sich Paare trennen: „Da ist keine Liebe mehr." „Wir lieben uns nicht mehr."

Da müssen wir jetzt wieder zurück zur Agape.

„Wir wollen nicht mit Wort und Zunge lieben, sondern in Tat und Wahrheit." (1. Joh 3, 18) Es geht also darum, dass wir auch „in Tat" lieben sollen, also mit Taten. Das sagt auch Christian Beaulieu: „Verliebt zu sein, ist ein Zustand. Lieben ist ein Akt, eine Handlung. Man erträgt einen Zustand, aber man entschließt sich zu einer Handlung."[16]

„Die Agape gibt sich bedingungslos hin, ohne zu rechnen, ob sie etwas zurückbekommt. Sie ist eine Bewegung der Liebe, die dorthin zielt, wo noch nichts ist. (...) Es geht der Agape nicht um Gefühle, sondern um eine Grundhaltung des Lebens. (...) [Sie ist] besonnen, bescheiden und vernünftig: sie prüft, bevor sie sich hingibt."[17]

Wer sich, selbst nach 50 Jahren Ehe, bewusst dazu entscheidet, etwas aus Liebe zu seinem Partner zu tun, ein romantischer Abend, mit dem man den anderen überrascht, oder was auch immer, der wird das Feuer der Liebe aufs Neue entfachen und die beiden werden sich wieder „verliebt" fühlen wie am ersten Tag.

Wenn wir also wollen, dass unsere Liebesbeziehung und später unsere Ehe von Dauer sind, müssen wir die Agape pflegen. Diese Liebeshandlungen brauchen manchmal auch etwas Aufwand, Zeit, Geduld sowie Fantasie und Kreativität. Und vor allem die Entscheidung dazu. Das müssen keine großen Dinge sein! Eine nette Nachricht übers Handy, Interesse zeigen am Leben des anderen (z. B. einfach fragen: „Wie war dein Tag?"), eine witzige Überraschung, vielleicht einmal selbst gemachter Kuchen oder ein Essen. Manchmal einfach nur den Vorsatz, den anderen mehr reden zu lassen und nicht gleich die eigene Anekdote zu erzählen, noch bevor der andere fertig ist mit seiner Geschichte. Hilfsbereitschaft zeigen, bewusst Zeit miteinander verbringen, einen Spaziergang dorthin zu machen, wo es dem anderen gut

---

[16] In: Ange, *Dein Leib*, S. 207.
[17] Bonelli, *Frauen brauchen Männer*, S. 312.

gefällt, dankbar sein für das kleine Geschenk oder wenn er/sie dir geholfen hat. Die Agape beinhaltet auch das Annehmen so mancher Fehler oder Schwächen des anderen, die er oder sie, realistisch gesehen, nicht so schnell ablegen oder korrigieren wird.
Pflegen wir also die Agape, damit uns das Gefühl der Liebe immer begleitet.

Verliebtsein oder doch nicht?

Neben dem Verliebtsein und der gelebten Liebe (Agape) gibt es noch ein weiteres Gefühl, das auch einiges mit der Liebe zu tun hat: das Verknalltsein oder jemanden attraktiv zu finden. Das heißt, man lernt jemanden kennen, und findet sie oder ihn sehr attraktiv oder interessant und fühlt sich vielleicht auch sexuell zum anderen hingezogen.
Oft ist das der Anfang einer neuen Bekanntschaft, die dann in eine ernsthafte Beziehung mündet: Ein Bursche findet ein Mädel höchst attraktiv, ein Mädel findet einen Burschen cool, interessant und gut aussehend. Sie beginnen miteinander zu reden, lernen sich kennen und fangen dann eine Beziehung miteinander an.
Als ich auf die Pädagogische Hochschule ging, war dort ein junger Mann, der sehr gut aussah. Ich wusste auch, dass er Christ war. Das fand ich cool und ich dachte mir, dass sich vielleicht was ergeben könnte zwischen uns. Ich begann auch ein paar Mal ein Gespräch mit ihm, aber mehr ergab sich nicht. Nur in meinen Gedanken blieb er recht präsent. Des Öfteren war er Inhalt meiner Tagträume und ich dachte, was wäre, wenn ... Und so dachte ich mich in einen Strudel hinein, bis dahin, dass ich zu dem Schluss kam, dass ich in ihn verliebt war.

Lea ging es so ähnlich: *„Als ich mit 14 Jahren anfing, regelmäßig auf Partys zu gehen, wollte ich, so wie die anderen in meinem Alter auch, einen Freund. Meine Motivation auf diesen Partys war, jemanden kennenzulernen, der mich liebte. Neue Freundschaften zu schließen, war für mich kein Problem, da ich ein sehr geselliger Typ bin. Viele Leute kannte ich durch Schulkollegen, Freunde vom Ort oder durch meine Brüder. Als ich ca. 16 Jahre alt war, ging ich manchmal* *einen Schritt weiter. Auf den Partys fingen meine Bekanntschaften ganz harmlos an: Ich redete und scherzte mit den Burschen und ab einem gewissen Maß an Alkohol merkte ich, dass Hemmungen auf beiden Seiten verloren gingen. Ich oder er suchte dann oft Körperkontakt, zum Beispiel ein leichtes Berühren oder Stupsen des anderen während des Gesprächs. So passierte es einige Male, dass wir den Partyraum gemeinsam verlassen wollten, um ‚frische Luft‘ zu schnappen, und dann landeten wir meist irgendwo küssend und eng umschlungen. Doch die meisten dieser Flirts endeten schon damit. Wenn ich die Burschen dann in der Schule oder sonst wo traf, konnten sie mir oft nicht einmal in die Augen schauen, geschweige denn mit mir ein paar Sätze reden.“*

Noch ein Beispiel: Nehmen wir an, Sarah studiert im 4. Semester und geht auf Erasmus ins Ausland. Sie hat einen Freund, Klaus, mit dem sie seit vier Monaten beisammen ist. Er studiert auch, bleibt aber zu Hause, weil er sein Erasmus-Semester schon hinter sich hat. Sarah geht also weg und in den ersten Tagen ist sie sehr beschäftigt mit Wohnungssuche, Intensivsprachkurs, Überlegen, welche Vorlesungen sie besuchen wird, neuen Freunden, Erasmus-Partys usw. Sie hat nur wenig Kontakt mit Klaus und wenn sie mal kurz zur Ruhe kommt, stellt sie fest, dass sie ihn kein bisschen vermisst und auch nicht das Bedürfnis hat, mit ihm zu reden oder ihm zu erzählen, was sie alles erlebt.

Diese drei Beispiele haben alle etwas gemeinsam: Sarah, Lea und ich haben jemanden kennengelernt, den wir körperlich sehr attraktiv oder aufgrund seines Charakters interessant fanden. Wir waren alle mehr oder weniger verknallt in den anderen.
Und wahrscheinlich geht es vielen Leuten so. Man hat es echt lustig, wenn man mit einer bestimmten Person beisammen ist, vielleicht denkt man auch recht oft an sie oder ihn oder man fühlt sich auch sexuell zu ihm oder ihr hingezogen, was auch zu so mancher sexueller Erregung führen kann, wenn die betreffende Person anwesend ist oder man an sie denkt. Oder man beginnt eine Beziehung mit ihm oder ihr und wird auch auf der körperlichen

Ebene aktiv: küssen, Umarmungen usw. Aber hier ist Vorsicht geboten! Nur weil ich jemanden attraktiv finde oder weil man verknallt ist, muss das nicht zugleich bedeuten, dass ich in diese Person verliebt bin. Wir dürfen diese beiden Dinge, Verknalltsein und Verliebtsein, nicht verwechseln. Wir müssen lernen zu unterscheiden, ob wir verliebt sind oder uns wegen anderer Gründe zu jemandem hingezogen fühlen. Das ist gar nicht so einfach. Wenn man eine Beziehung mit einer Person anfängt, in die man gar nicht ehrlich verliebt ist, belügt man sich in gewisser Weise selbst, weil sie ziemlich sicher bald zu Ende gehen wird. Das kann sehr schmerzhaft sein für die andere Person und auch für dich selbst, weil es Wunden hinterlässt.

In meinem Fall war die Sache bald erledigt, weil sich bis auf ein paar Gespräche nichts weiter ergab. Und die Gedankengespinste versuchte ich dann aus meinem Gehirn zu verbannen, damit ich für anderes frei sein konnte.

Lea erkannte später, dass Liebe mehr ist, als mit jemandem zu scherzen und dann zu kuscheln, und dass der Alkohol kein guter Freund war, weil sie nicht mehr ganz sie selbst war.

„Jedes Mal war Alkohol im Spiel. Meist nicht nur ein wenig, sondern oft so viel, dass ich schon merkte, dass ich mich nicht mehr ganz unter Kontrolle hatte. Ich redete noch leichter Leute an, war überdreht, eigentlich nicht mehr ganz ich.“

Sarahs Beispiel ist erfunden, aber sie sollte bei nächster Gelegenheit ein ungestörtes und ruhiges Gespräch mit Klaus führen, um ihm zu sagen, dass sie es für besser hält, die Beziehung zu beenden, weil keine ehrliche Liebe im Spiel ist und weil sie das Gefühl hat, dass sie sowohl sich selbst als auch Klaus in gewisser Weise anlügen würde, wenn die Beziehung weitergehen würde.

Seien wir also ehrlich zu uns selbst! Frage dich ganz ehrlich: Bin ich wirklich verliebt oder führe ich die Beziehung nur, weil ich ihn/sie attraktiv, anziehend, interessant, lustig, sympathisch usw. finde? Weil es sich gut anfühlt, mit jemandem zusammen zu sein? Oder habe ich mit jemandem eine Beziehung, weil es alle so machen und es irgendwie dazugehört, auch wenn ich nur ein bisschen verknallt bin?

„Aber na ja“, denkst du jetzt vielleicht, „so einfach ist das wirklich nicht zu unterscheiden.“ Vor Kurzem habe ich einen sehr interessanten Bericht von einem jungen Ehepaar gehört. Sie erzählten, wie sie sich kennenlernten: Kati und Pancho, beide aus Spanien, lernten sich in einem Surfcamp kennen und wurden sehr gute Freunde. Pancho sagte, dass er in diesem Sommer für Kati wie ein großer Bruder war. Sie hatte einige kürzere Beziehungen mit verschiedenen Männern, dann Liebeskummer usw. Diese Dinge besprach sie mit Pancho. Als der Sommer vorbei war, ging Pancho nach Panama und der Abschied war für beide sehr schwer, sie konnten aber ihre Gefühle nicht einordnen. Pancho verbrachte dann einige Jahre in Panama und sie hatten ein wenig Kontakt per Mail und ab und zu telefonierten sie miteinander. In dieser Zeit begann Pancho eine Beziehung mit einem Mädel aus Deutschland und nach einigen Jahren planten sie zu heiraten. Als Pancho schon in Deutschland war, ließ sie ihn plötzlich sitzen. Pancho beschloss aber, trotzdem in Deutschland zu bleiben.

Kati war zu der Zeit in Spanien und eine ihrer Freundinnen lebte in Berlin. Diese fragte sie, ob sie mit ihr zu einem Musikfestival in der Nähe von Mannheim fahren wolle. Kati sagte zu und als sie auf Facebook gepostet hatte, dass sie zu diesem Festival gehen werde, schrieb ihr Pancho, weil er dort in der Nähe wohnte. Sie trafen sich also nach einigen Jahren wieder und Pancho wurde in dem Moment klar, dass sie mehr war als nur eine Freundin und dass er eine Beziehung mit ihr anfangen wollte. Also führten sie nach dem Festival ein klärendes Gespräch und wurden ein Paar. Kati sagte während des Gesprächs: „Jedes Mal, wenn ich dich sehe, freue ich mich irrsinnig, und wenn du wieder gehst, muss ich weinen." Sie erzählte auch, dass da eine Vertrautheit und ein Friede waren, wenn sie mit Pancho zusammen war. So als ob sie zu Hause wäre.[18] Der entscheidende Punkt ist hier, dass sie sich wie Schwester und Bruder fühlten, es war eine Vertrautheit zwischen ihnen, deren sie sich am Anfang gar nicht so bewusst gewesen waren. Sie konnte ihm sogar von Anfang an von ihrem Herzschmerz erzählen, den diverse Männer in ihr verursacht hatten.

Und ich denke, darum sollte es gehen: Ist mir der andere wie eine Schwester, wie ein Bruder? Sorge ich mich um sie/ihn, so wie ich mich um meine Geschwister sorge? Respektiert er/sie mich und ich

---

[18] Vgl. Youtube-Video *CONTAGIOSOS #2 | KATI Y PANCHO,* *https://youtu.be/vnB6yeEdBX8* (Zugriff 10.6.2022)

ihn/sie? Hätte ich den Wunsch, bei ihr/ihm zu sein, auch wenn körperlich gar nichts laufen würde bzw. könnte? Also nicht einmal ein Wangenkuss zur Begrüßung, kein Händchenhalten, keine Umarmung, nichts?

Überdenke deine Beziehung. Bitte auch den Heiligen Geist um Seine Hilfe und um Einsicht, damit du die Wahrheit erkennen kannst, was du fühlst oder nicht fühlst, und dass du dann zu diesen Gefühlen stehen kannst. Wenn du merkst, dass du etwas ändern musst oder die Beziehung sogar beenden sollst, wird Er dir auch die Kraft geben, es zu tun.

2.3 Liebe und Sex

Sex - allgegenwärtig

Wenn wir über die Liebe sprechen, müssen wir auch über Sex reden, daran kommen wir nicht vorbei. Schließlich sehen wir auch in jeder Fernsehserie, in jedem Fernseh- oder Kinofilm, dass die beiden, die sich verliebt haben, früher oder später miteinander schlafen. Auch die Musikvideos der aktuellen Charts sind voll mit sexähnlichen Szenen. Auf vielen Werbeplakaten sehen wir halb nackte Frauen und Männer in mehr oder weniger eindeutigen Posen. Im Aufklärungsunterricht in der Schule wird auch vermittelt, dass Sex gut ist und dass man es ruhig machen soll, solange niemand zu etwas gezwungen wird. Sämtliche Jugendzeitschriften sind voll von Erklärungen und Ratschlägen bezüglich Liebe, Sex und Verhütung. Die Botschaft ist immer dieselbe: Sex ist gut, vergiss nur nicht zu verhüten!

Sonja berichtet: *„Mit zwölf begann ich eine Zeitschrift für Teenager zu lesen. Es war sozusagen eine ‚Aufklärungszeitschrift‘. Es schrieben Erwachsene und wahrscheinlich auch speziell dafür Ausgebildete über das Thema Sexualität und es waren auch immer Ausschnitte von Jugendlichen abgedruckt, die an das Redaktionsteam Fragen stellten oder ihre eigenen Erfahrungen mit der Sexualität erzählten. Auf einer Seite war immer ein Artikel mit dem Titel ‚Mein erstes Mal‘.*

Ich las ihn und darunter stand stets der Name des Jugendlichen, der es erzählt hatte, und sein Alter. Das Alter war meist 11, 12 oder 13 Jahre. Ich war damals dann schon 13, 14 oder 15 Jahre alt. Da kam ich mir furchtbar abnormal vor – vor allem wenn ich auch an die Erfahrungen und das Alter meiner Freundinnen dachte. Sie hatten mit 15 oder 16 ihre erste längere Beziehung und hatten nach einiger Zeit auch mit ihrem Freund geschlafen. Ich war irgendwie mit allem spät dran. Mein erster Kuss war ‚erst‘ mit 15 Jahren. Und auch mit allem anderen war ich spät dran. Ich verglich mich immer mit den anderen und wollte zumindest halbwegs normal sein, d. h. in die Norm fallen. Ich wollte nicht als komisch gelten. Das hat mir schon einen ziemlichen Druck gemacht. (...) Mit 20 Jahren war dann der Druck für mich so groß, ich habe mich schon so abnormal gefühlt, mit noch keinem geschlafen zu haben, dass ich dann im Urlaub einen One-Night-Stand hatte. Es war alles andere als angenehm.“

Eine andere Jugendliche erlebte das ähnlich: *„Mein erstes Mal hatte ich mit 21 Jahren. Ich war schon von zuhause ausgezogen, studierte und lernte beim Fortgehen jemanden kennen. Ich war neugierig und kam mir ‚nicht ganz normal‘ vor, weil ich noch Jungfrau war.“*

Ich glaube, vielen Jugendlichen geht es so: Ab einem gewissen Alter steht man unter einem sehr großen Druck: Du musst einen Freund, eine Freundin haben! Du musst mit ihr/ihm ins Bett gehen. Was, du bist schon 17 und noch Jungfrau? Auch Jakob ging es ähnlich. Als er seine erste Freundin hatte, war er auch über zwanzig. Er sagt: *„Sie war meine erste Freundin und ich habe sie gemocht, wobei auch der Status eine Rolle gespielt hat, nach so vielen Jahren endlich nicht mehr Single zu sein.“*

Was uns zum Menschen macht

Bevor wir nun weiter über Sex sprechen, muss uns klar sein, was den Menschen zum Menschen macht. Wir sind nämlich keine

Tiere. Wir haben einen Körper so wie die Tiere, aber zugleich sind wir auch geistige Wesen. „Der Geist ist mehr als eine Funktion des Leibes und nicht aus der materiellen Verfasstheit des Menschen heraus zu erklären. Die Vernunft sagt uns: Es muss ein geistiges Prinzip geben, das an den Leib gebunden, jedoch nicht identisch mit ihm ist."[19]

Das ist die Seele. Sie macht den Menschen zum Menschen, durch sie können wir „ich" sagen, wenn wir von uns selbst sprechen. Gott hat uns die Seele geschenkt, wir haben sie nicht von unseren Eltern vererbt bekommen, sondern Gott hat sie uns gegeben. Deshalb sind wir nicht etwas, sondern jemand. Ich bin eine Person, die es nur einmal auf der Welt gibt. Wir alle sind Unikate! Deshalb sind wir auch so unendlich wertvoll, denn niemand auf der Welt ist so wie du, nur dir hat Gott diese eine wunderbare Seele geschenkt, durch die du bist, wer du bist. Unser Körper und unsere Seele sind zutiefst miteinander vereint. „Im Menschen sind Geist und Materie nicht zwei vereinte Naturen, sondern ihre Einheit bildet eine einzige Natur."[20]

Daniel Ange sagt: „Ich bewohne meinen Leib nicht, ich bin mein Leib."[21] Egal, was wir tun, Körper und Seele tun es vereint: Durch einen giftigen Blick drücke ich aus, dass ich wieder einmal verärgert bin. Durch eine Umarmung drücke ich die Zuneigung meinem Sohn gegenüber aus. Durch liebevolle Worte drücke ich die Wertschätzung meinen Freunden gegenüber aus. Was auch immer wir tun, unser Körper und unsere Seele sind mit dabei, vereint, es ist nicht einmal nur der Körper und einmal nur die Seele, es sind immer beide in ihrer Einheit.

Der Sexualakt

Genauso ist es auch beim Sexualakt. Ich gebe dabei meinen Körper hin, aber auch meine Seele, mein Herz. Also ist Sex nicht nur etwas Körperliches oder Biologisches. Das sagt auch Johannes Paul II.: „Die Sexualität, in welcher sich Mann und Frau (...) einander

---

[19] *Youcat*, 62.
[20] *Katechismus der Katholischen Kirche, KKK*, München 2015, 365. Diese Schrift ist in der alten Rechtschreibung verfasst. Bitte das bei diesem und allen weiteren Zitaten daraus zu beachten.
[21] Ange, *Dein Leib*, S. 59.

schenken, ist keineswegs etwas rein Biologisches, sondern betrifft den innersten Kern der menschlichen Person als solcher.“[22]

Wir Menschen sind übrigens die einzigen Lebewesen, die physisch so gebaut sind, dass sie sich beim Sexualakt ins Gesicht schauen können. Ich glaube, das ist ein eindeutiger Hinweis darauf, dass es bei uns tatsächlich um mehr geht als bei den Tieren. Bei ihnen ist der Sexualakt ja wirklich nur rein biologisch, notwendig zur Fortpflanzung. Deshalb ist es auch nicht nötig, dass sie sich dabei ansehen.

Bei uns Menschen geht es also um mehr als nur um das Biologische oder nur das Körperliche.

Ich habe einmal mit einer jungen Frau gesprochen, die vergewaltigt worden war. Zum Zeitpunkt unseres Gespräches lag die Vergewaltigung schon längere Zeit zurück, sogar Jahre. Trotzdem merkte ich, dass sie innerlich zutiefst verletzt war. Eine Vergewaltigung ist ja, rein äußerlich gesehen, etwas Körperliches. Aber trotzdem geht die seelische Verletzung viel tiefer als die körperliche und es dauert lange, bis so eine innere Wunde wieder heilt. Man kann sich das gar nicht vorstellen und ich wünsche es wirklich niemandem, das Opfer einer Vergewaltigung zu werden.

Noch ein Beispiel: Stellen wir uns ein Paar vor, Jasmin (17) und Oliver (20). Sie sind erst seit Kurzem zusammen und Jasmin ist wirklich sehr verliebt in Oliver. Sie ist überzeugt, dass er der Mann ist, den sie später einmal heiraten will. Oliver beteuert immer wieder seine Liebe zu ihr, er macht ihr auch viele Geschenke und bald drängt er sie, mit ihm zu schlafen. Jasmin will noch eine Weile warten, weil sie noch Jungfrau ist. Letztlich willigt sie ein und eines Nachts tun sie es. Doch schon drei Tage später macht Oliver Schluss mit ihr. Jasmin ist am Boden zerstört und zutiefst verletzt. Wir wollen uns jetzt nicht mit Analysen aufhalten, wer hier was falsch gemacht hat. Aber wir sehen: Auch wenn man nicht vergewaltigt wird, kann eine sexuelle Beziehung sehr verletzen, besonders wenn man bald danach fallen gelassen wird wie eine heiße Kartoffel.

---

[22] Johannes Paul II, Apostolisches Schreiben *Familiaris Consortio*, Rom 1981, 11. Diese Schrift ist in der alten Rechtschreibung verfasst. Bitte das bei diesem und allen weiteren Zitaten daraus zu beachten.

Diese Beispiele zeigen sehr deutlich, dass Sex mehr ist als nur ein rein körperlicher Akt, es ist immer die ganze Person mit Leib und Seele betroffen.

Eine junge Frau sagt darüber: *„Bei meinen sexuellen Erfahrungen hatte ich immer das Gefühl, dass es dabei gar nicht um mich ging. Ich fühlte mich so austauschbar und wusste, der Mensch meint jetzt nicht mich. Das war sehr schmerzhaft für mich und innerlich habe ich mich nach ‚mehr' gesehnt."*

In den verschiedensten Medien wird heute leider sehr oft ein falsches Bild vermittelt von Sex. Man versucht, uns glauben zu lassen, dass es sich nur um etwas Körperliches handelt und dass wir unseren Sexualtrieb ausleben sollen, damit es uns gut geht.

Die Ansicht der Kirche

Die Kirche vertritt aber die Ansicht, dass der Liebesakt immer mit den folgenden drei Punkten verbunden ist:

„Dazu gehören erstens sexuelle Lust, die etwas Gutes und Schönes ist, zweitens personale Liebe und drittens Vitalität, das heißt Offenheit für Kinder. Und wie zum Bier Hopfen, Malz und Wasser gehören, die getrennt ziemlich schlecht schmecken und gemeinsam ganz gut, ist die Katholische Kirche der Auffassung, dass diese drei Aspekte zusammen-gehören. Wenn nämlich ein Mann eine Frau hat für sexuelle Lust, eine zweite für die personale Liebeslyrik und eine dritte zum Kinderkriegen, dann instrumentalisiert er alle drei."[23]

Hier also gleich einmal die gute Nachricht: Sexuelle Lust ist nichts Schlechtes! Oft hat man ja das Gefühl, dass die Kirche überhaupt gegen Sex ist, das stimmt aber nicht. Sie sagt sogar, dass sexuelle Lust etwas Gutes ist. Nur ist sie dagegen, die aufrichtige Liebe und die Offenheit für Kinder auszuklammern.

Ich denke, uns als Christen ist klar, dass wir mit niemandem schlafen würden, wenn wir die betreffende Person nicht wirklich lieben. Wir wissen, es geht uns um ehrliche, aufrichtige und respektvolle Liebe. Deshalb werden wir One-Night-Stands,

---

[23] *Youcat*, 404.

Prostitution oder Ähnliches meiden, weil hier die Liebe vom sexuellen Akt ausgeschlossen wird.

Etwas komplizierter wird es schon, wenn man ehrlich ineinander verliebt ist und eine gute und ernsthafte Beziehung führt. Aber bevor wir weiter über das Thema Sex sprechen, werfen wir einen Blick auf die Ehe und das Sakrament der Ehe.

2.4 Die Ehe

Der Erfinder der Ehe

Ein christliches Paar, das eine kirchliche Ehe eingeht, tut dies, weil die beiden Partner entschieden haben, ihr ganzes Leben in Liebe miteinander zu verbringen und Kinder zu bekommen. In der katholischen Kirche ist die Ehe ein Sakrament. Auch in vielen Staaten und Kulturen gibt es die Ehe als Institution und sie ist in den jeweiligen Gesetzen verankert. Sie ist in vielem der christlichen Ehe ähnlich oder gleich. Die Ehe hat jedoch nicht der Mensch eingesetzt, sondern ihr Urheber, ihr „Erfinder" sozusagen, Gott selbst. Er hat sie gewollt. Am Anfang des Buches Genesis können wir dies nachlesen. Nachdem Gott Adam erschaffen hatte, sagte Er: „Es ist nicht gut, dass der Mensch allein ist." (Gen 2, 18) Auch Adam hatte Sehnsucht nach einer Hilfe, die ihm entsprach (vgl. Gen 2, 20), und als er Eva sah, rief er voll Freude: „Das endlich ist Bein von meinem Bein und Fleisch von meinem Fleisch." (Gen 2, 23) Gott wollte also, dass Mann und Frau ein gemeinsames Leben führen, sonst hätte er nicht gesagt „Es ist nicht gut, dass der Mensch allein bleibt", um dann Eva zu erschaffen. Der *Youcat* sagt: „Weil er (Gott) wollte, dass sie füreinander da sind und sich in der Liebe ergänzen, hat Gott Mann und Frau verschieden geschaffen. Darum ziehen sich Mann und Frau sexuell und geistig an."[24]

Geht es uns nicht genauso? Wir sehnen uns nach dieser zweiten Person, die uns entspricht, die uns ergänzt. Als Frau will man einen Mann und als Mann wünscht man sich eine Frau, weil wir irgendwie spüren, dass wir diese Ergänzung brauchen. Als ich zwischen 25 und 27 Jahre alt war, habe ich oft mit dem Satz „Es ist

---

[24] *Youcat*, 400.

nicht gut, dass der Mensch allein bleibt" gebetet und Gott gebeten, er solle mir bitte bald meinen Zukünftigen zeigen, ihn in mein Leben stellen und mir helfen, ihn nicht zu übersehen. Und wenn ich mit meinen Freunden spreche, die noch allein sind, dann ist das auch oft so. Karriere, Geld und tolle Urlaube sind weit weniger wichtig, als dass doch endlich der oder die Richtige auftauchen möge. Es war und ist Gottes Wille, dass wir nicht allein sind.

Aber zurück zum Buch Genesis. Da steht dann weiter: „Darum verlässt der Mann Vater und Mutter und hängt seiner Frau an und sie werden *ein* Fleisch." (Gen 2, 24)

Das heißt, die Ehe ist mehr, als nur einen Vertrag zu unterschreiben. Mann und Frau werden eins. Das hat Gott so gewollt.

Wenn wir auf das Leben Jesu schauen, sehen wir, dass Er Sein erstes Wunder bei einer Hochzeit gewirkt hat. Auf die Bitte Seiner Mutter hin verwandelt Er Wasser in Wein (vgl. Joh 2, 1–12). Jesus bestätigt durch dieses Zeichen, dass die Ehe etwas von Gott Gewolltes und etwas Gutes ist!

Kurz gesagt: „Gott hat Mann und Frau füreinander bestimmt, damit sie ‚nicht mehr zwei, sondern eins' sind (Mt 19, 6): Auf diese Weise sollen sie die Liebe leben, fruchtbar sein und so zum Zeichen für Gott selbst werden, der nichts als überfließende Liebe ist."[25]

Die Ehe im Katechismus

Im Alten Testament kam eine Ehe zustande, sobald die Frau mit dem Mann zusammenwohnte, also der Vollzug der Ehe besiegelte die Ehe. In der katholischen Kirche wird die Ehe heute in einer öffentlichen liturgischen Feier geschlossen. Die Brautleute legen dabei das Eheversprechen ab und Gott besiegelt ihren Bund.

„Das Band der Ehe wird somit von Gott selbst geknüpft, so daß die zwischen Getauften geschlossene und vollzogene Ehe nie aufgelöst werden kann. Dieses Band, das aus dem freien menschlichen Akt der Brautleute und dem Vollzug der Brautleute hervorgeht, ist fortan unwiderrufliche Wirklichkeit und stellt einen durch die Treue Gottes gewährleisteten Bund her."[26]

---

[25] *Youcat*, 260.
[26] KKK 1640.

Gott selbst ist es also, der die Brautleute aneinander bindet im Ehesakrament. „Sie werden *ein* Fleisch." (Gen 2, 24) „Sie sind also nicht mehr zwei, sondern ein Fleisch." (Mt 19, 6).

Deshalb kann eine Ehe, christlich gesehen, nicht geschieden werden. „Was aber Gott verbunden hat, das darf der Mensch nicht trennen." (Mt 19, 6)

Der zweite wichtige Punkt, der hier angesprochen wird, ist, dass das Band der Ehe auch aus dem Vollzug der Ehe hervorgeht. Das Versprechen wird „durch die körperliche Vereinigung des Paares vollzogen"[27]. Dadurch erhält die Ehe ihre volle Gültigkeit und das Band der Liebe zwischen den Eheleuten wird fester geknüpft. Wenn ein Ehepaar miteinander schläft, dann haben sie verstanden, „dass Sex zu haben heißt, das Eheversprechen mit dem Körper auszusprechen. Man schenkt sich der anderen Person voll und ganz hin"[28].

Für immer. Deshalb erneuern sie mit ihrem Körper ihr Eheversprechen jedes Mal, wenn sie miteinander schlafen, und binden sich von Mal zu Mal fester aneinander.

Sex und Ehe

Kommen wir also noch einmal auf das Thema *Sex* zurück: Wenn man nun miteinander schläft, ohne verheiratet zu sein, dann sagt man mit dem Körper: „Ich gebe mich dir ganz hin." Aber es ist kein Geschenk der ganzen Person, weil man vorher nicht versprochen hat, sich in Liebe ganz und für immer an die Person zu binden. Es bleibt in gewisser Weise eine Leihgabe. Deshalb ist es für uns als Christen nicht ehrlich, mit jemandem zu schlafen, ohne vorher kirchlich geheiratet zu haben. Es ist, als ob man mit dem Körper lügen würde, denn beim Sexualakt entsteht eine innere Bindung, auch wenn man (noch) nicht das Eheversprechen abgelegt hat. Der Sexualakt wird nur dann auf wahrhaft menschliche Weise vollzogen, wenn er „in jene Liebe integriert ist, mit der Mann und Frau sich bis zum Tod vorbehaltlos einander verpflichten. Die leibliche Ganzhingabe wäre eine Lüge, wenn sie nicht Zeichen und Frucht personaler Ganzhingabe wäre, welche die ganze Person,

---

27 *Youcat*, 261.
28 Evert, *If You Really Loved Me*, S. 23.

auch in ihrer zeitlichen Dimension, mit einschließt. Wenn die Person sich etwas vorbehielte, zum Beispiel die Möglichkeit, in Zukunft anders zu entscheiden, so wäre schon dadurch ihre Hingabe nicht umfassend"[29].

Neben der Einheit und Unauflöslichkeit der Ehe gibt es weitere Merkmale, die die christliche Ehe auszeichnen: das Jawort in Freiheit, die Treue und die Offenheit für Kinder.

Das Jawort in Freiheit auszusprechen bedeutet, dass keiner der Eheleute unter Zwang stehen darf oder unter Furcht, die von außen eingeflößt wird. Die Freiheit darf auch durch kein bestehendes Natur- oder Kirchengesetz, wie z. B. eine bestehende Ehe oder ein Zölibatsversprechen gehindert sein.

Die christliche Ehe fordert die unverletzliche Treue von den Ehepartnern. Das heißt, wir binden uns für unser ganzes Leben aneinander und sollen keine Liebesbeziehungen neben der Ehe haben, also nicht fremdgehen. Wir sollen einander so treu sein, wie Christus Seiner Kirche treu ist. Paulus sagt: „Wenn wir untreu sind, bleibt er [Christus] doch treu, denn er kann sich selbst nicht verleugnen." (2 Tim 2, 13) So soll unsere eheliche Liebe ein Abbild der Liebe Christi werden, indem wir uns von Anfang an dazu entscheiden, unserem Ehepartner immer treu zu sein.

Die Ehe beinhaltet auch die Offenheit für Kinder, sie sind die Frucht und zugleich die Krönung der ehelichen Liebe. So dürfen wir am schöpferischen Wirken Gottes teilhaben, wenn wir heiraten und Kinder bekommen.

„Gott sprach: Seid fruchtbar und mehrt euch." (Gen 1, 28) Gott will, dass wir Kinder bekommen, wenn wir verheiratet sind, und dass wir so im Dienst des Lebens stehen. Viele Paare heiraten erst, wenn sie bereit sind, Kinder zu bekommen. Laut der Studie „Jugendsexualität 2015" wollen 20 % der Befragten erst nach der abgeschlossenen Berufsausbildung Kinder bekommen und 70 % erst nach einigen Jahren Berufserfahrung. Über 90 % der Teenager halten es für eine Katastrophe oder sehr unangenehm, wenn sie jetzt schwanger würden. Auch bei den 25-Jährigen wäre es für ein Viertel noch eine Katastrophe, jetzt schwanger zu werden. Kurz gesagt: So gut wie niemand will ein Kind, solange er noch Teenager ist, und nur sehr wenige, bevor sie nicht zumindest die

---

[29] Johannes Paul II, *Familiaris Consortio,* 11.

Berufsausbildung abgeschlossen haben. Wir wollen erst Kinder bekommen, wenn wir selbständig und sicher im Leben stehen. Das ist verständlich, denn um ein Kind zu versorgen, braucht es unter anderem auch ein bisschen Geld. Wenn wir sexuelle Beziehungen eingehen, bevor wir heiraten, fehlt die Offenheit für Kinder. Sehr oft ist sogar eine gewisse Angst davor vorhanden. Ich glaube, dass uns Gott genau deshalb bittet, keinen Sex vor der Ehe zu haben: um uns vor einer nicht geplanten Schwangerschaft zu schützen.

Jakob erzählt: *„Sex ist etwas sehr Schönes und war ein wichtiger Bestandteil unserer Beziehung. Ich konnte es jedoch nicht zu 100 % genießen. Wir haben mit dem Kondom verhütet und im Hinterkopf war die Angst vor einer ungeplanten Schwangerschaft vorhanden, obwohl wir sehr genau auf die richtige Anwendung des Kondoms geachtet haben. (...) Gott hat mich mit großer Liebe zu einem lebendigen Glauben geführt. Jetzt möchte ich rein in die Ehe gehen. So kann es zu keiner ‚ungeplanten‘ Schwangerschaft kommen, wenn ich bis zur Ehe warte. Wenn es zu einer ungeplanten Schwangerschaft käme, müsste ich mich zwischen dem Trauma einer Abtreibung oder einem Kind mit einer Frau, mit der ich vielleicht nicht meinen Lebensweg gemeinsam gehen will, entscheiden. Die einzige hundertprozentig sichere Verhütungsmethode ist die Enthaltsamkeit."*

Eine junge Frau meint dazu: *„Erst durch meinen Glauben habe ich erkannt, wie groß und schön die Berufung zur Ehe und zur Mutterschaft ist und welch großes Geschenk Gott uns Menschen mit der Sexualität gemacht hat. Ich traf die Entscheidung, den Weg der Reinheit zu gehen, weil ich erst mit meinem Körper Ja sagen möchte, wenn ich auch vor Gott mein Ja gegeben habe. Mein Ja, mich diesem Menschen ganz hinzugeben und mit ihm eine Familie zu gründen. Außerdem möchte ich, wenn ich schwanger bin, die Gewissheit haben, dass dieses Kind erwünscht ist, einen Vater und eine Mutter hat und in ein stabiles Zuhause hineingeboren wird."*

Sonja schreibt: *„Wenn ich damals (als Teenager, Anm.) jemanden gekannt hätte, der mir vom Weg der Reinheit erzählt hätte, davon, dass man aufeinander warten kann (...). Dass die Sexualität etwas ganz Intimes ist, das den Menschen im Innersten berührt – und ihn deswegen auch im Innersten verletzen kann. Dass das so etwas Sensibles ist. Und dass es so schön sein muss, wenn man sich dann an den Richtigen verschenkt, an den, für den man sich entschieden hat und dem man bereits versprochen hat, dass man das ganze Leben für ihn da sein will, ihn annimmt, mit allem, was er an Gutem und an Schlechtem an sich hat, und der sich umgekehrt genauso auch ganz für einen selbst entschieden hat. Und den man dann auch richtig gut kennt und dem man vertrauen kann, weil er bereits eine Lebensentscheidung für einen getroffen hat, und mit dem man bereits von seinem Herzen her gut vertraut ist und bei dem man weiß, dass er ganz behutsam sein wird beim ersten gemeinsamen Mal und dass er ganz viel Rücksicht auf einen nehmen wird – wie schön muss das sein! ... Und wenn ich eben das alles gewusst hätte und dann auch noch Menschen gekannt hätte, die diesen Weg leben, die tatsächlich bis zur Ehe auf das Miteinanderschlafen gewartet haben – ich weiß nicht, ob ich nicht so einiges in Bezug auf die Sexualität in meinem Leben anders gemacht hätte.“*

Die Gnade des Ehesakramentes

Als Jesus über die Ehe sprach, dass sie unauflöslich ist usw., waren so manche Menschen ratlos und wahrscheinlich auch überfordert. Und heutzutage ist es nicht viel anders. Jeder von uns kennt Ehen, die geschieden worden sind, manche haben einen neuen Partner, es gibt Patchworkfamilien usw. Manche Paare beschließen von vornherein, gar nicht erst zu heiraten. Gott weiß, dass es schwierig, ja fast unmöglich ist, die Ehe gut zu leben. Deshalb hat Er uns Jesus geschickt. Durch Sein Opfer am Kreuz und Seine Auferstehung schenkt Er den Ehegatten die Gnade, ihre Liebe zu vervollkommnen und sie in ihrer Einheit zu stärken.

„So begegnet nun der Erlöser der Menschen und der Bräutigam der Kirche durch das Sakrament der Ehe den christlichen Gatten. Er bleibt bei ihnen und gibt ihnen die Kraft, ihr Kreuz auf sich zu nehmen und ihm so nachzu-folgen, aufzustehen, nachdem sie gefallen sind, einander zu vergeben, die Last des andern zu tragen, sich einander unterzuordnen ‚in der gemeinsamen Ehrfurcht vor Christus' (Eph 5, 21) und in zarter, fruchtbarer übernatürlicher Liebe einander zu lieben."[30]

Der Katechismus nennt dies die Gnade des Sakramentes der Ehe. Wir Christen dürfen das niemals vergessen: Durch die Gnade, die Jesus uns im Sakrament der kirchlichen Trauung schenkt, schaffen wir es, bis ans Ende unserer Tage in Liebe und Treue bei unserer Frau, unserem Mann zu bleiben. Wir müssen Jesus nur darum bitten, uns diese Gnade in den verschiedenen Situationen und Schwierigkeiten immer wieder neu zu schenken, wenn wir verheiratet sind. Ja, aus eigener Kraft ist es nur sehr schwer möglich, aber mit Jesus an unserer Seite werden wir es schaffen.

Ich bin mittlerweile seit mehr als 10 Jahren verheiratet und ich bin zum Schluss gekommen, dass wir ohne die Gnade Gottes nicht da stehen würden, wo wir jetzt sind. Ich glaube, es ist tatsächlich so, dass es die Gnade Gottes ist, die unsere Ehe zusammenhält, weil wir Ihn immer wieder darum bitten. Wir haben schwierige Zeiten durchlebt und auch sehr schöne. Es gibt Dinge an meinem Mann, die mich stören, und ich weiß, dass auch so manche meiner Eigenschaften für ihn nicht ganz so einfach zu ertragen sind. Manchmal denke ich mir, ich hätte gern mehr Zeit für uns, manchmal hätte ich gern mehr Zeit für mich. Dann aber gelingt es mir, die Situation anzunehmen, wie sie eben gerade ist. Das gelingt mir nicht aus eigener Kraft, es ist die Gnade Gottes.

In einer konkreten Sache merke ich immer wieder das Wirken dieser Gnade: Wenn es darum geht, meinem Mann zu verzeihen, wenn er um Entschuldigung bittet. Meistens fällt es mir nicht schwer, ihm zu sagen, dass ich ihm verzeihe. Und Gott hilft mir dabei, nicht nachtragend zu sein. Vergeben und vergessen. Ich glaube nicht, dass ich eine besondere Gabe oder ein Talent hätte, schnell und leicht vergeben zu können, sondern es ist wirklich die Gnade Gottes, die das bewirkt.

---

[30] KKK 1642

Drei. Liebe und Reinheit des Herzens

Darum tötet, was irdisch an euch ist:
Unzucht, Unreinheit, Leidenschaft,
böse Begierde (...)
denn ihr habt den alten Menschen
mit seinen Taten abgelegt
und habt den neuen Menschen angezogen,
der nach dem Bild
seines Schöpfers erneuert wird,
um ihn zu erkennen.
Kol 3, 5–10

3.1 Reinheit und Keuschheit

Wenn man Berichte hört von Jugendlichen oder auch von älteren Personen, in denen sie über ihre Erfahrungen mit Liebe und Sexualität erzählen, dann hört man des Öfteren Ausdrücke wie: „Ich will ein reines Leben führen", „Ich will die Reinheit leben", „Ich will rein in die Ehe gehen" usw. Manchmal verwendet man im selben Zusammenhang auch den Begriff Keuschheit. Aber was bedeuten diese beiden Ausdrücke, *Reinheit des Herzens* und *Keuschheit,* eigentlich? Was bedeutet es, die Reinheit zu leben oder die Keuschheit zu suchen?

Reinheit und Begierde

Wer die Reinheit oder die Reinheit des Herzens leben will, der entschließt sich, gegen „die Begierde des Fleisches und die ungeordnete Begehrlichkeit"[31] anzukämpfen. Das bezieht sich in erster Linie auf die sexuelle Begierde. Das heißt nicht, dass die erotische Anziehung zwischen Mann und Frau grundsätzlich schlecht ist. Gott hat sie geschaffen und das ist gut so. Sonst hätten

---

[31] KKK 1642.

wir ja nie den Wunsch, uns körperlich zu vereinen, und wenn das fehlen würde, wäre die Menschheit schon ausgestorben. Aber Jesus sagt: „Jeder, der eine Frau ansieht, um sie zu begehren, hat in seinem Herzen schon Ehebruch begangen." (Mt 5, 28)

Das gilt es zu vermeiden, wir müssen uns bemühen, die sexuelle Begierde aus unserem Leben zu verbannen und sie durch Liebe und Respekt zu ersetzen.

Die sexuelle Begierde bezieht sich auf das Habenwollen des anderen, auf die Befriedigung der eigenen sexuellen Lust. Die aufrichtige und respektvolle Liebe wird dabei ausgeklammert. Das ist eine Sünde. Aber nicht alles ist schlecht und verwerflich. Ein schneller Blick auf ein Plakat mit Unterwäschewerbung oder ein kurzer Gedanke, die Erinnerung an die Liebesszene eines Fernsehfilms bedeuten nicht, dass wir schon gesündigt haben. Es geht darum, was wir daraus machen, also wie wir auf diesen Drang der Begierde reagieren. Wir können mit Gottes Hilfe versuchen, das abzustellen und an etwas anderes zu denken, oder ihr nachgeben und weitere Gedanken oder Bilder dieser Art suchen. Letzteres lässt uns in die Sünde fallen.

Beim Thema Reinheit und Begierde geht es aber nicht nur um die sexuelle Begierde des Mannes, die auf Kosten der Frau ausgerichtet sein kann, sondern auch um die weibliche Begierde, die „mehr auf emotionale Befriedigung auf Kosten des Mannes abzielt"[32]. Meistens ist es dann so, dass „Männer Liebe einsetzen, um Sex zu bekommen, und Frauen Sex einsetzen, um Liebe zu bekommen"[33]. Damit ist gemeint, dass Burschen eher dazu neigen, ihre eigene sexuelle Befriedigung zu suchen und um das zu bekommen, unternehmen sie alles Mögliche, z. B. laden sie ihre Angebetete zu einem romantischen Abendessen ein oder ins Kino, sie schenken ihr Blumen, rufen sie an, sagen ihr Dinge, die ihr gefallen usw. Aber hinter all diesen „Liebesakten" steht an oberster Stelle der Wunsch, die sexuelle Begierde zu befriedigen. Umgekehrt neigen Mädels eher dazu, auf sexueller Ebene Dinge zu machen, die sie eigentlich nicht wollen oder bei denen sie sich unwohl fühlen, oder sie schlafen nach längerem Drängen des Burschen doch mit ihm, weil

---

[32] West, *Theologie des Leibes*, S. 48.
[33] West, *Theologie des Leibes*, S. 48.

sie meinen, dass ihr Partner sie dann mehr mögen oder mehr lieben würde.

Liebe und Respekt statt Begierde

Um es kurz zu sagen: Wenn wir die Reinheit leben wollen, müssen wir lernen, stets Liebe und Respekt zu suchen und weniger unsere eigene sexuelle Befriedigung oder die Befriedigung unseres Verlangens nach Liebe. Dabei geht es nicht nur um das, was wir in einer konkreten Situation tun, sondern darum, wie wir eine Beziehung mit einem Partner leben und wie wir reagieren, wenn wir sexuelle Begierde oder Lust verspüren, auch wenn wir (gerade) keinen Partner haben. Es geht um die Grundeinstellung in unserem Leben. Das ist ein Kampf, der sicher nicht immer leicht ist, aber mit Gottes Gnade der Reinigung, die uns in der Taufe geschenkt wurde, kann uns das gelingen. Dafür „braucht es Gebet, Keuschheit, Reinheit der Absicht und (Reinheit) des Blickes"[34].

Reinheit und Schamhaftigkeit

Der Katechismus sagt auch: „Reinheit verlangt Schamhaftigkeit."[35] Das Schamgefühl ist etwas Natürliches. Irgendwann, am Anfang der Pubertät, wollen wir plötzlich nicht mehr, dass sämtliche Familienmitglieder im Bad ein und aus gehen, während wir uns duschen. Plötzlich ist es uns peinlich, wenn der Rock zu weit nach oben rutscht usw. Scham hat daher nichts mit verklemmter Erziehung oder Prüderie zu tun. „Die Scham versteckt nicht etwas Minderwertiges", sondern sie „schützt den intimen Raum des Menschen: sein Geheimnis, sein Eigenstes und Innerstes, seine Würde, vor allem auch seine Fähigkeit zu Liebe und erotischer Hingabe. Sie bezieht sich auf das, was nur die Liebe sehen darf."[36] Die Schamhaftigkeit „beeinflußt die Wahl der Kleidung"[37]. Das betrifft uns Frauen sicher mehr als die Männer. Der *Youcat* spricht davon, dass wir in einer Umwelt leben, „in der wie selbstverständlich alles zur Schau gestellt und das Schamgefühl

---

34 KKK 2532.
35 KKK 2521.
36 *Youcat*, 464.
37 KKK 2522.

systematisch abtrainiert wird“[38]. Mit dieser Aussage hat er sicher recht. Film, Fernsehen, die in den Jugendzeitschriften und im Internet angepriesenen Modetrends usw. beeinflussen uns sehr, sei es bewusst oder unbewusst. Manchmal sind es auch die Mütter, die durch ihre freizügige Kleidung ein schlechtes Vorbild für ihre Töchter sind, oder sie ziehen ihren Mädchen schon von klein auf bauchfreie T-Shirts und sehr kurze Hosen an. Sehr oft sehe ich im Sommer junge Mädchen auf der Straße, bei denen man das Gefühl hat, dass sie sich nicht ganz wohlfühlen, weil sie sehr freizügig angezogen sind. Mit den Armen versuchen sie, ihren Bauch zu bedecken, und immer wieder ziehen sie ihre Shorts hinunter, um wenigstens einen kleinen Teil ihrer Beine zu bedecken.

Seien wir mutig und bedecken wir unseren Ausschnitt, unseren Bauch und unsere Beine so weit, dass dieses Unwohlsein aufgrund zu viel nackter Haut wegfällt. Dadurch schützen wir unsere Würde. Außerdem glaube ich, dass wir dadurch auch unser Selbstwertgefühl steigern und Selbstbewusstsein gewinnen. Wir können entspannt und selbstsicher unseres Weges gehen, weil niemand etwas sehen kann, das er (noch) nicht sehen soll.

Einmal habe ich bei einem Vortrag das Zeugnis einer Jugendlichen gehört, die darüber erzählte, dass sie sich früher sehr freizügig angezogen hatte. Irgendwann entschloss sie sich, das zu ändern, und berichtete darüber, als sie zum ersten Mal mit einem etwas längeren Rock außer Haus ging. Sie sagte, dass sie plötzlich eine ganz neue Würde verspürte, ein positives Gefühl, das ihr große Freude schenkte.

Ich will damit jetzt nicht sagen, dass wir Christinnen uns nicht modisch kleiden dürfen. Im Gegenteil, ich bin sogar dafür, dass wir uns modisch kleiden, nur eben mit Maß und Ziel. Auch ein knielanger Rock oder ein bodenlanges Kleid können sehr gut aussehen. Nur müssen wir vielleicht ab und zu zu Nadel und Zwirn greifen und unsere Nähkünste unter Beweis stellen, damit gewisse Zonen bedeckt bleiben und wir in dem Kleidungsstück würdevoller aussehen.

---

[38] *Youcat*, 464.

Keuschheit

Der Katechismus sagt: Die Schamhaftigkeit „ist auf die Keuschheit hingeordnet"[39], und auch weiter oben haben wir festgestellt, dass die Keuschheit eine wichtige Tugend auf dem Weg der Reinheit des Herzens ist. Was also ist *Keuschheit?* Wenn wir jetzt ein Brainstorming zu diesem Thema machen würden, würden wir ziemlich sicher feststellen, dass es im allgemeinen Sprachgebrauch eher veraltet klingt, vielleicht sogar negativ. In erster Linie wird es mit sexueller Abstinenz in Verbindung gebracht. Ordensleute versprechen ja Gehorsam, Armut und Keuschheit. Wenn man dieses Wort im Duden nachschlägt und dessen Bedeutungen liest, so wird als Erstes *sexuelle Enthaltsamkeit* genannt, dann noch *Sittsamkeit* und *moralische Reinheit, Integrität.* Die angeführten Synonyme im Duden beziehen sich hauptsächlich auf die erste Bedeutung: *Abstinenz, Askese, Enthaltsamkeit, Enthaltung*[40]. Wenn man dann noch an den Keuschheitsgürtel diverser Filme denkt, so könnte man zu dem Schluss kommen, dass sich der Begriff *Keuschheit* tatsächlich nur auf die sexuelle Enthaltsamkeit bezieht. Die katholische Kirche meint jedoch etwas völlig anderes, wenn sie von Keuschheit spricht: Das Wort kommt von lateinisch *conscius, bewusst,* und „ist jene Tugend, mit der ein zur Leidenschaft fähiger Mensch sein erotisches Begehren bewusst und entschieden für die Liebe reserviert"[41].

„Derjenige ist keusch, der seine Sexualität bewusst angenommen und gut in seine Persönlichkeit integriert hat. (...) Keusch handelt ein Mensch dann, wenn sein körperliches Tun Ausdruck verlässlicher und treuer Liebe ist. (...) Unkeuschheit schwächt die Liebe und verdunkelt ihren Sinn."[42]

Jason Evert sagt, Keuschheit bedeute, „die Kraft zu haben, deine Sexualität gemäß des Planes Gottes zu leben, ob du Single bist oder verheiratet. Diese Tugend zu leben, reinigt dein Herz, heilt deine Erinnerungen, kräftigt deinen Willen und verherrlicht Gott mit

---

[39] KKK 2521.
[40] *Vgl. Duden online* https://www.duden.de/rechtschreibung/Keuschheit (Zugriff 12.4.2021)
[41] *Youcat,* S. 220.
[42] *Youcat,* 404.

deinem Körper. (...) Die Keuschheit ist eine Tugend, die die Liebe vor dem Egoismus beschützt, und sie macht uns davon frei, andere als Objekte zu benutzen. Sie macht uns fähig zur wahren Liebe"[43]. Also wir sehen schon, Keuschheit hat nichts damit zu tun, ob man verheiratet ist oder nicht. Je nach Lebenssituation hat sie eine andere Bedeutung. Und weil wir alle zur Liebe berufen sind, soll „jeder Christ (...) seine Liebe keusch leben"[44]. Auch ein Priester muss seine Sexualität bewusst annehmen. Sie gemäß dem Plan Gottes zu leben, bedeutet für ihn sexuelle Enthaltsamkeit. Als Ehepaar keusch zu leben heißt, dass die körperliche Vereinigung immer ein Liebesakt sein und nicht der reinen Lustbefriedigung dienen soll. Auch in der Ehe kann es Zeiten der Enthaltsamkeit geben, z. B. bei einer schweren Krankheit oder nach der Geburt eines Kindes. Für unverheiratete Personen bedeutet Keuschheit, dass sie sexuell enthaltsam leben sollen.

Aber eines ist dabei wichtig: „Es handelt sich auf keinen Fall darum, die Sexualität zu unterdrücken, zurückzustoßen oder zu sanktionieren. Im Gegenteil, es geht mir darum, daß sie bestmöglich an jenem Punkt eingesetzt wird, wo sie der Liebe und dem Leben dienen kann."[45]

Wenn wir nun keusch leben wollen, sind wir gerufen, unsere Sexualität bewusst anzunehmen. Wir brauchen sie nicht zu unterdrücken oder totzuschweigen. Sie ist ein Bestandteil von uns, Gott hat sie uns geschenkt. Wir dürfen uns erfreuen daran, dass Gott uns so gemacht hat, mich als Frau, dich als Mädchen, dich als Burschen, dich als Mann, mit unserer Sexualität, mit unserer Sehnsucht nicht allein zu sein, mit unserer Fähigkeit, Kinder zu bekommen. Und es ist etwas Wunderbares zu lernen, sie so einzusetzen, dass sie der Liebe dient.

Zusammenfassend können wir feststellen, dass Reinheit und Keuschheit zwei unterschiedliche Dinge sind, die sich aufeinander beziehen. Im deutschen Sprachraum verwenden wir sie aber oft synonym.

---

43 Evert, *If You Really Loved Me*, S. 15.
44 *Youcat*, 406.
45 Ange, *Dein Leib*, S. 98.

Im Zusammenhang mit dem Thema Keuschheit kommt man nicht umhin, sich über einige sehr konkrete Dinge Gedanken zu machen: Dies sind Unzucht, Unkeuschheit, Selbstbefriedigung, Pornografie und Cybersex, denn sie alle sind Verstöße gegen die Keuschheit.

3.2 Unzucht und Unkeuschheit

Unzucht

Vielleicht hast du dich schon manchmal gefragt, warum die Bibel nie direkt davon spricht, dass man keinen Sex vor der Ehe haben soll. Das liegt daran, dass sie den Begriff *Unzucht* verwendet. Der Katechismus sagt: „*Unzucht* ist die körperliche Vereinigung zwischen einem Mann und einer Frau, die nicht miteinander verheiratet sind."[46]

Das heißt, sie bezieht sich sowohl auf unverheiratete Paare oder Personen als auch auf das Fremdgehen Verheirateter. Die Bibel spricht oft davon, besonders Paulus in seinen Briefen:

„Meidet die Unzucht! Jede Sünde, die der Mensch tut, bleibt außerhalb des Leibes. Wer aber Unzucht treibt, versündigt sich gegen den eigenen Leib. Oder wisst ihr nicht, dass euer Leib ein Tempel des Heiligen Geistes ist, der in euch wohnt und den ihr von Gott habt? Ihr gehört nicht euch selbst; denn um einen teuren Preis seid ihr erkauft worden. Verherrlicht also Gott in eurem Leib!" (1 Kor 6, 18–20)

„Das ist es, was Gott will: eure Heiligung – dass ihr die Unzucht meidet." (1 Thess 4, 3) „Von Unzucht aber und Unreinheit jeder Art oder von Habgier soll bei euch, wie es sich für Heilige gehört, nicht einmal die Rede sein." (Eph 5, 3)

Wenn wir Christen keusch leben wollen, werden wir daher auf Unzucht, also sexuelle Beziehungen vor und außerhalb der Ehe, verzichten. Wir haben das schon im Kapitel zwei ausführlich behandelt, weshalb ich hier nicht näher darauf eingehe.

---

[46] KKK 2353.

Unkeuschheit

Ich will noch einmal auf Lea zurückkommen. Sie war auf der Suche nach Liebe, nach einem Freund. Sie ging gerne auf Partys und des Öfteren passierte es, dass sie mit einem Burschen nach draußen ging und den letzten Teil der Party irgendwo eng umschlungen und küssend verbrachte. Sie erzählt, dass sie auf der Suche nach einem Freund war, nach jemandem, der sie liebte. Für sie bedeutete Liebe in dieser Phase ihres Lebens, ein bisschen zu kuscheln und zu küssen. Später erkannte Lea, dass diese Einstellung nicht richtig war und dass das Fernsehen sie unbewusst beeinflusst hatte, weil dort in beinahe jedem Film irgendeine Liebesgeschichte mit eingeflochten ist. Dann gibt es immer ein Happy End und die betreffenden Personen liegen sich küssend in den Armen. Lea ist wahrscheinlich nicht die Einzige, die so gelebt hat: Zuerst wird miteinander geflirtet und nach einer nächtlichen Knutscherei ist die Sache auch schon wieder gelaufen. Der Katechismus bezeichnet diese und ähnliche Verhaltensweisen als *Unkeuschheit.*

„*Unkeuschheit* ist ein ungeregelter Genuß der geschlechtlichen Lust oder ein ungeordnetes Verlangen nach ihr. Die Geschlechtslust ist dann ungeordnet, wenn sie um ihrer selbst willen angestrebt und dabei von ihrer inneren Hinordnung auf Weitergabe des Lebens und auf liebende Vereinigung losgelöst wird."[47]

Eigentlich war Lea auf der Suche nach einem wirklichen Freund, nicht nur nach einem kurzen Vergnügen, aber trotzdem war ihr Verhalten von der liebenden Vereinigung losgelöst und daher unkeusch. In anderen Fällen steht vielleicht das Ziel, sich zu amüsieren, noch mehr im Vordergrund. Das ist eine sehr egoistische Handlungsweise und daher unkeusches Verhalten, egal ob man dabei bis zur sexuellen Vereinigung geht oder es beim Küssen und Kuscheln bleibt. Ich habe eine gute Zeit. Es geht um mich, nicht um den anderen. Gleichzeitig benützt man aber den anderen, um sich selbst gut zu fühlen und sich zu vergnügen. Wenn man jemanden auf diese Weise benützt, dann ist das eine respektlose Handlung und hat mit Liebe nichts zu tun, das heißt, die Handlung ist von der liebenden Vereinigung losgelöst und/oder

---

[47] KKK 2351.

man handelt nur um der Geschlechtslust selbst willen, so sagt der Katechismus, also in erster Linie um sich sexuell zu amüsieren.

Unkeuschheit in unserem Leben

Mit anderen zu flirten ist nicht unbedingt nur auf die nächtliche Partyszene beschränkt, es wird auch im Pausenhof, im Schulbus, in der Mensa, am Handy oder wo auch immer praktiziert. Bei allen Arten des Flirtens geht es in erster Linie darum, dass der andere auf mich aufmerksam wird, leider allzu oft nur auf körperlicher, sexueller Ebene. Es geht nicht darum, sich wirklich kennenzulernen oder eine wahre und tiefe Freundschaft zu schließen. Und auch wenn es nicht zu einer Kussszene oder etwas Ähnlichem kommt, so ist es doch nicht im Sinne der respektvollen Liebe, denn dort soll es um die ganze Person gehen. Alle Arten des Flirtens sind unkeusches Verhalten und wir als Christen sollten das vermeiden.

Doch nicht immer ist es einfach, eine klare Grenzlinie zu sehen zwischen einem Flirt und einer Beziehung. Manchmal wird aus einem Flirt eine Beziehung, die dann auch einige Zeit anhält. Für uns Christen sollte die aufrichtige personale Liebe immer im Vordergrund stehen. Ich erinnere mich gut an das, was ein Priester einmal zu uns Jugendlichen gesagt hat: „Wenn einmal der Moment kommt, in dem einer oder beide zu dem Schluss kommen, dass sie nicht heiraten wollen, dann sollten sie die Beziehung beenden." Zu oft wird uns heute nur unbewusst oder unterschwellig vermittelt, dass man ab einem gewissen Alter eine Freundin bzw. einen Freund haben muss, dass das ganz normal ist, dass das jeder so macht. Und wer single ist, kommt sich schon fast anormal vor. Aber wenn wir die Liebe so leben wollen, wie Gott sie gedacht hat, dann werden wir keine Beziehung eingehen, weil es ab einem gewissen Alter zum Leben gehört, weil wir gemeinsam unseren Spaß haben oder was auch immer der Grund sein kann. Im Gegenteil: Wenn wir Christen eine Beziehung eingehen, dann tun wir das in erster Linie, um erkennen zu können, ob wir den Partner einmal heiraten wollen. Wir werden Beziehungen vermeiden, in denen uns von vornherein oder sehr bald klar ist, dass wir die andere Person nie im Leben heiraten würden, weil es nicht der Keuschheit entspricht.

In diversen Medien wird immer wieder Oralsex angepriesen, manchmal als Alternative zum Vaginalverkehr, wenn man noch nicht bis zum „Letzten" gehen will. Wie verbreitet er in der Realität wirklich ist, ist schwer abzuschätzen, aber für uns Christen sind sowohl Anal- als auch Oralsex abzulehnen, weil dabei die Geschlechtslust „von ihrer inneren Hinordnung auf Weitergabe des Lebens und auf liebende Vereinigung losgelöst wird"[48] und daher unkeusches Verhalten darstellt. Unsere sexuellen Beziehungen sollen immer auf die Weitergabe des Lebens hingeordnet sein, und diese ist beim Oralsex und auch beim Analsex nicht möglich. Dasselbe gilt auch dafür, sich gegenseitig zu masturbieren. Bei all diesen Dingen benutze ich den anderen in gewisser Weise, um mich selbst zu befriedigen, und das Sich-gegenseitig-Liebe-Schenken tritt in den Hintergrund. Deshalb führen wir Christen diese Praktiken nicht aus, auch nicht wenn wir verheiratet sind.

3.3 Selbstbefriedigung

Anleitungen zur Selbstbefriedigung, wofür Masturbation gut ist … All das und noch vieles mehr erfährst du in diversen Jugendzeitschriften, im Internet, von Freunden usw. Es wird vermittelt, dass es etwas ganz Normales ist und dass es jeder macht. Vielleicht hast du sogar im Schulunterricht während des Aufklärungsunterrichts etwas über Selbstbefriedigung gehört. Es ist in gewisser Weise ganz normal, besonders unter Burschen, aber auch viele Mädels befriedigen sich selbst.

Michael hat sich auch selbst befriedigt, als er ein Teenager war. Er erzählt: *„Alle haben es gemacht, es war ganz normal. Manchmal haben wir untereinander sogar damit geprahlt, wer ‚es' wie oft an einem Tag gemacht hat."*

Jakob berichtet: *„Ich habe mit dem Masturbieren in der Pubertät angefangen, weil ich Lust verspürt habe. Manchmal war es täglich, manchmal war es mehrmals täglich, manchmal habe ich einige Tage nicht masturbiert. Es war einfach normal und ich habe mir*

---

48 KKK 2351.

nicht viel dabei gedacht. Auch Pornos habe ich mir oft angesehen."

Während der Pubertät verändert sich der Körper und der Sexualtrieb erwacht, was dazu führt, dass man seinen Körper auf eine neue Art und Weise entdeckt. Sonja ging es so und auch sie begann in der Pubertät, sich selbst zu befriedigen. *„Was die Selbstbefriedigung betrifft, war jene Zeitschrift nicht immer gerade förderlich (...) Durch manche Berichte von anderen Jugendlichen in dieser Zeitschrift zum Thema Selbstbefriedigung kam ich noch auf neue Ideen und wurde zu Weiterem und mehr angeregt."*

Selbstbefriedigung, auch Masturbation oder Onanie genannt, ist die „absichtliche Erregung der Geschlechtsorgane, mit dem Ziel, geschlechtliche Lust hervorzubringen"[49]. Sie „impliziert einen gewollten, bewußt provozierten Orgasmus"[50]. Es handelt sich also eine bewusste Handlung, die nicht zu verwechseln ist mit einer spontanen sexuellen Erregung. Denn dabei überkommt es einen einfach so, da kann man kaum etwas tun dagegen. Ein bildhübsches Mädel spaziert vorbei und schon ist es geschehen, der Penis wird steif ... Das ist eine natürliche Reaktion des Körpers, die man in bestimmten Situationen nicht kontrollieren kann, und ist somit nichts Schlechtes und schon gar keine Sünde. Bei der Masturbation erregt man die Geschlechtsorgane absichtlich und bewusst, vielleicht sieht man sich dabei ein Bild oder ein Video an, um sich zu erregen, und man entscheidet sich, bis zum Orgasmus zu gehen.

Warum Selbstbefriedigung?

Warum Selbstbefriedigung gut sein soll, dafür gibt es viele Erklärungen: um Stress abzubauen, zur Entspannung. Weiters wird oft gesagt, dass die Masturbation bei Burschen hilft, ja sogar notwendig ist, um die überschüssigen Samenzellen loszuwerden, die ja nur wenige Tage am Leben bleiben. Außerdem soll sie dabei helfen, den eigenen Körper, die eigenen sexuellen Bedürfnisse besser kennenzulernen. Alle diese Argumente, die in der Welt kursieren und uns davon überzeugen sollen, dass Masturbation gut

---

[49] KKK 2352.
[50] Ange, *Dein Leib*, S. 86.

und wichtig ist, sind sehr einseitig und manche sind schlichtweg falsch.

Stress abbauen?

Das erste Argument ist, dass es der Entspannung dient und um Stress abzubauen. Das ist sicher nicht falsch, aber es gibt viele andere Möglichkeiten, um sich zu entspannen oder Stress abzubauen. Zum Beispiel beim Sport. Ich erinnere mich an einen Tag, an dem ich sehr angespannt war. Es ergab sich zufällig, dass wir nach einem Gespräch mit einem Freund und unseren Kindern eine Weile Fußball spielten. Danach stellten mein Mann und ich fest, dass das sehr entspannend war. Meine Laune hatte sich schlagartig verbessert und meine Kopfschmerzen waren auch wie weggeblasen. Egal ob Fußball, Laufen, Fahrradfahren, Schwimmen, Aerobic oder einfach zehn Liegestütze, 10 Strecksprünge usw.: Beim Sport werden verschiedene Hormone freigesetzt. Sie bewirken, dass wir uns während und auch nach dem Sport sehr wohl fühlen. Wenn man regelmäßig Sport betreibt, sinkt sogar das Stresshormon Cortisol dauerhaft in unserem Körper ab. Und Sport zu betreiben hat einen großen Vorteil: Man muss nicht unbedingt alleine sein, man kann sich mit Freunden oder Verwandten verabreden. Das kann motivierend sein, den Spaßfaktor erhöhen und es fällt einem leichter, den inneren Schweinehund zu überwinden. Sport zu betreiben, hat also einen doppelt positiven Effekt: Er ist für unsere Gesundheit gut und für unsere Psyche.
Aber nicht nur Sport hilft uns, glücklicher zu werden. Auch anderen zu helfen macht uns glücklicher. Schon oft habe ich festgestellt, dass ich zufriedener bin, wenn ich einen halben Tag allein bin und das Haus von oben bis unten putze, als wenn ich meine Zeit sinnlos vergeude, indem ich im Internet herumsurfe oder auf der Couch herumliege, ohne etwas Bestimmtes zu tun. Du könntest zu Hause fragen, ob im Haus oder im Garten etwas erledigt werden soll. Oder auch in der Pfarre, in einer Jugendgruppe, in einer religiösen Gemeinschaft oder bei karitativen Einrichtungen kann man sich regelmäßig engagieren. Gelebte Nächstenliebe macht glücklich.

Den überflüssigen Samen loswerden?

Ein weiteres häufiges Argument ist, dass der männliche Samen nicht lange am Leben bleibt und man ihn daher loswerden muss. Außerdem, so die Argumentation, steigt die Qualität der Samen, wenn man sich regelmäßig, aber nicht zu oft, selbst befriedigt. Diese Dinge habe ich nachgelesen und mein Ergebnis stimmt nicht mit diesen Argumenten überein: Wenn man die messbaren Mengen betrachtet, stellt man fest, dass die Samenflüssigkeit verschiedene Bestandteile hat. Beim Orgasmus werden normalerweise 2 bis 6 Milliliter Samenflüssigkeit ausgestoßen. Obwohl sich Millionen von Samenzellen im Sperma befinden, machen sie nur 5 Prozent der Menge aus, der Rest sind Sekrete aus anderen Drüsen, z. B. Prostata und Bläschendrüsen. Zum Vergleich: Ein Teelöffel hat ein Volumen von ca. 5 ml. Nehmen wir an, dass bei einem Samenerguss 6 ml Samenflüssigkeit ausgestoßen werden. Dann befinden sich darin ca. 0,3 ml Samenzellen. Um es kurz zu sagen: Es sind zwar sehr viele Samenzellen darin enthalten, aber sie sind so klein, dass ihr Volumen nur einen sehr kleinen Teil ausmacht. Wenn man das Argument hört, dass man die überflüssigen Samenzellen loswerden soll, könnte man das Gefühl haben, dass es sich dabei um viel größere Mengen handelt und dass es fast gefährlich ist, wenn man die Samenzellen nicht absichtlich nach außen befördert. Das stimmt aber nicht. Wenn längere Zeit kein Samenerguss erfolgt, kann der Körper des Mannes die Samenzellen einerseits mittels Immunzellen selbst abbauen, andererseits gibt es den unwillkürlichen oder nächtlichen Samenerguss, durch den überflüssiger Samen nach außen befördert werden kann. Die Natur hat also vorgesorgt, sonst müssten ja sexuell enthaltsame Männer oder Männer, die aufgrund einer Krankheit keinen Sex haben und nicht masturbieren können, an Spermienüberschuss sterben.
Das heißt, niemand muss selbst Hand anlegen, um überflüssige Samenzellen loszuwerden. Und umgekehrt, wenn man versucht, schwanger zu werden, und es nicht gleich klappt, wird den Paaren auch geraten, ca. zehn Tage vor den sehr fruchtbaren Tagen der Frau sexuell enthaltsam zu sein, damit die Anzahl der Spermien in der Samenflüssigkeit steigt und eine Schwangerschaft wahrscheinlicher wird. Samenzellen brauchen nämlich lange, um heranzureifen, daher sinkt bei zu vielen Samenergüssen die Menge

an Spermien und deren Qualität und es wird dadurch schwieriger, schwanger zu werden. Das heißt, viele Orgasmen zu haben führt nicht zu einer Erhöhung der Qualität oder Quantität der Samenzellen, im Gegenteil: Die Anzahl und der Reifegrad der Spermien sinken sogar. Das Argument, dass man sich selbst befriedigen soll, um die Qualität der Spermien zu erhöhen, ist somit falsch.

Meine Bedürfnisse kennen, wie wichtig ist das?

Nun zum letzten Argument: Man soll seinen eigenen Körper kennen und herausfinden, welche sexuellen Bedürfnisse man hat, was einen erregt und mehr sexuelle Lust erzeugt. Das ist vielleicht nicht ganz falsch, aber wenn wir uns daran erinnern, dass der Liebesakt aus christlicher Sicht darin besteht, einander Liebe zu schenken und unser Eheversprechen damit zu erneuern, dann geht es ja nicht nur darum, zu tun, was einem selbst am besten gefällt. Es geht darum, dass wir uns Liebe schenken und versuchen, den anderen glücklich zu machen. Außerdem erlebt der Mann eine sexuelle Erregung nicht nur deshalb, weil seine Frau ihn hier oder dort liebkost, sondern einfach deshalb, weil sie SEINE FRAU ist und er sie liebt. Und die Frau wird sexuelle Lust empfinden, weil es ihr Mann ist und niemand anders, der sie liebkost.
Denis Sonet sagt auch, dass es beim Liebesakt von Mann und Frau gar nicht so sehr auf die Technik ankommt. Er sagt, um „erfolgreich" zu sein, brauche es nur 5 % Technik und 95 % Liebe.[51] Wenn man sich also viel Liebe dabei schenkt, wird der Liebesakt wunderbar sein und die Technik bzw. das Wie, Was und Wo werden sekundär. „Viele Verheiratete, die die Selbstbefriedigung nicht gekannt haben, bestätigen, daß ihre Beziehung kein Problem darstellt."[52] Es ist also wirklich nicht notwendig, sich selbst zu befriedigen, wenn man später in der Ehe ein glückliches und harmonisches Liebesleben führen will.

---

[51] Vgl. Denis Sonet, *Triunfar como pareja*. Barcelona 1986, S. 74.
[52] Ange, *Dein Leib*, S. 92.

Das „wir"

Bei all diesen Argumenten wird aber das Wesentliche vergessen, auf das es für uns Christen ankommt: Wir wollen ja die Liebe und die Sexualität so leben, dass sie uns selbst und die anderen glücklich machen. Die Sexualität im christlichen Sinn kommt nur zu ihrer vollen Erfüllung, wenn sie für die Liebe zwischen Mann und Frau reserviert wird. Diese Liebe und der sexuelle Akt beziehen sich immer zuerst auf den anderen, nicht nur auf sich selbst. Bei der Selbstbefriedigung kann der Aspekt des Partners, dass ich dem anderen dadurch meine Liebe zu ihm ausdrücke und ihm Liebe schenke, nicht erfüllt werden. „Das ‚wir' des sexuellen Aktes wird zum ‚ich' und man wird darauf hintrainiert, auf sich selbst zu schauen, um sexuelle Erfüllung zu erleben."[53] Und ist es nicht oft so, dass man nach dem Masturbieren irgendwie eine Leere verspürt, keine echte, tiefe Freude? Bleibt da nicht ein leicht bitterer Geschmack zurück? Das liegt daran, dass der Partner dabei fehlt, es fehlt der wichtigste Teil, der den Sexualakt zu dem macht, wofür er gedacht ist: einander und vor allem dem anderen Liebe zu schenken. Daher ist die Masturbation „ein schwerer Verstoß gegen die Liebe"[54] und eine Sünde.

Sonja erzählt: *__Bei der Selbstbefriedigung hatte ich ein gutes, angenehmes Gefühl, aber danach hatte ich oft irgendwie so eine Leere in mir.__*

Sehr oft ist die Selbstbefriedigung an Phantasien oder Bilder gebunden oder wird in Zusammenhang mit Pornografiekonsum praktiziert. Sie ist daher in gewisser Weise eine Flucht aus der Realität, oft nach Enttäuschungen und bei Einsamkeit. So erging es auch Jakob: *__Den Drang zur Selbstbefriedigung verspüre ich nur, wenn es mir schlecht geht – wenn ich schlecht gelaunt bin, eine große Einsamkeit da ist oder ich generell unzufrieden bin mit meinem Leben. Auch wenn ich am Vortag mehr Alkohol getrunken habe, ist der Drang größer.__*

Wenn wir die Masturbation ausüben, sind wir innerlich geteilt: Mit dem Kopf ist man bei den Bildern oder Phantasien, mit der Hand

---

[53]   Evert, *If You Really Loved Me*, S. 126.
[54]   *Youcat*, 409.

ist man am eigenen Körper und der Ehepartner fehlt, damit es ein wirklich erfüllender Akt wird. Diese innere Zerrissenheit nehmen wir vielleicht nicht immer bewusst wahr, aber sie führt dazu, dass wir uns nicht hundertprozentig glücklich fühlen danach.

Selbstbefriedigung im Blick auf die Zukunft

Es gibt im Zusammenhang mit der Selbstbefriedigung mehrere Gefahren im Hinblick auf die Zukunft: Vor allem wenn man sich regelmäßig und häufig selbst befriedigt und dabei das „auf sich selber schauen" statt auf den anderen schon sehr verinnerlicht hat, kann es in einer ehelichen Beziehung sehr schwer werden, das „umzutrainieren". Es besteht die Gefahr, dass dann der eheliche Sexualakt zu einer Art Selbstbefriedigung mit dem anderen wird und kein gemeinsames Liebeserlebnis, bei dem man sich gegenseitig Liebe und Lust schenkt. Und die vielen Bilder mit sexuellem Inhalt oder diverse Phantasien, die man im Kopf hat: Wird es nicht sehr schwer werden, sie aus dem Kopf zu verbannen, wenn man mit dem Ehepartner schlafen will und sich eigentlich nur auf ihn/sie konzentrieren will? Beim Masturbieren geht es in erster Linie um „jetzt sofort" und „schnell". In einer ehelichen Beziehung muss man die eigenen Bedürfnisse manchmal zurückstecken. Nicht immer wenn man gerade Lust hat, ist es möglich, mit dem Partner zu schlafen. Und beim Sexualakt muss man auch den Rhythmus des anderen berücksichtigen. Vielleicht muss man einen Gang zurückschalten, damit man nicht zu früh zum Orgasmus kommt. Bei der Selbstbefriedigung muss man auf niemanden Rücksicht nehmen und meist kommt man sehr schnell zum Orgasmus. Diese „Schnelligkeit" später in einer ehelichen Beziehung wieder abzutrainieren, kann schwierig werden.
Alle diese Schwierigkeiten, „Nebenwirkungen" und unerwünschten „Langzeiteffekte" der gewohnheitsmäßigen Masturbation können später zu großer Frustration und Enttäuschung in der Ehe führen.
Eine weitere große Gefahr ist die, dass die Selbstbefriedigung zur Abhängigkeit führt. Ich habe viele Berichte gelesen, wo die verschiedensten Jugendlichen oder auch Erwachsene immer wieder erzählen, wie schwer es ihnen fällt, mit der Masturbation aufzuhören, trotz aller guten Vorsätze. Das heißt jetzt nicht, dass es unmöglich ist. Mit Gottes Hilfe ist alles möglich! Nur denke ich,

dass wir Christen dazu berufen sind, der Selbstbefriedigung eine klare Absage zu erteilen. Heute schon, nicht erst morgen! Je früher man aussteigt, desto besser. Vielleicht denkt so manch einer, dass er oder sie aufhören wird, wenn er oder sie einmal eine Freundin bzw. einen Freund hat oder wenn man heiratet. Aber ich glaube, je länger man weitermacht, desto schwieriger wird es, aufzuhören. Entscheide dich heute schon dafür! Mach es in dem Wissen, dass du dadurch „den ‚Erfolg' deiner künftigen ehelichen Akte vorbereitest und dadurch auch die Harmonie mit deiner zukünftigen Frau"[55] bzw. mit deinem zukünftigen Mann.

3.4 Pornografie

Wenn wir über Masturbation sprechen, dann können wir das Thema Pornografie nicht unter den Tisch fallen lassen, denn oft gehen die beiden Hand in Hand. Und seit jeder seinen Laptop und ein Smartphone hat, ist das Angebot im Internet auch sehr groß geworden und mit wenigen Klicks landet man auf einer Pornoseite. „Leicht zugänglich, billig und anonym."[56]

Pornokonsum

Laut Statistiken sind im Internet 35 % des gesamten Datenverkehrs pornografischen Ursprungs, 25 % aller Suchanfragen haben pornografischen Inhalt und 43 % aller Internetnutzer schauen Pornografie.[57] In der Liste der 30 meist besuchten Webseiten Deutschlands befinden sich vier Pornoseiten.[58]

---

[55] Ange, *Dein Leib*, S. 90.

[56] Gabriele Kuby: *Die globale sexuelle Revolution*, Kißlegg 2016, S. 205.

[57] Nikolaus Franke und Pascal Heberlein: *Pornografie. Das Pflichtprogramm für Jugendliche?!* S. 3. PDF, downgeloadet bei https://www.weisses-kreuz.de/themenuebersicht/internet-sexsucht/internet-sexsucht-tipps-und-downloads/ (Zugriff 10.6.2022).

[58] https://m-faz-net.cdn.ampproject.org/v/s/m.faz.net/aktuell/gesellschaft/menschen/pornographie-als-massenphaenomen-wie-schaedlich-sind-pornos-16798590.amp.html?amp_js_v=a6&_gsa=1&usqp=mq331AQHK

In einer Studie von Bravos Dr. Sommer haben mit 12 Jahren schon über 30 % der Jugendlichen Pornografie gesehen, mit 17 Jahren hatten schon 93 % der Jungs und 80 % der Mädels Kontakt mit Pornografie. 2008 wurden über 6 500 Jugendliche zwischen 16 und 19 Jahren gefragt, wie oft sie Pornos sehen. Das Ergebnis: 20,6 % der Burschen konsumieren täglich Pornos, 41,7 % wöchentlich. Bei den Mädels sind es 1,4 % täglich und 10,1 % wöchentlich. 6,8 % der Burschen gaben an, keine Pornos zu konsumieren, bei den Mädels sind es 34,2 %.[59] In einer anderen Studie, in der Studenten befragt wurden, gab die Hälfte der Befragten an, vor dem 13. Lebensjahr Pornografie konsumiert zu haben. 84 % der Studenten und 19 % der Studentinnen konsumieren einmal bis mehrmals wöchentlich Pornos.[60] Diese Studien kommen nicht alle zu denselben Ergebnissen, aber eines ist klar: Fast alle Teenager und Jugendlichen sehen Pornos, Burschen sind es mehr als Mädchen und sie tun es auch häufiger. Pornografie zu sehen ist heutzutage völlig normal.

Ein Definitionsversuch

Das Wort Pornografie kommt aus dem Griechischen und bedeutet „Über Huren schreibend". Im Katechismus lesen wir, dass

---

AFQArABIA%3D%3D#aoh=16125189703377&referrer=https%3A%2
F%2Fwww.google.com&_tf=De%20%251%24s&share=https
%3A%2F%2Fwww.faz.net%2Faktuell%2Fgesellschaft%2Fmenschen%
2Fpornographie-als-massenphaenomen-wie-schaedlich-sind-pornos-
16798590.html (Zugriff 8.4.2021).

[59] Franke und Heberlein: *Pornografie. Das Pflichtprogramm für Jugendliche?!* S. 4–5. PDF, downgeloadet bei https://www.weisses-kreuz.de/themenuebersicht/internet-sexsucht/internet-sexsucht-tipps-und-downloads/ (Zugriff 10.6.2022).

[60] https://m-faz-net.cdn.ampproject.org/v/s/m.faz.net/aktuell/gesellschaft/menschen/pornographie-als-massenphaenomen-wie-schaedlich-sind-pornos-16798590.amp.html?amp_js_v=a6&_gsa=1&usqp=mq331AQHK AFQArABIA%3D%3D#aoh=16125189703377&referrer=https%3A%2 F%2Fwww.google.com&_tf=De%20%251%24s&share=https %3A%2F%2Fwww.faz.net%2Faktuell%2Fgesellschaft%2Fmenschen% 2Fpornographie-als-massenphaenomen-wie-schaedlich-sind-pornos-16798590.html (Zugriff 8.4.2021).

Pornografie darin besteht, „tatsächliche oder vorgetäuschte geschlechtliche Akte vorsätzlich aus der Intimität der Partner herauszunehmen, um sie Dritten vorzuzeigen"[61].

Der *Duden* sagt, Pornografie sei die „sprachliche, bildliche Darstellung sexueller Akte unter einseitiger Betonung des genitalen Bereichs und unter Ausklammerung der psychischen und partnerschaftlichen Aspekte der Sexualität"[62].

Diese Definitionen sind sehr eindeutig und sie führen uns zum Kern der Sache: Pornografie hat nichts mit Liebe zu tun. Es geht nur um das rein Körperliche des Sexualaktes, das Ausleben des Sexualtriebes. Keine Liebe, kein aufeinander Eingehen, sich einander Schenken, sich Liebe Schenken, wie es bei normal gelebtem Geschlechtsverkehr der Fall ist. Nur die Körper. Die totale Ausklammerung der Liebe. Ich denke, dessen sollten wir uns bewusst sein. Es geht nicht um Liebe, es geht nur um das Ausleben des Sexualtriebes.

Früher musste man ein Schmuddelheft oder ein Video kaufen, um Pornos sehen zu können, heutzutage ist alles im Internet und sehr leicht abrufbar. Trotzdem oder leider ist es ein Thema, über das nur sehr wenig gesprochen wird, weder in den Familien, noch in der Schule. Laut einer Studie der Universitäten Münster und Hohenheim sprechen nur ca. 4 % der Jugendlichen mit ihren Eltern oder Lehrern darüber, nachdem sie zum ersten Mal Pornografie gesehen haben, obwohl die Hälfte aller Befragten ungewollt damit in Kontakt gekommen war.[63] Ich nehme an, die meisten Eltern wissen nicht, ob oder dass ihre Kinder Pornos konsumieren, ebenso versuchen die Betroffenen meist, es vor ihrer Familie geheim zu halten. Und wenn man mit Freunden einen Pornofilm schaut, dann redet man allerhöchstens über das äußere Erscheinungsbild der Frauen, die zu sehen sind, oder man lacht über irgendwelche Details. Aber man spricht nicht darüber, welchen Eindruck das Gesehene hinterlässt, welche Gefühle in uns geweckt werden bzw.

---

[61] KKK 2354.

[62] *Duden online.* https://www.duden.de/rechtschreibung/Pornografie (Zugriff 12.4.2021).

[63] Vgl. *Pornografie im Internet: Kinder sehen früh und ungewollt Hardcore-Filme,* https://www.uni-muenster.de/news/view.php?cmdid=9182 (Zugriff 12.4.2021).

ob oder wie solche Filme unser Denken und Handeln beeinflussen könnten.

Jeremy erzählt: *„Die Pornografie hatte mich von der ersten Minute an gefesselt. Das war, als ich neun war. Das erste Mal, als ich mir diese Bilder anschaute, war ich mit einem Freund in seinem Zimmer unter einer Decke unterm Bett versteckt. (…) Ich wollte mehr davon. (…) [Als ich Teenager war, verbrachte ich] Stunden damit, Pornobilder zu konsumieren, was mich in etliche brenzlige Situationen mit meinen Eltern brachte. Schnell lernte ich, wie ich dieses Doppelleben führen musste, damit sie es nicht herausfinden würden.“*[64]
Seiner späteren Frau erzählte er davon, dass Pornografie für ihn ein kritisches Thema war, aber er blieb sehr an der Oberfläche, weshalb sie nicht wusste, dass er regelmäßig und viel Pornografie konsumierte.

Ulrike schreibt: *„Mit etwa zwölf Jahren stolperte ich in die Pornografie-Falle, begleitet von dem ganz normalen inneren Chaos, das man als Jugendliche hat. Ohne Ahnung zu haben, was es alles in diesem Bereich so gibt, war ich einerseits abgestoßen und andererseits fasziniert davon und es regte sich etwas vermeintlich Angenehmes in mir, das aber gleichzeitig mit viel Scham einherging. Genau diese Scham war es auch, die mich in die Einsamkeit trieb. Zwar konnte ich sehr gut mit meiner Mutter reden[,] auch über alle möglichen Beziehungsthemen. Aber das, was ich mir immer wieder anschaute, oder überhaupt das Thema Selbstbefriedigung zu thematisieren, war für mich trotzdem absolut tabu. Hätte meine Mutter das damals erfahren, ich hätte mich wirklich zu Tode geschämt.“*[65]

---

[64] *Jeremys Story.* In: Jeremy Hammond (Hrsg.): *Frei. Mann. Sein.* Holzgerlingen 2018, S. 54f.
[65] *Pornografie – Nur was für Männer?* In: *Leitfaden – Hilfestellung.* Infoheft von Safer Surfing, S. 16–17.

So geht es wahrscheinlich vielen, die Pornos schauen: Sie wollen nicht, dass ihre Eltern (bzw. ihre Partner, falls sie einen haben) davon wissen. Ist dieses Verheimlichen-Wollen und Nicht-darüber-Sprechen vielleicht ein Anzeichen dafür, dass es etwas ist, das nicht dem Willen Gottes entspricht?

Pornografie im Katechismus

Werfen wir also einen Blick in den Katechismus, auf das, was er über Pornografie sagt:

„Sie verletzt die Keuschheit, weil sie den ehelichen Akt, die intime Hingabe eines Gatten an den anderen, entstellt. Sie verletzt die Würde aller Beteiligten (Schauspieler, Händler, Publikum) schwer; diese werden nämlich zum Gegenstand eines primitiven Vergnügens und zur Quelle eines unerlaubten Profits. Pornographie versetzt alle Beteiligten in eine Scheinwelt. Sie ist eine schwere Verfehlung."[66]

Pornografie entstellt also den ehelichen Sexualakt. Das, was in einem Pornofilm abläuft, ist nicht das, was im Schlafzimmer eines Ehepaares passiert. Shelley Lubben beschreibt das in ihrem Buch. Als ehemalige Pornodarstellerin kannte sie nur die Art von Sex, die in den Pornofilmen praktiziert wird. Obwohl sie die Pornoindustrie schon lange zurückgelassen hatte, dauerte es Jahre, bis sie es schaffte, liebevoll und zärtlich mit ihrem Mann umzugehen, wenn sie miteinander schliefen. *„Jahrelang hatten wir beide keinen vertrauten Sex, denn ich bestand auf dem kalten, lieblosen Sex, den ich gewohnt war, und ich setzte mich durch. In diesen ersten Jahren unserer Ehe durfte Garrett mich weder zärtlich küssen noch mir tief in die Augen schauen. Sex war für mich eher ein Ritual, das man hinter sich brachte. Aber nun (...) war ich bereit, unseren Pseudo-Sex abzulegen; nun ließ ich zu, dass Garrett seiner Liebe zu mir auch mit seinem Körper Ausdruck verlieh. Ich legte die alte Shelley ab, die uns durch die ersten fünf Jahre geboxt hatte; die neue Shelley gab sich glücklich in Garretts zärtliche Hände, und gemeinsam entdeckten wir, wie schön Sex sein kann,*

---

[66] KKK 2354.

wenn er sich vom Himmel inspirieren, vom Heiligen Geist leiten lässt!"[67] Sie beschreibt weiter: *„[Ich lernte,] mich Garrett so hinzugeben, wie Gott es sich gedacht hatte (...) Garretts wunderbare blaue Augen schauten tief in meine, und ich erlaubte ihm, meinen Körper und mein Herz zu nehmen und zu führen. Am Anfang fiel es mir noch äußerst schwer, mit Leib und Seele Garretts Liebe anzunehmen, aber Gott gab mir die Kraft und die Freiheit dazu. (...) Am Anfang heulte ich wie ein Baby, aber je mehr Gott mich heilte durch Garretts zärtliche Berührungen, umso wohler fühlte ich mich dabei, und ich lernte, Garretts Liebe selbstlos zu erwidern."*[68]

Das ist damit gemeint, wenn der Sexualakt entstellt wird: In der Pornografie geht es nicht darum, sich Liebe zu schenken, zärtlich zu sein, sondern der Liebesakt wird auf das rein Technische reduziert, bis hin zur Gewalttätigkeit, und so von der Liebe getrennt. Shelley Lubbens Ausdruck *Pseudosex* trifft es gut. Es handelt sich nicht um echte sexuelle Hingabe, weil die Liebe fehlt. Die Pornografie ist eine Verletzung der Keuschheit, weil darin die Sexualität der Liebe nicht dient und sie nicht für die Liebe reserviert wird.

Weiters sagt der Katechismus, dass die Pornografie die Würde aller Beteiligten verletzt, sowohl die der Schauspieler als auch die der Händler und die des Publikums. Das ist ein sehr wichtiger Punkt, vor allem bezüglich der Darsteller.

Die Pornodarsteller

Lesen wir den Bericht von Kim (Name geändert), einer ehemaligen Pornodarstellerin: *„Ich hatte versucht, Arbeit zu bekommen. Egal was, in der Gastronomie oder Putzstellen. Aber weil ich alleinerziehend bin, haben alle immer gefragt: ‚Wie machen Sie das denn mit Ihrer Tochter?' Und ich habe gesagt, ich habe eine Tagesmutter, das geht schon. Dann hieß es: Nein, Kinder*

---

[67] Shelley Lubben, *Pornographie. Die größte Illusion der Welt,* Bad Soden 2016, S. 243.

[68] Lubben, *Pornographie,* S. 242f.

können krank werden, eine Alleinerziehende wäre nicht flexibel. (...)
Also habe ich gesagt: Wisst ihr was? Ich dreh' Pornos! Ich dachte, Pornos wären sauberer als Prostitution. Wenn man sich die Huren auf dem Kiez anguckt, die müssen mit jedem dreckigen Typen aufs Zimmer gehen. Und von der Porno-Branche hat man ja gehört, dass es da Gesundheits-Checks gibt. Und Spaß soll das auch bringen. So wird es einem ja vermittelt. (...)
Mein erster Dreh war in Berlin in einer Auto-Werkstatt. Das war ein Film, der nicht für Deutschland gedreht wurde, weil er zu krass war. Die Produktion war für den holländischen und den belgischen Markt, da ist so was erlaubt. Es hieß aber, das wäre alles total cool, ganz easy und das wären alles nette Menschen. Beim Schminken habe ich gezittert, und eine Frau, die total abgewrackt aussah, hat mich gefragt: ‚Na, ist das dein erstes Mal?‘ (...)
Die Darsteller können mit einem machen, was sie wollen. Und die Produzenten genauso. Man bespricht zwar vorher, was man macht, aber im Vertrag steht, dass man sich allem zur Verfügung stellt, was der Produzent verlangt. Und so sehen die Verträge alle aus. Im Moment des Unterschreibens gibt man das Menschsein ab. Man ist einfach nur noch ein Stück. Ein Loch. Die männlichen Darsteller sind ja tatsächlich körperlich erregt. Die holen sich Bilder in den Kopf und blenden den Rest aus. Oder sie tun sich ihr Lieblingsparfum unter die Nase. (...)
Die Produzenten (...) schreien: ‚Dreh den Arsch richtig ins Licht!‘ Und jemand anders brüllt: ‚Reiß ihr den Arsch auseinander! Fick sie richtig durch!‘ Und man selbst muss ja für die Kamera funktionieren. Man kann da ja nicht sagen: ‚Nein, lass das!‘ Und dann sagt man halt: ‚Ja, nimm mich, fick mich weiter! Das ist geil!‘ Und das macht man natürlich auch, um die Männer anzuheizen, damit es bald vorbei ist. Man redet, wie man reden soll. Man macht die Gesichter, die einem beigebracht werden. (...)

Mein erstes Mal war dann nach ungefähr sechs Stunden vorbei, das war ein relativ schneller Dreh. Ich hab 200 Euro dafür gekriegt. Und ganz viel Lob. Von allen Seiten hieß es, wie toll ich wäre. Ich hab mich schlecht gefühlt, aber es kam so viel Anerkennung von wildfremden Menschen, das hatte ich in meiner eigenen Familie so noch nicht gehabt.

Im Zug nach Hause bin ich alle paar Minuten zur Toilette gelaufen und dachte, ich muss mich waschen. Ich hatte so ein unsauberes Gefühl, und ich hatte auch diesen Wichs-Geruch noch in der Nase. Ich wurde ja vollgespritzt. Ich hab mein Gesicht gewaschen, meine Hände, ich hab mich gewaschen bis zum Gehtnichtmehr. Aber der Geruch ist nicht weggegangen. Der hat mich verfolgt. (...)

Und alle diese Mädchen – egal ob aus Deutschland, Spanien, Tschechien, aus Russland oder den USA – alle, alle, alle hatten eine schlimme Erfahrung gemacht. Oder mehrere. Ob es der Missbrauch durch den Vater war, die drogenabhängige Mutter oder Heimkinder. [Kim selbst wurde mit 15 Jahren von ihrem damaligen Freund anal vergewaltigt, Anm.] Und eigene Drogenerfahrungen, die ja auch irgendwoher gerührt haben. (...)

Ich habe drei Jahre in der Branche gearbeitet. In dieser Zeit habe ich pro Woche etwa zwei bis vier Szenen gedreht. Und ich hab mich selbst nicht mehr erkannt. (...) Ich kam da einfach nicht mehr raus. Wär' ich einmal ich gewesen, wäre ich zusammengeklappt. Nur wenn mein Kind in der Nähe war, dann konnte ich ein bisschen ich sein. Das war das einzige [sic!], was ich noch geschafft habe: Mutter zu sein. Aber im Spiegel konnte ich mich ungeschminkt nicht mehr angucken, weil ich diese Frau dort nicht mehr erkannt habe. Ich habe mich vor mir selber geekelt.

Es kamen mir immer diese Gerüche von Wichse hoch, und von Krankheiten. Viele Frauen hatten Pilze, Chlamydien und Tripper. (...)

Ein Jahr nach dem Einstieg hab' ich wieder angefangen zu kiffen. Außerdem hab' ich Speed genommen und gekokst. Die meisten Frauen in der Branche kiffen und koksen. Oder nehmen Ephedrin. Drogen sind völlig normal in dieser Branche. (...)

Man stumpft so ab. Wir, und damit meine ich alle Darstellerinnen, haben nur funktioniert. Die meisten mit Drogen. Das Problem ist, dass man weiß: Es wurde so viel mit einem gemacht und die Leute haben das gesehen. Das heißt, wenn man noch ein bisschen Kontakt zu Menschen haben will, geht das eigentlich nur in der Pornobranche. Dann muss man in diesem Milieu bleiben. Da rauszukommen, ist ganz schwer. Die Kraft hat nicht jeder. (...)

Irgendwann kam der Moment, wo ich nicht mehr konnte. Immer wenn ich nüchtern war, kamen mir die Szenen wieder hoch: Wie viele Männer gerade wieder über einen rüber sind. (...)

Die Drogen haben da längst auch nicht mehr geholfen. Am Schluss hab' ich gedacht: Je mehr ich jetzt nehme, umso größer ist die Chance, dass ich am nächsten Morgen nicht mehr aufwache. Ich konnte mir nicht bewusst das Leben nehmen, wegen meiner Tochter. Aber ich hab' gehofft, dass ich nicht mehr aufwachen muss.

Meine Tochter hat mir das Leben gerettet. Dadurch, dass sie da war und mir so viel Liebe gegeben hat. Ihre strahlenden Augen, wenn sie mich gesehen hat, ihre Herzlichkeit und Unbefangenheit.

Am 3. Juni 2008 hatte ich dann meinen letzten Dreh.“[69]

Shelley Lubben erzählt Ähnliches: *„Es ist wahr: Keine von uns heißen Blondinen genießt es, einen Porno zu drehen. Wir hassen es.*

Wir hassen es, unsere Beine zu spreizen für Männer, die Geschlechtskrankheiten haben.

Wir hassen die Erniedrigung durch ihre stinkenden und schwitzenden Körper.

---

[69] Alice Schwarzer und Chantal Louis, *Der Traum vom Porno-Star.* http://www.emma.de/artikel/der-traum-vom-porno-star-265351 (Zugriff 7.10.2021)

Einige Frauen hassen es so sehr, dass sie sich zwischen den Szenen in die Toilette erbrechen – das habe ich selbst mit angehört."[70]

Sie erzählt auch davon, dass die Darstellerinnen mit Alkohol betäubt werden, damit sie die oftmals harten Szenen drehen. Oder sie werden zu Ärzten geschickt, die mit der Pornoindustrie zusammenarbeiten, und die verschreiben ihnen dann starke Beruhigungsmittel. Auch regelmäßiger Drogenkonsum ist normal. Nicht nur sehr viele Pornodarsteller, auch Produzenten, Mitarbeiter, Büroangestellte usw. nehmen regelmäßig Drogen. Dazu kommen noch die Geschlechtskrankheiten, die unter den Darstellern oft übertragen werden, vor allem Chlamydien und Gonorrhö, aber auch Herpes, Hepatitis und HIV. All diese Dinge wirken sich alles andere als positiv auf die Gesundheit aus. Laut einer Analyse liegt die Lebenserwartung eines US-amerikanischen Pornodarstellers bei nur 37,43 Jahren.[71]

Wir dürfen also nicht in dem Glauben leben, dass die Darsteller und besonders die Frauen in den Pornofilmen das gerne machen, dass sie diesen Beruf freiwillig gewählt haben und dass es nichts Besseres gibt für sie. Das stimmt sehr oft nicht. Für viele oder sogar alle ist das total entwürdigend. Zu Recht kommt die Frage auf, warum sie dann überhaupt Pornodarsteller werden? Wie kann es so weit kommen, dass sich jemand so sehr entwürdigt, ohne beim ersten Mal davonzulaufen? Shelley Lubben hat nach ihrem Ausstieg aus der Pornoindustrie angefangen, ehemaligen Pornodarstellern zu helfen. Sie schätzt, dass 90 % aller Pornodarsteller sexuellen Missbrauch erlebt hatten und auch andere Erfahrungen machten, die den typischen Pornostar-Hintergrund ausmachen:

„sexueller Missbrauch, pornografischem Material ausgesetzt sein, Ablehnung seitens der Eltern, Erniedrigung des Körpers und der Seele (also durch Beschimpfungen), zerbrochene oder nicht funktionierende Familie, Missbrauch verschiedener Substanzen, Vergewaltigung"[72].

Die Produzenten nützen das beinhart aus und suchen ständig nach solchen „kaputten, kleinen Mädchen" und lügen ihnen das Blaue

---

[70] Lubben, *Pornographie*, S. 23f.
[71] Vgl. Lubben, *Pornographie*, S. 23–34.
[72] Lubben, *Pornographie*, S. 34.

vom Himmel herunter, bis sie einen Vertrag unterschreiben, aus dem sie nur sehr schwer aussteigen können.

Menschenhandel und Kindesmissbrauch

Dann gibt es auch noch das Problem des Menschenhandels, wo Frauen und sogar Minderjährige entführt und entweder vergewaltigt und dabei gefilmt oder gezwungen werden, bei Pornofilmen mitzumachen.

Lesen wir, was eine Frau erzählt, die in ihrer Jugend verkauft wurde:

„Ich wurde vor einigen Jahrzehnten in die Pornoszene verkauft, lange bevor es den Begriff Menschenhandel überhaupt gab. Jeder dachte, dass das Pornoleben die Playboy-Villa und Prostitution ‚Pretty Woman' seien. Ich zog die Möglichkeit, dass es nicht meine Schuld war, dass ich dort gelandet war, nicht einmal in Erwägung – und das obwohl ich die ganze Zeit minderjährig war, zwischen elf und siebzehn Jahren alt.

Als ich elf Jahre alt war, verkaufte mich mein Vater in die Prostitution. Er war kein Zuhälter. Er war der Mittelsmann. Jeden Abend setzte er mich zu zwei Männern ins Auto, die mich zu einer Fabrikhalle, die wie ein Bordell aussah, brachten. Ich wohnte zuhause und ging zur Schule und wurde doch Nacht für Nacht zuerst in die Prostitution und dann später in die Pornoszene verkauft. (...)

Minderjährige in Pornos sind kein Thema, das von der Pornoszene, in der ausschließlich Erwachsene zu sehen sind, getrennt behandelt werden kann. Es gab schon immer Teenager, minderjährige Mädchen und Jungen, in der 18+ Pornoszene. Ich war eine von ihnen. Ich war 14, als ich dort hinein verkauft wurde.

Die Pornoproduktionen stellten allesamt Verbrechen gegen minderjährige Mädchen dar. So etwas passiert nicht bei Tageslicht an öffentlichen Sets. Die Dreharbeiten fanden alle nachts statt und waren Teil der Pornoszene, in der eigentlich nur Erwachsene zu sehen sein sollten. Ich war also von Menschen, Männern und Frauen, umgeben, die mindestens doppelt so alt waren wie ich. Das bedeutet, dass jede erwachsene Person, die am Filmset anwesend war, ein Teil des Verbrechens gegen mich war. (...)

Wir wissen, dass Nachfrage das Angebot von Menschenhändlern, Ausbeutern und Pornographen beeinflusst. Ich war als 14-jähriges Mädchen inmitten dieses eiskalten Systems von Angebot und Nachfrage gefangen. Die Brutalität dieser drei Jahre in der Pornobranche brachte mich fast um.

Ich wurde nicht allein in der dunklen Wohnung eines Pädophilen gefilmt. Ich wurde an einem Set voller Kameras, einer Crew und ‚Darstellern‘ gefilmt. Ich nenne sie Darsteller, damit ihr versteht, wen ich meine, aber ihr müsst wissen, dass alles davon echt war. Der Sex, die Gewalt, die Folter, die Angst, der Schmerz in meinen Augen und meine Schreie waren 100 % real.

Eine Folge der Brutalität der Pornodrehs war eine Angst vor Menschen, die ich erst jetzt überwinde. Jedes Verbrechen wurde mit Kameras aufgezeichnet und lebte als Treibstoff zur Selbstbefriedigung für Männer weiter. Lange Zeit war es für mich schwer, einfach nur auf die Straße zu gehen, weil ich nie wusste, wer die Pornos gesehen hatte. Also schaute ich niemals hoch. Ich kann anderen mittlerweile wieder in die Augen schauen – auch wenn es Jahre und eine große Distanz zu dieser Zeit gebraucht hat. (...)

Auch mein ‚Nein‘ verhinderte niemals einen Übergriff oder Gewalt. Am Pornoset war mein ‚Nein‘, wenn überhaupt, ein ‚Jetzt erst richtig‘. Es war für sie ein Signal, die Übergriffe und die Gewalt zu beschleunigen und eskalieren zu lassen. Mein ‚Nein‘ war eine Herausforderung für sie, die immer damit endete, dass ich unkontrolliert zitternd am Boden lag. (...)

Für mich war das Pornoset keine lustige Orgie. Das Pornoset war ein wütender Mob mit einem Hunger nach Vergewaltigung und Gewalt. Diese Dynamik – du gegen den Mob – unterscheidet die Ausbeutung in der

Pornoindustrie von allen anderen Formen der sexuellen Ausbeutung.

In der Prostitution wurde ich wiederholt überwältigt, aber normalerweise nur von einem Mann. Für die Pornos wurde ich von einem ganzen Set von Männern und Frauen überwältigt. Am Ende dieser Nächte konnte ich meistens nicht einmal mehr aufstehen. (...)

Sexhandel in der Pornoindustrie ist real, und das schon seit Jahrzehnten. Für viele Jahre waren es versteckte Verbrechen. Sie wurden sowohl von den Tätern als auch den untätigen Komplizen versteckt, aber jetzt werden sie ans Licht kommen."[73]

Leider ist die Nachfrage nach Kinderpornografie im Internet sehr groß. Pornografie fördert also den Menschenhandel und sexuellen Missbrauch Minderjähriger, was so ziemlich das Grausamste und Entwürdigendste ist, was einem Menschen passieren kann. Aber diese Entwürdigung betrifft nicht nur die weiblichen Darsteller oder die Kinder. „Der Mann entwürdigt sich nicht minder, denn auch er, eine Person aus Geist, Leib und Seele, hat sich vollständig auf seinen tierischen Trieb reduziert."[74] Auch diejenigen, die Pornografie konsumieren, entwürdigen sich auf ähnliche Weise, weil die Befriedigung ihres Sexualtriebes zu sehr ins Zentrum rückt – statt des Wunsches, die Liebe in ihrer erfüllendsten Form zu leben.

Die Scheinwelt der Pornografie

Zurück zum Zitat aus dem Katechismus. Da steht weiter, dass Pornografie alle Beteiligten in eine Scheinwelt versetzt. Romylo war sich sehr klar darüber, dass die Pornos eine Scheinwelt waren und ihm keine Hilfe waren für das reale Leben: *„Im Nachhinein denke ich, dass diese [Pornografie]Sucht auch eine große Blockade war, um zu Reife und Männlichkeit zu*

---

[73] *Eine Überlebende von Teenager-Porno-Menschenhandel erzählt die Wahrheit über Pornhub.*
https://www.moralrevolution.com/de/blog/die-wahrheit-ueber-pornhub (Zugriff 6.4.2021).

[74] Kuby, *Die globale sexuelle Revolution*, S. 207.

kommen, wenn auch nicht die einzige. In der Realität, außerhalb meiner Scheinwelt, wusste ich nicht, wie ich mich dem weiblichen Geschlecht gegenüber verhalten sollte, zum Beispiel als es dann im späteren Teenageralter eine junge Dame gab, die mich interessierte. (...) Gab es Gefühle der Einsamkeit, Verunsicherung, Langeweile oder auch nur ein Aufwallen der Hormone: Anstatt dass ich mich darauf einließ zu lernen, damit umzugehen wie ein Mann, wählte ich den Weg der schnellen Lust."[75]

Es war Romylo sehr klar, dass die Pornos nichts mit der Realität zu tun hatten, sie halfen ihm auch nicht über seine Schwierigkeiten im Umgang mit Frauen hinweg. Der Weg der schnellen Lust, der Pornografiekonsum, hat nichts mit der Realität zu tun. Es ist eine Scheinwelt.

Jeremy erzählt, wie es ihm erging, wenn er aus der Scheinwelt der Pornos in die Realität zurückkehrte: *„„Nicht schon wieder! – NEIN!', schrie ich innerlich, als ich wieder zu mir kam. Raus aus dem dicken dunklen Nebel meiner lüsternen Fantasien. Der Rausch wich schnell aus mir und die Depression und Ernüchterung klopften pochend an mein leeres Herz. (...) Ich war auf dem Heimweg von der Arbeit gewesen und konnte dem Drang, mir das nächste pornographische Foto, das nächste Video anzuschauen, nicht widerstehen. Schon lange bevor ich es tat, wusste ich schon, dass ich wieder anhalten und den Laptop aufklappen würde. Die Momente danach waren immer die Schlimmsten. Ich kannte dieses Gefühl der Hilflosigkeit, der Selbstanklage, der Schwäche schon seit ich neun war."*[76]

Das „Zurückkommen" aus der Scheinwelt war nicht angenehm für Jeremy, es war ernüchternd und mit negativen Gefühlen verbunden. Nicht alle, die Pornos schauen, erleben das auf dieselbe Art und Weise, aber es zeigt, dass die Welt der Pornografie tatsächlich eine Scheinwelt ist, und wenn man viel Zeit dort verbringt, hat das auch Auswirkungen auf das Leben in der Realität.

---

[75] *Romylos Story.* In: Hammond (Hrsg.), *Frei. Mann. Sein.*, S. 111.
[76] *Jeremys Story.* In: Hammond (Hrsg.), *Frei. Mann. Sein.*, S. 54.

Ulrike hatte Schuldgefühle wegen ihres Pornografiekonsums. Sie sagt: *„Meine Schuldgefühle und Spannungen versuchte ich durch Selbstbefriedigung und ein Hineinträumen in erotische Fantasien abzubauen."*[77]

Daniel erlebte das so: *„Mein Pornokonsum und die Selbstbefriedigung steigerte sich und nahm immer mehr Zeit in Anspruch (...). Mein Alltag wurde in allen Bereichen davon beeinflusst: Meine Konzentrations- und Leistungsfähigkeit litten immens, meine Studienleistungen fielen ab, ich musste einige Semester dranhängen. Zudem wuchs die innere Taubheit, Abgestumpftheit und Beziehungsunfähigkeit."*[78]

Romylo erlebte die Auswirkungen des Pornokonsums ähnlich: *„Neben den Problemen auf der Arbeit hinderte mich auch eine sehr eingeengte Wahrnehmung massiv. Wehmütig erinnere ich mich an einige Männer, die offensichtlich meine Freundschaft gesucht hatten. Ich hatte sie ignoriert. Ich war stumpf für gute Beziehungen und zu beschäftigt und versklavt, um diese angemessen pflegen zu können. Wie oft stellte ich meinen Kindern vormittags am Wochenende die Glotze an, weil ich einfach zu müde war, mich mit ihnen zu beschäftigen. (...) Anstatt mich mit guten Büchern zu beschäftigen und mein Gehirn mit anregenden neuen Ideen zu füttern, dämpfte ich mein Denken und meine Kreativität total ab."*[79]

Häufiger Pornografiekonsum kann sich also insofern negativ auswirken, als die Konzentrations- und Leistungsfähigkeit abnimmt, und er lässt uns abstumpfen, was Freundschaften und andere persönliche Beziehungen angeht.

Sebastian beschreibt, wie sich sein Blick auf die Frauen durch die Pornos verändert hat: *„Für mich wurde es normal, dass jede Frau das Objekt meiner Begierde sein konnte. Wenn ich in der Schule saß und mir ein Mädchen gefiel, dann stellte ich mir vor, was ich alles mit ihr machen würde.*

---

[77] *Pornografie – Nur was für Männer?* In: *Leitfaden – Hilfestellung.* Infoheft von Safer Surfing, S. 16.

[78] *Daniels Story.* In: Hammond (Hrsg.), *Frei. Mann. Sein.*, S. 249.

[79] *Romylos Story.* In: Hammond (Hrsg.), *Frei. Mann. Sein.*, S. 113f.

Oder ich suchte im Internet nach einem Pornofilm, in dem ein Mädchen mitspielte, das ihr ähnlich sah. Ich baute mir einen Harem in meinem Kopf auf und ich wusste nicht einmal wirklich, was ich da tat. Ich gebrauchte alle diese Frauen für meine eigene Befriedigung. (...) Wurde ich von einer Frau abgelehnt, dann suchte ich im Netz nach einer ähnlichen und konnte sie dort besitzen. Mein Blick auf Frauen war besitzergreifend und gierig. Selbst bei Frauen, die mir am Herzen lagen."[80]

Erhöhte Gewaltbereitschaft

Dadurch, dass in der Pornografie die Liebe ausgeblendet wird, werden vor allem die Frauen zu puren Lustobjekten degradiert, und das kann sich auch auf das persönliche Leben auswirken, indem man so wie Sebastian die Frauen nicht mehr als Person wahrnimmt, sondern nur noch als Objekt der sexuellen Begierde.

Das geht sogar bis dahin, dass verschiedene Studien und Meta-Analysen mehrerer Studien zu dem Ergebnis gekommen sind, dass es einen Zusammenhang zwischen Pornografiekonsum bei (jungen) Männern und sexueller Aggression gegen Frauen und Mädchen gibt. Das heißt, regelmäßiger Pornografiekonsum fördert die negative Einstellung dem anderen Geschlecht gegenüber und kann dazu führen, dass man eher zu sexueller Gewalt bereit ist. Die Forscher führen diese Ergebnisse auf die Objektivierung und Erniedrigung der Frauen in Pornofilmen zurück, auch wenn die Handlungen nicht explizit gewalttätig sind.[81] Ähnliches kann auch bezüglich der Prostitution festgestellt werden, wo der Mann die Frau ja auch in erster Linie als Lustobjekt sieht. Als in Oklahoma City 150 Rotlichtlokale geschlossen wurden, sank in den folgenden fünf Jahren die Vergewaltigungsrate um 27 %, obwohl sie im selben Zeitraum im Rest des Landes um 19 % anstieg.[82]

---

80 *Sebastians Story.* In: Hammond (Hrsg.), *Frei. Mann. Sein.*, S. 159f.
81 Vgl. *10 Mythen über Pornografie*, PDF, S. 8, downgeloadet bei https://sisters-ev.de/2018/12/22/10-mythen-ueber-pornographie-von-der-schwedischen-ngo-talita/ (Zugriff 9.4.2021).
82 Vgl. Evert, *If You Really Loved Me*, S. 119.

Impotenz

Ein anderes Problem, das das häufige Eintauchen in die Scheinwelt der Pornografie mit sich bringen kann, ist das der Impotenz. Vor allem junge Männer zwischen 18 und 24 Jahren haben in realen Beziehungen häufig Erektionsprobleme oder Probleme, die Erektion bis zum „Ende" durchzuhalten. So manche Ärzte und Psychologen führen diese Probleme auf exzessiven Pornografiekonsum zurück.[83]

Alle diese Erlebnisse und Auswirkungen der Pornografie klingen vielleicht überzogen oder unrealistisch und nicht jeder, der Pornos sieht, wird sie alle in dieser Form erleben. Aber auf einen wichtigen Punkt möchte ich hinweisen: Pornografie kann süchtig machen.

Suchtgefahr

Wer oft und viele Pornos schaut, kann danach süchtig werden. Das liegt an der Wirkung, die die Bilder auf unser Gehirn haben. Sie wirken ähnlich schnell und intensiv wie Kokain. Beim Ansehen pornografischer Bilder werden große Mengen des Glückshormons Dopamin freigesetzt. Dieses Hormon schafft sehr starke Erinnerungen an die Reize und auch das Verlangen nach mehr. Dazu kommen andere neuronale Prozesse und Stoffe, die freigesetzt bzw. ausgelöst werden. All das zusammen bewirkt, dass man süchtig wird. „Letztendlich ist man süchtig nach der eigenen Hirn-Biochemie."[84] Viele Personen, die eine solche Sucht haben, sehen Pornografie nicht nur, um zu masturbieren, sondern es geht in erster Linie um den Kick, um das gute Gefühl, das das Dopamin und die anderen Stoffe auslösen. Symptome einer Pornografiesucht sind:

- Man kann es nicht lassen, auch wenn man eigentlich aufhören will.

---

[83] Vgl. Franziska von Haaren: Ist das noch normal oder schon Pornosucht? PDF, downgeloadet bei https://www.tabea-freitag.de/index.php?id=22 (Zugriff 15.2.2021).

[84] Dominik Batthyány: In: Franziska von Haaren: Ist das noch normal oder schon Pornosucht? PDF, downgeloadet bei https://www.tabea-freitag.de/index.php?id=22 (Zugriff 15.2.2021).

- Die Gedanken kreisen ständig darum, wann und wo man „es" wieder machen kann, man beschäftigt sich sehr viel mit sexuellen Gedanken, Bildern usw.
- Die Pornografie hat Vorrang vor der eigenen Familie, den Freunden, der Ausbildung bzw. dem Beruf.
- Trotz der negativen Auswirkungen wird der hohe Pornografiekonsum fortgesetzt.
- Suche nach immer stärkeren Reizen, sprich, man investiert immer mehr Zeit und konsumiert immer härtere oder perversere Inhalte, weil das „normale" nicht mehr den gewünschten Effekt erzielt. Inhalte wie Pornos mit Gewaltszenen, Kinderpornografie oder sogar Sex mit Tieren, die am Anfang noch tabu waren, werden jetzt konsumiert.
- Man ist gefangen in der Scheinwelt der Pornografie, man ist innerlich versklavt und hat die Freiheit verloren, zu entscheiden, ob man es machen will oder nicht.

Egal, ob man nur ab und zu Pornos sieht oder sehr oft: Der Katechismus sagt sehr eindeutig, dass der Pornokonsum eine Sünde ist, weil die Darsteller zu Objekten unserer sexuellen Begierde degradiert werden und nicht als Personen respektiert werden. Triff also eine Entscheidung: Sag Nein zu dieser Sünde! Entscheide dich, damit aufzuhören.

3.5 Cybersex, Sexting usw.

Im Zusammenhang mit Pornografie und Selbstbefriedigung kommt man nicht umhin, sich auch Gedanken zu machen über Cybersex, Sexting usw. Diese Dinge sind zwar relativ neu, aber weil so gut wie alle ein Smartphone und oft auch einen eigenen Laptop haben, sind sie in wenigen Jahren zu einer gängigen Praxis unter Jugendlichen geworden.

In einer Studie, die in den Niederlanden durchgeführt wurde, füllten fast 11 000 Teenager einen Online-Fragebogen aus. Das Ergebnis: Ein Viertel dieser Jugendlichen hatte bereits Cybersex, also sexuelle Interaktion durch den Austausch von Texten oder Bildern. Mehr als drei Viertel der Befragten hatten auch schon online geflirtet.[85] In dieser Umfrage bezieht sich der Begriff *Cybersex* auf erotische Chats mit oder ohne Bilder bzw. Videos. Ähnlich wie bei der Pornografie handelt es sich dabei um das Eintauchen in eine Scheinwelt, in der es in erster Linie um die sexuelle Lustbefriedigung geht. Beim Cybersex ist man zwar mit einer (oder mehreren) echten Person(en) im Kontakt und chattet/spricht auch mit ihr, aber die echte partnerschaftliche Liebe, die auf Freundschaft und Respekt aufbaut, wird ebenso ausgeblendet wie in der Pornografie. Man benutzt die andere Person für die Befriedigung der eigenen sexuelle Begierde. Cybersex zu praktizieren, ist daher eine Sünde.

Sexting ist das Verschicken von eigenen Nacktbildern oder Videos an Freunde. Es gibt zwar gesetzliche Regelungen, die besagen, dass es, je nach Land, ab 14 bzw. 16 Jahren erlaubt ist, solche Bilder oder Videos an Freunde zu verschicken, aber einerseits geht es dabei in erster Linie um das Körperliche, um das Zur-Schau-Stellen des eigenen Körpers oder um die Befriedigung des anderen. Das entspricht nicht der christlichen Lehre der Liebe und Keuschheit. Andererseits ist die Gefahr groß, dass es dabei zu illegalen und somit strafbaren Handlungen kommt. Schnell werden Bilder oder Videos an andere Personen weitergeschickt bzw. hergezeigt, oder es werden Screenshots gemacht und dann verschickt. Das ist nicht erlaubt und strafbar. Außerdem kann die Person, die die Fotos gemacht hat, in sehr unangenehme Situationen kommen, vor allem wenn sie nicht damit einverstanden ist, dass diese Fotos oder Videos an Dritte verschickt werden.

Wir Christen sind also dazu gerufen, auf Cybersex, Sexting und dergleichen zu verzichten, wenn wir ein reines und keusches Leben führen wollen.

---

[85] Vgl. Marinka: *Dr. Sommer und Cybersex.* https://amp-blick-ch.cdn.ampproject.org/v/s/amp.blick.ch/life/liebe/seit-50-jahren-beraet-bravo-jugendliche-in-fragen-rund-um-liebe-und-sex-dr-sommer-und-cybersex-id110843.html?amp_js_v=a6&_gsa=1&usqp=mq331AQHKAFQArABIA%3D%3D (Zugriff 8.2.2021).

3.6 Homosexualität

Wenn wir über Homosexualität sprechen, dann müssen wir zwischen zwei wichtigen Dingen unterscheiden: zwischen der Person, die sich zu Personen desselben Geschlechts hingezogen fühlt, und dem Sexualakt dieser Person.

Wenn du jemanden kennst, von dem du weißt, dass sie oder er homosexuell empfindet oder sich als homosexuell bezeichnet, oder wenn du es selbst bist, dann dürfen wir eines nicht vergessen: Gott liebt diese Person mit unendlich großer Liebe und Jesus hätte Sein Leben für sie hingegeben, auch wenn sie die einzige Person auf der ganzen Welt wäre. Gott hat einen wunderbaren, einzigartigen Plan für diese Person und Er will ihr jetzt schon ein Leben in Fülle schenken und später im Himmel ewiges Leben. Jesus ruft uns dazu auf, allen Menschen mit Liebe und Respekt zu begegnen. Wir werden uns daher nicht über jemanden lustig machen, weil er rotes, blondes oder dunkles Haar hat. Genauso wenig sollen wir uns über jemanden lustig machen, weil er oder sie homosexuell, bi oder anders empfindet. Der Katechismus ruft uns ausdrücklich dazu auf, solchen Menschen mit Respekt und Achtung zu begegnen und sie in keiner Weise zu diskriminieren.[86] Das ist sehr wichtig und wir dürfen das nie vergessen.

So wie alle anderen Menschen sind auch homosexuell empfindende Personen dazu gerufen, Gottes Willen in ihrem Leben zu erfüllen und ein reines und keusches Leben zu führen. Die Bibel äußert sich an mehreren Stellen zum Sexualakt zweier Männer und verurteilt diesen klar (siehe dazu Lev 18, 22 und Röm 1, 26–27). Auch die Kirche ist dieser Tradition gefolgt und bezeichnet den homosexuellen Sexualakt als Sünde, weil dabei die Weitergabe des Lebens ausgeschlossen bleibt und er nicht der „wahren affektiven und geschlechtlichen Ergänzungsbedürftigkeit"[87] entspringt. Personen, die homosexuelle Gefühle haben, sind also, genau wie alle anderen Menschen, dazu gerufen, ein reines und keusches Leben zu führen und auf Sexualakte mit gleichgeschlechtlichen Partnern zu verzichten.

---

[86] Vgl. KKK 5358.
[87] KKK 2357.

Kurz gesagt: Homosexuelle Personen sind, so wie alle anderen Menschen, von Gott unendlich geliebt und zu einem Leben in Keuschheit und Reinheit gerufen, bei dem sie auf homosexuelle Sexualakte verzichten sollen.

3.7 Die Entscheidung

Vielleicht erinnerst du dich: Am Anfang des Kapitels drei habe ich Absatz 2532 aus dem Katechismus zitiert. Dort steht, dass man, um die Reinheit zu leben, Folgendes braucht: Gebet, Keuschheit, Reinheit der Absicht und Reinheit des Blickes. Das sind Dinge, für die man sich entscheiden muss. Wenn ich mit reiner Absicht durchs Leben gehen will, muss ich mich dafür entscheiden. Ebenso die Reinheit des Blickes. Ich kann jedes Werbeplakat mit halb nackten Personen drei Minuten lang anstarren oder ich entscheide mich schon vorher dafür, meinen Blick von solchen Plakaten so schnell wie möglich abzuwenden. Auch für das Gebet muss ich mich entscheiden. Wer jeden Tag betet und regelmäßig die Sakramente der Eucharistie und der Beichte empfängt, bekommt von Gott die Kraft, um die Reinheit leben zu können. Ein reines und keusches Leben führen zu wollen, setzt also eine Entscheidung voraus.
Viele Christen haben die Entscheidung getroffen, rein und keusch zu leben. Andere sind langsam hineingewachsen in eine immer größere Liebe zu Jesus und der Kirche und auch die Entscheidung bezüglich gewisser Aspekte wurde in kleinen Schritten getroffen. Aber lassen wir unsere Freunde berichten:

Lea erzählt: *„Als ich Gott mit 17 lebendig erfahren durfte, änderte sich schrittweise meine Sicht im Laufe der nächsten Jahre beim Fortgehen und Flirten. Ich erkannte: Es fehlte das Fundament, um sich wirklich kennenzulernen – auf neutralem Boden, wo jeder so ist, wie er wirklich ist. (...) Party und Alkohol sind nicht der Alltag. Ich erkannte, dass leichtfertiges Küssen nicht von Gott gewollt ist, und ich entschied mich bewusst, es nicht mehr zu tun.*
Ich erinnere mich, als ich ca. 21 war, an einen Burschen, zu dem ich mich sehr hingezogen fühlte. Wir sprachen

öfter beim Fortgehen miteinander. Eines Abends, oder besser gesagt nachts, ergab es sich, wir hatten beide etwas Alkohol getrunken, dass wir Händchen haltend den Partyraum verließen. Ich wurde beinahe schwach, doch mein Gewissen meldete sich: Du hast mir etwas versprochen – keine leichtfertigen Küsse. Im ersten Moment war es schwierig, trotz Alkohol und Gefühlschaos klar bei Kopf zu bleiben. Doch ich erinnere mich, dass ich so klar Gottes Stimme hörte und ich nicht anders konnte, als ihr zu gehorchen. (...) Puh, es war ein Kampf, aber dank Gottes Hilfe schaffte ich es, ihm zu sagen, dass ich ihn nicht einfach so küssen kann, sondern nur, wenn es ihm ernst ist. Und welch ein Wunder: Er war so ehrlich und sagte mir, dass es keine Chancen auf eine Beziehung gibt, und es stellte sich heraus, dass er großen Liebeskummer wegen einer anderen (mir Unbekannten) hatte. Also kam es zu keinem Kuss, sondern zu einem langen Gespräch. Aber Gott lehrte mich dadurch immer deutlicher, dass echtes Kennenlernen (und folglich eine Beziehung) woanders stattfinden muss."

Veronika war 17, als sie anfing, mit Jesus zu leben. Sie hatte damals einen Freund, mit dem sie auch eine sexuelle Beziehung hatte. Sie berichtet: *„Ich hatte mit gut 16 Jahren einen Freund. Diese Beziehung war eigentlich wie in einer Ehe, weil wir uns keine Gedanken gemacht hatten über dieses Gebot der Reinheit vor der Ehe und weil ich von meinen Freundinnen und Schulkolleginnen nie etwas in diese Richtung gehört hatte. Als ich ca. 17 Jahre alt war, also schon ein Jahr mit ihm befreundet war, fand ich zum lebendigen Glauben an Gott. (...) Etwa vier Monate später fuhr ich zu einem Jugendtreffen. Dort gab es Vorträge über verschiedene Glaubensthemen, unter anderem wurde auch sehr oft über das Thema der Reinheit vor der Ehe gesprochen. Aber eigentlich hat mich das für mein Leben nicht angesprochen. Ich habe zwar zugehört und es hat mich irgendwie interessiert,* aber noch nicht so, dass ich etwas in meinem Leben, in meiner Freundschaft geändert hätte oder ändern wollte. Bei diesem Treffen gab es an einem Abend auch die Möglichkeit, einen Gebetsdienst in Anspruch zu nehmen. Zwei Leute haben für mich gebetet. Ich konnte ihnen nur sagen: ‚Ich weiß, dass in meiner Beziehung mit diesem Burschen etwas nicht stimmt, aber ich weiß nicht, was. Irgendetwas ist nicht in Ordnung.‘ In diesem Anliegen haben sie also für mich gebetet. Erst später, während eines Gesprächs mit einem Priester, ist mir wirklich klar geworden, was nicht stimmt: Nämlich dass Gott das eigentlich nicht möchte und es nicht gedacht ist, wie wir unsere Beziehung leben, was den Bereich der Sexualität betrifft. Ich habe also Gott in der Beichte um Vergebung für diese Sünde gebeten. Ich habe aber auch gewusst, dass es jetzt anders werden muss, dass ich nicht gleich weiterleben kann wie vorher. Also habe ich mit meinem Freund darüber gesprochen. Im ersten Moment war er ziemlich schockiert und nicht gerade begeistert von dieser Neuigkeit.

Am Ende des Jugendtreffens gab es die Möglichkeit, für ein Jahr das Versprechen abzulegen, dass man in Reinheit leben möchte. Als ich das gehört hatte, bekam ich Herzklopfen und spürte so ein inneres Drängen, dass ich dieses Versprechen machen soll. Mein Freund saß neben mir und sah mich fragend an. Ich ging nach vorne, weil ich einfach wusste: Das muss ich jetzt tun. Nach diesem Versprechen, als ich meine Augen wieder aufgemacht hatte, sah ich erst, dass auch er neben mir kniete und Gott versprach, dieses Jahr in Reinheit zu leben. Ich war wirklich erleichtert. Es war natürlich ein harter Kampf, das Leben zu ändern und dieses Versprechen zu halten.

Es war dann so, dass ich mich nach fünf Monaten von dem Burschen trennte. Erst durch diesen Schritt, die Entscheidung zur Reinheit, konnte ich, wie es in den Seligpreisungen heißt: ‚Gott schauen.‘ Ich konnte hören, wie Gott mich weiterführen möchte.“

Eine junge Frau erzählt: *„Ich hatte mit mehreren Männern sexuelle Erfahrungen. Mit zweien traf ich mich etwas länger, circa vier Monate. Es waren aber keine richtigen Beziehungen, weil wir, außer dass wir miteinander schliefen, nichts miteinander unternahmen. Mit der Zeit musste ich mir eingestehen, dass wir nichts gemeinsam hatten und die Beziehung keine Zukunft hatte. Trotzdem war ich jedes Mal enttäuscht und traurig.*

Etwa zur selben Zeit kam ich durch eine tiefe Gotteserfahrung zum Glauben und lernte junge Leute kennen, die mit dem Sex bis zur Ehe warten wollten. Diese Einstellung war mir neu. Je mehr ich mich aber damit beschäftigte, was die katholische Kirche über Ehe und Sexualität lehrt, desto mehr wuchs in mir der Wunsch, auch so zu leben. Ich habe verstanden, dass Liebe sehr viel mit Hingabe zu tun hat. Bei meinen eigenen sexuellen Erfahrungen hatte ich immer das Gefühl, dass es dabei gar nicht um mich ging. Ich fühlte mich so austauschbar und wusste, der Mensch meint jetzt nicht mich, sondern er möchte einfach seinen Spaß haben. Das war sehr schmerzhaft für mich und innerlich habe ich mich immer nach ‚mehr‘ gesehnt.

Ich traf die Entscheidung, den Weg der Reinheit zu gehen, weil ich erst mit meinem Körper Ja sagen möchte, wenn ich auch vor Gott mein Ja gegeben habe. Mein Ja, mich diesem Menschen ganz hinzugeben und mit ihm eine Familie zu gründen. Außerdem möchte ich, wenn ich schwanger bin, die Gewissheit haben, dass dieses Kind erwünscht ist, einen Vater und eine Mutter hat und in ein stabiles Zuhause hineingeboren wird.

Erst durch meinen Glauben habe ich erkannt, wie groß und schön die Berufung zur Ehe und zur Mutterschaft ist und welch großes Geschenk Gott uns Menschen mit der Sexualität gemacht hat. Auch wenn ich jetzt schon ein paar Jahre auf meinen Ehemann warte und die Zeit des Wartens sehr schwer ist, will ich keinen Rückzieher von der Reinheit machen, weil ich mich nicht mit weniger zufriedengeben möchte als mit dem, was Gott für mich bereit hält.“

Erinnerst du dich noch an Kati und Pancho, die beiden Spanier, die sich auf einem Surfcamp kennenlernten und nach einigen Jahren, als sie sich wieder getroffen hatten, merkten, dass sie ineinander verliebt waren, und eine Beziehung anfingen? Sehr bald zogen sie nach Valencia in eine gemeinsame Wohnung. Zu der Zeit waren ihnen der Glaube, die Gebote und die Kirche nicht wichtig. Dort machten sie beide, je allein, ein *Retiro de Emaús,* das ist ein Wochenende, wo den Teilnehmern die unendliche Liebe Jesu gezeigt wird. Viele Menschen sind komplett verwandelt nach so einem Wochenende nach Hause gefahren, weil sie die Liebe Gottes dort erfahren durften.

So erging es auch Kati und Pancho, sie erfuhren die Liebe Jesu, die sie vollkommen verwandelte. Sie begannen ein Leben mit Jesus und weil sie keine halben Sachen machen wollten, besprachen sie, was sie nun tun sollten. Sie lebten ja schon zusammen und hatten auch regelmäßig Sex. Kati sagte dazu: *„Weil wir ja schon zusammenlebten, wäre es komisch gewesen, wenn wir plötzlich getrennte Wohnungen gehabt hätten. Also beschlossen wir, wie Schwester und Bruder zu leben, ohne sexuelle Beziehungen, obwohl wir zusammenwohnten."* Und: *„Wir Menschen sind schwach, aber Gott hilft wirklich sehr in dieser Entscheidung."* Acht Monate lebten sie sexuell enthaltsam, bis sie heirateten. *„Es war das Beste, was wir gemacht haben. Der größte Liebesbeweis, den wir uns schenken konnten, bevor wir geheiratet haben."*[88]

Nachdem Jakob zum Glauben an Jesus gefunden hatte, machte er sich Gedanken über seinen Umgang mit der Sexualität. *„Mit der Lehre der Kirche zum Bereich Sexualität konnte ich sehr lange nichts anfangen. Später habe ich mich dafür interessiert, warum die Kirche so über Sexualität und Masturbation denkt. Ich habe einiges dazu gelesen und hatte einmal ein längeres Gespräch mit einem Geistlichen darüber. Das hat mir sehr geholfen. Als mir klar war, warum Masturbation nicht gut für mich ist*

---

[88] Vgl. Youtube-Video *CONTAGIOSOS #2 | KATI Y PANCHO,* https://youtu.be/vnB6yeEdBX8 (Zugriff 10.6.2022).

und dass die Kirche mit ihrer Lehre nur das langfristig Beste für uns will, wollte ich mit dem Masturbieren aufhören. Vor allem wollte ich jede Frau als einzigartiges, von Gott geliebtes Wesen wahrnehmen und nicht nur auf ihren Körper reduzieren. Das war ein langer und schwieriger Kampf. Zuerst habe ich einmal die Dosis reduziert und anfänglich nur noch alle paar Tage, später einmal die Woche masturbiert. Dieser Kampf hat mehrere Monate gedauert und auch heute muss ich sehr aufmerksam sein, damit ich nicht in alte Muster zurückfalle.“*

Jakob hat sich auch dafür entschieden, mit dem Sex bis zur Ehe zu warten. Er sagt: *„Auch wenn es ein schmaler, steiler Weg ist, den nur eine Minderheit geht, glaube ich, dass es wert ist, diesen Königsweg zu gehen.“*

Sonja erzählt: *„Dass die Reinheit so ein Schatz ist, habe ich lange nicht begriffen. Die anderen haben immer gesagt, das merke man erst, wenn man die Reinheit lebe, und ich dachte mir, das glaube ich nicht. Eine Schwester sagte einmal bei einem Vortrag: ‚... So wie in der Bibel steht: Wer es fassen kann, der fasse es‘, und sie meinte damit die Reinheit. Durch diesen Satz fühlte ich mich fast provoziert. Ich dachte mir, es sei doch gesünder und normaler, die Sexualität zu leben. – Dabei dachte ich vor allem auch an die Selbstbefriedigung.*

Ich befriedigte mich nicht so oft selbst, aber hie und da schon – und das wollte ich auch nicht aufgeben. Außerdem dachte ich mir – im Falle einer Beziehung –, dass es normal und gut sei, dass man, wenn man schon eine Weile mit jemandem zusammen ist, man dann ja einander auch schon gut kennt und gern hat und es dann doch passend ist, miteinander zu schlafen.

Die Entscheidung, die Reinheit wirklich zu leben, passierte dann schrittweise. Ich brachte meiner besten Freundin die Wandermuttergottes (eine Muttergottesstatue, die von Familie zu Familie gebracht wird und dort je vier Wochen bleibt, Anm.). Dieser Besuch war mir sehr wichtig, da ich diese Freundin sehr gern mochte und ich wirklich wollte, dass sie Jesus – zumindest ein wenig – erfahren kann. (...) Während sie die Muttergottes in Herberge hatte, war mir das Anliegen so wichtig, dass ich es in dieser Zeit nicht übers Herz brachte, mich selbst zu befriedigen. Ich wollte für meine Freundin verzichten.

Da eine Herbergszeit einen Monat dauert, hielt ich also einen Monat durch. (...) Als ich die Wandermuttergottes bei dieser Freundin wieder abholte, wusste ich, dass ich bald nach Medjugorje fahren würde, und da hatte ich das Gefühl, es passt jetzt nicht für mich, in dieser Zeit bis zu der Pilgerfahrt mit der Selbstbefriedigung wieder zu beginnen. Während des Monats in Medjugorje ging es mir genauso. Und als ich wieder zurück war, behielt ich diesen Verzicht irgendwie bei bzw. wollte es so. (...)

Ca. ein Jahr später war ich beim Jugendfestival in Medjugorje und es ging in einem Vortrag wieder um das Thema Reinheit und darum, ob man eine Entscheidung dafür treffen will. Als ich am Erscheinungsberg vor der Muttergottesstatue stand, rang ich mit mir. ‚Soll ich mich jetzt wirklich für die Reinheit entscheiden – für ein Leben lang? Aber ich weiß ja überhaupt nicht, was kommt! Ich weiß ja nicht einmal noch meine Berufung. Was, wenn ich z. B. Klosterschwester werden sollte, dann hätte ich wirklich für mein ganzes Leben keinen Sex mehr, keinen Orgasmus mehr! Das ist ja ein Riesenverzicht! Und wenn ich eine Beziehung bekomme, dann weiß ich ja auch nicht, ob wir beide das dann leben. Etc., etc.‘ Ich wusste zumindest, dass ich es im vergangenen Jahr geschafft hatte, die Reinheit zu leben. Diese Tatsache hat mir sehr geholfen. Trotzdem war es ein so großes Hindernis. Ich weiß nicht, wie. Es muss Gnade gewesen sein. Aber ich konnte dann sagen: ‚Okay, Muttergottes. Ich will ein Leben lang die Reinheit leben.‘ (...) Jetzt bin ich froh über meine Entscheidung. Und ich habe auch gemerkt, dass dieser Schritt vor allem für meine Gottesbeziehung viel Segen gebracht hat. Ich bin irgendwie noch näher zu Gott gekommen."

Jeremy war neun Jahre alt, als er zum ersten Mal mit Pornografie in Kontakt kam. Als er 32 und verheiratet war, konsumierte er sehr viele Pornos, bis dahin, dass er es schon früh am Morgen und auch während der Arbeit tat. Eines Tages, als er im Auto auf dem Weg nach Hause war, hatte er ein einschneidendes Erlebnis: *„Ich realisierte etwas an diesem Tag in dem Auto. Ich war wie ein Ball in einem Trichter. Ich rollte als Ball dem Schlund entgegen und fühlte mich absolut gefangen. Wenn ich so weitermachte, dann würden als Nächstes Gedanken an Fremdgehen, Selbstmord und daran, von zu Hause auszuziehen, folgen. Meine Lage erschien mir an diesem Tag so aussichtslos, ein extremer Schock. Mir wurde klar, dass ich auf dem besten Weg war, meine Ehe zu zerstören, meine Kinder nicht mehr zu sehen, meinen Job zu verlieren – es war eigentlich nur eine Frage der Zeit, bis der Webadmin die Infos an meinen Chef weitergeben würde. Dieser Weckruf, dieser Schock trieb mich zu einem Entschluss: Entweder du gibst dich dem hin und alles geht den Bach runter, oder du erklärst dich vor Gott bereit, alles zu tun, was er für nötig hält, um dich aus dieser Sucht rauszuholen.*

Mit Tränen in den Augen und einer neu gewonnenen Entschlossenheit betete ich: ‚Herr, ich werde alles tun, was du für nötig häl[t]st, um mich da rauszuholen. Ich halte nichts mehr zurück. Ich hasse dieses Leben. Zeig mir den Weg in die Freiheit.' Und so begann ein langer Prozess, der circa eineinhalb Jahre dauerte. (…)

Eines hatte ich all die Jahre nicht geschafft, offen mit anderen Männern darüber zu reden, was mit mir los war und wie es innen in mir wirklich aussah. (…) Im Internet fand ich einen christlichen Kurs auf Englisch, den ich durchmachte und der mich täglich sehr herausforderte. Ich lernte Gottes Wort auf komplett neue Art kennen. (…) Jeden Tag sprach ich mir die Verheißung von Jesus vor: ‚Ihr werdet die Wahrheit erkennen und die Wahrheit wird euch frei machen.' (…)

Was mich brennend interessierte, war die Wahrheit darüber, warum die Pornografie so ein extremes Suchtverhalten bei mir ausgelöst hatte. Ich las Studien (zum Beispiel diese: www.yourbrainonporn.com) und war ziemlich ernüchtert von der Tatsache, dass Pornografiekonsum mit einer Kokainabhängigkeit gleichzusetzen ist. (…)

Gleichzeitig las ich die schreckliche Geschichte von Shelley Lubben, einer Ex-Pornodarstellerin, die zum Glauben an Jesus gefunden hat. Mein Herz brach. Die Schicksale der Menschen in der Pornoindustrie trafen mich tief: Sexszenen, die gefilmten Missbrauch zeigen und nur mit harten Drogen und Alkohol zu bewältigen waren. Menschen, die innerlich ausgehöhlt und abgetötet von der Industrie wieder ausgespuckt wurden. Es war, als würde ein Vorhang von meinen Augen fallen. Ich konnte diese Frauen nicht mehr als Objekte ansehen, die gern vor der Kamera standen. Ich begann, das ganze Leid hinter ihrem aufgesetzten Lächeln zu sehen. Diese Wahrheit ließ ich mein Herz fühlen: Ich befriedigte meine Lust auf Kosten von absolut gebrochenen Menschen, die in fast allen Fällen zu diesen menschenunwürdigen Bildern gezwungen worden waren! Das schlug ein, ich wollte dabei keinen Part mehr spielen. Ich wollte durch meine Klicks kein Förderer dieser Industrie mehr sein. (…)

In dieser ersten Zeit auf meinem Weg in die Freiheit erlebte ich etliche Rückfälle. (…) [Aber ich erkannte], dass ich immer eine Wahl habe! Das war für mich so eine Erleichterung, als ich merkte, dass ich der Pornografie nicht jedes Mal nachgeben musste. Ich habe nicht nur theoretisch die Wahl. Nein, ich habe sogar die Kraft Gottes in mir, die mir hilft (…). Ich war so froh, dass ich in dem Kampf nicht allein war. Ich fand einen Mann, der mein täglicher Rechenschaftspartner wurde. Täglich sagte ich ihm, wie es mir ging, ob ich Pornografie konsumiert hatte oder mich selbst befriedigt hatte. Oft betete er für mich und ließ mich wissen, dass ich nicht allein war. (…)"

Einige Zeit danach sprach Jeremy auch offen mit seiner Frau über seine Sucht und dass er beschlossen hatte, gegen sie zu kämpfen, zur Ehre Gottes. Jetzt, im

Nachhinein, hat er erkannt, dass die Freiheit von Pornografie sehr positive Auswirkungen auf sein Leben hat: „Ich fühle mich so lebendig wie lange nicht, ich drehe mich nicht mehr nur um mich selbst und bekam wieder einen freien Blick für meine Frau und meine Kinder. Ich war innerlich nicht mehr isoliert und abwesend, sondern hatte eine neue Wachheit und Präsenz. Die Wahrheit hat mich frei gemacht, auch um meine geistliche Berufung wieder zu erkennen. (...) Ich kündigte meinen Job und wurde Gebetshausmissionar in Augsburg. Nun leite ich free!ndeed.“[89]

Triff auch du eine Entscheidung

Gott bittet auch dich, eine Entscheidung zu treffen. Entscheide dich für die Reinheit und für die Keuschheit. „Liebe also die Keuschheit. Aber nicht um ihrer selbst willen – was im übrigen unhaltbar wäre. Die Keuschheit reduziert sich nicht auf die Beherrschung seiner selbst, denn das wäre Stoizismus, steriles Heldentum. Liebe die Keuschheit *aus Liebe zu jemandem.* Zuerst natürlich aus Liebe zum Herrn, dem ja dein Leib in erster Linie gehört. Aber liebe die Keuschheit auch *aus Liebe zu deinem künftigen Mann oder deiner künftigen Frau und aus Liebe zu deinen künftigen Kindern.* Und, ich wage zu sagen, liebe die Keuschheit wie eine vorgezogene Treue. Ja, denn die Keuschheit der Verliebten bedeutet Nächstenliebe, Freiheit und auch schon Treue. Das ‚Nein‘ zur Unreinheit ist nur ein ‚Ja‘ zur Liebe.“[90] Entscheide dich dafür, nicht mehr zu flirten, keine Beziehung einzugehen, wenn von Anfang an klar ist, dass ihr später nicht heiraten werdet! Entscheide dich dafür, auf sexuelle Beziehungen vor der Ehe zu verzichten, mit der Masturbation und dem Pornokonsum aufzuhören! Entscheide dich für ein Leben in Reinheit! Ich weiß: Gott legt die Latte sehr hoch und es scheint fast unmöglich, ein Leben ohne all das zu führen. Aber lass es mich mit den Worten von Daniel Ange sagen: „Weigere dich, unterhalb jenes Niveaus zu leben, für das dein Herz bestimmt ist! Wehre dich, dich

---

[89] *Jeremys Story.* In: Hammond (Hrsg.), *Frei. Mann. Sein.,* S. 54–63.
[90] Ange, *Dein Leib,* S. 112.

unter deiner Würde zu verkaufen!"[91] „Die Kirche sieht das Beste in dir, und sie will es um jeden Preis schützen, ja selbst wenn sie dich gegen dich selbst schützen muß. Denn ihre Forderungen sind in Wahrheit die deines eigenen Herzens. Sie wagt, viel zu verlangen, denn sie weiß, daß du groß genug bist, um darauf zu antworten. Und ihre Forderungen entsprechen dem, was du an Großem in dir trägst. Sie schätzt dich um deiner selbst willen. Die Kirche strebt für dich das Maximum dessen an, wozu du fähig bist."[92] Und weil die Kirche das Sprachrohr Gottes in der Welt ist, kann man auch sagen: Gott will für dich das Maximum dessen, wozu du fähig bist. Er hat dich gewollt, du bist für Ihn unendlich wertvoll. Deshalb will Er nicht, dass du dich unter deiner Würde verkaufst. Er will, dass deine Sexualität ausschließlich der Liebe dient, so wie Er sie gedacht hat. „Sei dir immer bewußt, daß die Keuschheit ein kostenloses Geschenk des Herrn darstellt."[93] Bitte Ihn darum, Er wird dich nicht enttäuschen.

Egal ob es sich um das Flirten, sexuelle Beziehungen, Masturbation, Pornografie, Cybersex oder etwas anderes handelt, Gott will, das wir diese Dinge bleiben lassen, damit wir die Liebe und Sexualität so leben, dass unser „körperliches Tun Ausdruck verlässlicher und treuer Liebe ist"[94] und wir so eine „dauerhaft beglückende Sexualität leben können"[95]. Wenn wir das tun, werden wir glücklicher, freier und ein ganz und gar mit Freude erfülltes Leben führen und wir werden aus ganzem Herzen sagen können: „Selig, die rein sind im Herzen; denn sie werden Gott schauen." (Mt 5, 8) Du wirst es erleben: Wenn du in Keuschheit und Reinheit lebst, wirst du Gott näherkommen, Sein Wirken in deinem Leben besser erkennen und immer mehr den Wunsch verspüren, das zu tun, worum Er dich bittet.

Lasst uns eine neue sexuelle Revolution beginnen! Die zweite sexuelle Revolution, die in die Geschichte eingehen wird als die Revolution, die zur wahren Freude in der Liebe führt, weil wir die Sexualität und die Liebe so leben, wie sie von Anfang an gedacht

---

[91] Ange, *Dein Leib,* S. 169.
[92] Ange, *Dein Leib,* S. 41.
[93] Ange, *Dein Leib,* S. 112.
[94] *Youcat* 404.
[95] *Youcat* 403.

waren. Lasst uns eine riesige Gruppe von Zeugen werden dafür, dass der Weg, den Jesus Christus und die Kirche uns vorschlagen, der ist, der zur wahren Freude und Erfüllung führt! Lasst uns Zeugen der Reinheit und Keuschheit und ansteckend werden für alle Menschen, damit wir möglichst viele auf diesem Weg der Freude und Fülle mitnehmen können!

3.8 Die Entscheidung umsetzen

Eine Entscheidung zu treffen ist wichtig, aber ebenso und genauso wichtig ist es, einen Plan zu haben, wie man diese Entscheidung im Leben umsetzt.

Der erste Schritt ist sehr wichtig: Bitte Gott um Vergebung für deine Fehler! Lege Ihm deine Sünden in der Beichte hin, denn dadurch wird dein Herz gereinigt und Gott schenkt dir auch neue Kraft, um gegen die sündhaften Verhaltensweisen anzukämpfen.

Denke nach, ob es etwas gibt, das du anders machen solltest! Was kannst du ändern in deinem Leben, um auf dem Weg der Reinheit voranzukommen? Bitte Jesus, dass Er dir zeigen möge, was du ändern sollst! Wenn du willst, schreibe dir das auf, was du ab heute anders machen willst. Bitte den Heiligen Geist und auch die Muttergottes darum, dir dabei zu helfen, diese Dinge wirklich umzusetzen!

Vielleicht geht es dir so wie Lea, die sich vorgenommen hatte, mit Partyflirts und leichtfertigen Küssen Schluss zu machen. Oder du nimmst dir vor, nicht allzu leichtfertig eine Beziehung anzufangen, besonders wenn du dir überhaupt nicht vorstellen kannst, dass du die betreffende Person einmal heiraten wirst. Lea hat mir nichts Genaues über ihren Alkoholkonsum erzählt, aber wahrscheinlich hatte sie sich ein Alkohollimit gesetzt, um zu später Stunde nicht so leicht die Kontrolle zu verlieren. Vielleicht ist es für dich sogar sinnvoll, ganz auf Alkohol zu verzichten, damit deine Hemmschwelle auf ihrem natürlichen hohen Niveau bleibt und du am Ende nicht etwas machst, das du dann später bereust.

Tipps für junge Frauen

Wenn du ein Mädel bist, versuche, auf gewisse zweideutige Blicke und Gesten zu verzichten! Sei dezent beim Schminken, verzichte vor allem auf auffällige und kräftige Farben beim Lippenstift! Verschicke auch in den sozialen Medien keine Fotos, auf denen du aufgrund des Make-ups, deines Blickes, deiner Gesten oder bestimmter Tanzbewegungen zu sexy wirkst! Achte auch auf deinen Kleidungsstil! Vermeide zu kurze Hosen oder Röcke, tiefe Ausschnitte, bauchfreie Pullis oder T-Shirts oder zu enge Kleidungsstücke! Alle diese Dinge wie zu kräftiges Make-up, bestimmte Gesten oder Blicke, gewisse (Hüft-)Bewegungen beim Tanzen usw. können bei Burschen leicht sexuelle Wünsche erwecken und sie glauben dadurch, dass du (auf der sexuellen Ebene) leicht zu haben bist. Verkaufe dich nicht als „leicht zu haben“, wenn du dir vornimmst, auf Flirts und oberflächliche Beziehungen zu verzichten! So hilfst du auch den Burschen auf ihrem Weg der Reinheit, weil sie dich dann als Person in deiner Gesamtheit wahrnehmen können und nicht nur als Objekt der sexuellen Begierde. Versuche, statt dieser äußeren Dinge, die letztlich nur auf das Sexuelle abzielen, ehrliche und aufrichtige Freundschaften zu suchen!

Stelle dir vor Gott auch die ehrliche Frage, ob du gewisse Dinge aus deinem Leben streichen solltest! Zum Beispiel die von sexuellen Inhalten triefenden Jugendzeitschriften oder Webseiten oder manche Handy-Apps wie Snapchat oder TikTok, vor allem wenn die dort verschickten Inhalte in erster Linie sexueller Natur sind. Frage Gott auch, ob du auf manche TV-Serien, -Filme oder -Sender (z. B. MTV) verzichten solltest, weil deren Inhalte ein Hindernis sind auf deinem Weg der Reinheit.

Manchmal musst du dich vielleicht fragen, warum manches in deinem Leben so ist, warum du manche Verhaltensweisen nicht einfach so ändern kannst. Ingrid erging es so: *„Im Alter von 8 Jahren habe ich meine erste Erfahrung mit Jungen gemacht. Ich verbrachte damals meine Ferien auf einem Bauernhof, wo es auch andere Jugendliche gab. Am Abend haben wir uns immer in einer Scheune getroffen, wo ich zum ersten Mal einen Jungen geküßt habe. Wir spielten ein Spiel, wo man jemanden auf den Mund* *küssen mußte und sagen, wie sehr man den oder den Anwesenden liebte. (...) sehr schnell wurde dieses Spiel bei fast jeder Geburtstagsfeier auch mit meinen Klassenkameraden gespielt. (...)*

Mit 13 Jahren hatte ich dann meinen ersten Freund. Ich hatte ihn während der Ferien kennengelernt, und so dauerte das Ganze nur zwei Wochen. Bis ich 16 oder 17 war, hatte ich eine ganze Menge Freunde, bis Jesus Christus „der Mann" in meinem Leben geworden ist. Bis ich verstanden habe, daß Er wirklich lebt, daß Er mich mehr als jeder andere liebt und daß Er nichts anderes ersehnt als mich glücklich zu machen, indem Er mein Leben verwandelt.

Glücklicherweise hat Er mich immer davor bewahrt, sexuelle Beziehungen zu haben, denn mit 7 Jahren war ich von einem Mann bedrängt worden, und deshalb habe ich immer die Freundschaft beendet, sobald ein Junge eine sexuelle Beziehung wollte. Aber als Jesus in mein Leben trat, habe ich plötzlich auch verstanden, daß es nicht richtig war, einen Freund nach dem anderen zu haben, und ich habe beschlossen, keuscher zu leben. Das hat mich allerdings nicht daran gehindert, mich zu verlieben, und ich hielt meine Versprechen nicht immer. Mit 19 Jahren hatte ich keinen Freund mehr, aber ich verliebte mich immer noch. Dann hat mich der Herr gebeten, ein Jahr ein „Zölibat aus Liebe" zu leben und mich nur auf Ihn zu konzentrieren. Anfangs ging es, aber dann ist mir bewußt geworden, daß ich mich schon wieder verliebt hatte und daß es mir nicht gelang, meine Empfänglichkeit für Burschen in den Griff zu bekommen. Ich war enttäuscht und es wurde mir bewußt, daß es nicht normal sei, ständig verliebt zu sein. Ich glaubte anormal zu sein und nie geheilt werden zu können. Aber eines Tages, während der Anbetung, hat der Herr mich die Gründe für meine Empfänglichkeit verstehen lassen: Ich mußte nachdenken, wie viele Burschen ich schon geküsst hatte. Es waren sehr viele, und ich hatte sehr früh begonnen. Der Herr hat mich verstehen lassen, dass meine Reaktion nun nichts Anormales sei, denn dadurch, daß ich so früh einen Freund hatte, hatte ich etwas in mir geöffnet, das befriedigt werden wollte. Und ich verstand, daß nur Er allein diese verwundete Stelle meines Herzens heilen konnte.[96]

Jesus ließ Ingrid erkennen, was die Ursache dafür war, dass sie sich so schnell in jemanden verliebte und es so schwer für sie war, keine Beziehung zu haben. In deinem Fall könnten es ähnliche Verhaltensweisen sein oder etwas anderes, mit dem du zu kämpfen hast. Bitte Jesus, dass Er dir zeigen möge, was die Ursache dafür ist, und dass Er deine Wunden heilen möge. Vielleicht ist es etwas, das du in deiner Kindheit erlebt hast oder während deiner ersten sexuellen Erfahrungen am Anfang der Pubertät, ein einschneidendes bzw. besonderes Erlebnis oder etwas Negatives oder Verletzendes. Jesus wird es dir zeigen und Er will dich heilen, Er wird es tun. Dann wird es für dich einfacher sein, den Weg der Reinheit zu gehen.

Wenn du eine Beziehung hast mit jemandem und du ab jetzt auf Sex vor der Ehe verzichten willst, so wirst du mit deinem Partner, deiner Partnerin über deine Entscheidung reden müssen und ihr müsst gemeinsam einen Weg finden, wie ihr diese neue Situation am besten lebt. Tipps, wie man in einer Beziehung sexuell enthaltsam leben kann, findest du in Kapitel elf.

Tipps für das Beenden des Pornokonsums und der Masturbation

Vielleicht hast du dir schon öfter gedacht, dass du mit der Masturbation, dem Cybersex und/oder dem Pornografiekonsum aufhören willst. Ich habe sehr oft von verschiedenen Menschen gehört bzw. gelesen, dass ihnen der Ausstieg aus diesen Gewohnheiten sehr, sehr schwergefallen ist und dass sie mehrere oder viele Anläufe gebraucht haben. Auch wenn man nicht so tief in der Sucht steckt wie zum Beispiel Jeremy, ist es trotzdem sehr schwer, damit aufzuhören. Aber der große Vorteil, den wir Christen dabei haben, ist, dass wir Gottes Hilfe in Anspruch nehmen können! Mit Seiner Hilfe wirst du es schaffen, auch wenn es ein steiniger und harter Weg wird.

---

[96] In: Ange, *Dein Leib,* S. 240f.

Wir wissen, dass häufiger Pornografiekonsum die Gehirnstruktur verändern kann. Aber genauso kann das Gehirn wieder „zurückprogrammiert" werden. Es kann umlernen und die „Pornografiestrukturen" wieder abbauen. Das braucht Zeit und in dieser Zeit müssen wir kämpfen, mit Gottes Hilfe. Er wird dich nicht verlassen, denn Er sehnt sich danach, dass du ein reines Leben führst. Die folgenden Punkte können eine Hilfe auf diesem Weg sein:

Ein Grund zum Aufhören

Denke nach, warum du aufhören willst! Was deine Motivation ist. Mach es für Jesus, damit Er in deinem Leben größer wird! Und mach es deiner zukünftigen Frau, deinem zukünftigen Mann zuliebe, als vorgezogene Treue! Mach es auch den Pornodarstellern zuliebe, denn wenn keiner mehr Pornos sieht, wird auch irgendwann die Produktion eingestellt werden und alle Darsteller und andere Personen werden ein besseres Leben führen können.

Bleib mit Gott verbunden

Suche Gott im Gebet und in den Sakramenten! Jesus will uns in den Sakramenten auf besondere Weise begegnen, uns Kraft schenken, uns heilen und befreien von unseren schlechten Gewohnheiten. Geh oft zur heiligen Messe, vielleicht schaffst du es, manchmal auch unter der Woche! Dort ist Jesus in der Eucharistie gegenwärtig und Er will in der Kommunion in dein Herz eintreten, um dir Seine Gegenwart und Liebe zu schenken, damit du neue Kraft für deinen Weg der Reinheit bekommst. Nimm dir jeden Tag Zeit für das Gebet. Du kannst zu Hause beten, in einer Kirche vor dem Allerheiligsten oder vielleicht hast du sogar die Möglichkeit zur eucharistischen Anbetung. Erzähle während dieser Zeit Jesus alles, was dich beschäftigt, bitte Ihn, dir zu helfen, um mit der Pornografie, der Masturbation oder dem Cybersex aufzuhören. Lies auch in der Bibel! Wenn du Schriftstellen findest, die dir helfen können, schreibe sie dir auf einen Zettel oder lerne sie auswendig! Jakob berichtet: ***„Das Wichtigste im Streben nach Reinheit ist das tägliche Gebet. Ich rufe die Heiligen an, z. B. Maria Goretti, eine Märtyrerin der Reinheit, oder Papst Johannes Paul II. Manchmal singe ich das Lied ‚Reinige***

mein Herz' oder ich bete ein Gesätzchen vom Rosenkranz. Ich habe gemerkt, dass Gott die Gebete erhört, wenn ich von ganzem Herzen darum bitte."
Jeremy erzählt: *„Es reichte nicht aus, dass ich nur alte Gewohnheiten beendete. Dieses tiefe Loch in mir musste gefüllt werden, gefüllt mit einer echten Beziehung zu Gott. Sein Wort wurde wie eine Quelle für mich. Ich fing an, Bibelverse nicht nur auswendig zu lernen, sondern sie mir in brenzligen Situationen laut vorzubeten. Gottes spürbare Gegenwart war etwas, wonach ich mich so sehr sehnte. Erst jetzt wurde mir das so richtig bewusst. Vorher hatte ich diese Sehnsucht mit meiner Sucht betäubt."*[97]

Ein ganz wichtiges Sakrament auf dem Weg der Reinheit ist die Beichte. Hier kannst du Jesus immer wieder deine Sünden hinlegen, auch wenn es jedes Mal dieselben sind. Versuche, ca. einmal im Monat zu beichten oder öfter, wenn du es brauchst. Vielleicht kommen dir Gedanken wie: „Ich werde das nie schaffen, ich muss ja immer dasselbe sagen in der Beichte." Lass dich dadurch nicht beunruhigen. Solche Gedanken kommen vom Widersacher. Er schläft nicht und er kann es gar nicht leiden, wenn sich jemand für die Reinheit entscheidet. Geh trotzdem beichten, auch wenn du immer wieder dasselbe beichtest.

Es kann sein, dass im Zusammenhang mit der Beichte gewisser Sünden die Frage aufkommt, wie schwer eine Verfehlung ist. Darf man Jesus in der Kommunion empfangen, wenn man masturbiert hat oder Pornos gesehen hat? Diese Frage ist kompliziert und kann nicht einfach mit Ja oder Nein beantwortet werden. Der Katechismus bezeichnet sowohl die Selbstbefriedigung als auch den Pornografiekonsum als schwere Verfehlung.[98] Wenn du daher bis jetzt eines davon oder beides praktiziert hast und dich heute entscheidest, damit aufzuhören, dann geh auf alle Fälle beichten, bevor du wieder zur Kommunion gehst. Im Katechismus heißt es weiter: „Um ein ausgewogenes Urteil über die sittliche Verantwortung jener, die sich hierin verfehlen, zu bilden und um die Seelsorge danach auszurichten, soll man affektive Unreife, die

---

[97] *Jeremys Story.* In: Hammond (Hrsg.), *Frei. Mann. Sein.*, S. 60.
[98] Vgl. KKK 2352 und 2354.

Macht eingefleischter Gewohnheiten, Angstzustände, und weitere psychische oder gesellschaftliche Faktoren berücksichtigen, welche die moralische Schuld vermindern oder sogar aufheben."[99] Mit anderen Worten: Man muss jeden Fall im Einzelnen betrachten. Wenn du schon entschieden hast, dass du ein keusches Leben führen willst, und du „rückfällig" geworden bist, nachdem du es schon einige Zeit geschafft hast, auf Pornos und/oder die Masturbation zu verzichten, dann ist es wahrscheinlich eher die Macht eingefleischter Gewohnheiten, die dich zur Sünde geführt hat, was die Verfehlung weniger schwer macht. Ein Priester hat einmal gesagt, dass man in diesem Fall schon zur Kommunion gehen darf, weil man es ja eigentlich nicht machen wollte, aber man wurde aufgrund alter Gewohnheiten schwach. Warte aber in so einem Fall nicht zu lange bis zur nächsten Beichte und besprich diese Frage im Zweifelsfall mit einem Priester.

Praktische Tipps

Überlege dir, was du auf praktischer Ebene unternehmen kannst, damit es dir leichter fällt, keine Pornos zu schauen bzw. damit du der Versuchung zu masturbieren widerstehen kannst! Hier sind einige Anregungen: Vernichte sämtliche Bilder, die eine Versuchung für dich sind! Das können Poster, Kalender, DVDs, am Computer/Handy gespeicherte Bilder oder Videos sein usw. Lösche am Computer den Suchverlauf deines Browsers und installiere eine Filtersoftware auf dem Computer und auch auf deinem Handy. Stelle deinen Computer so hin, dass jeder, der in dein Zimmer kommt, gleich den Bildschirm sieht, und lass die Tür offen. Wenn du längere Zeit am Computer arbeiten musst und die Versuchung, pornografische Seiten zu besuchen, zu groß ist, verlagere deinen Arbeitsplatz ins Wohnzimmer, in eine Bibliothek oder an einen anderen öffentlichen Ort, wo jeder deinen Bildschirm sehen kann. Wenn du keinen Internetzugang brauchst, schalte die W-Lan-Funktion aus.
Wahrscheinlich wirst du dir auch überlegen müssen, ob du die eine oder andere App auf deinem Handy löschen solltest. Auf den ersten Blick mag das übertrieben klingen, aber wenn wir ehrlich zu uns

---

[99] KKK 2352.

selbst sind, dann müssen wir zugeben, dass nicht nur Bilder oder Videos mit klar sexuellen Inhalten die sexuelle Lust in uns wecken können, sondern auch freizügige Kleidung, bestimmte Blicke oder Gesten und auch gewisse Tanzbewegungen. Werden auf Snapchat zu viele (Halb-)Nacktfotos oder Fotos mit verführerischen Blicken verschickt oder auf TikTok Videos mit zweideutigen Gesten oder zu sexy wirkenden (Hüft-)Bewegungen, dann blockiere die entsprechenden Kontakte oder lösche diese Apps!

Wenn du morgens aufwachst, kann die Versuchung groß sein, noch ein paar Minuten im Bett zu bleiben und sich selbst zu befriedigen. Stelle ein Bild oder ein Kreuz auf dein Nachtkästchen und nimm dir vor, dich sofort an den Bettrand zu setzen und ein kurzes Morgengebet zu verrichten!

Wenn die Versuchung unter der Dusche oder in der Badewanne kommt, dann dusche dich, während ein gleichgeschlechtliches Familienmitglied im Bad ist (sofern es sie oder ihn nicht stört) oder dusche dich unter Zeitdruck, also kurz bevor du zu einer Verabredung/dem Schulbus/der Messe … gehen musst. Dann hast du keine Zeit dafür.

Versuche, deine Freizeit sinnvoll zu gestalten, vor allem wenn du frustriert oder einsam bist: Frage deine Eltern, welche Arbeiten im Haus oder im Garten erledigt werden müssen, und hilf ihnen dabei! Mach Sport, denn Sport macht glücklich! Egal ob Fußball, Rad fahren, Tennis spielen, Schi fahren, joggen oder Nordic Walking, viele Sportarten kann man gemeinsam mit Freunden betreiben. Das wirkt motivierend und macht mehr Spaß.

Viele christliche Jugendbewegungen und -gruppen oder katholische Gemeinschaften bieten die Möglichkeit, sich missionarisch in der Neuevangelisierung zu engagieren. Nütze diese Möglichkeiten und versuche, regelmäßig dabei zu sein, denn auch solche Aktivitäten schenken Freude und helfen uns dabei, nicht nur auf unsere eigenen Wünsche und Sehnsüchte zu schauen. Wenn du viel Freizeit hast und du nicht so recht weißt, was du tun kannst, dann versuche, etwas Neues zu lernen: Heutzutage gibt es schon Applikationen für das Handy oder Tablet, um Klavier oder Gitarre zu lernen. Oder wenn du dich für Tiere interessierst, kaufe dir einen Naturführer und lerne, die verschiedenen Singvögel voneinander zu unterscheiden. Oder du willst lieber kochen oder backen lernen oder ein Handwerk wie Schnitzen oder Stricken,

Nähen, eine Fremdsprache ... Denk nach, was dich am meisten interessiert, und entscheide dich für ein Projekt!

Bringe Gott freitags kleine Fastenopfer dar: Verzichte auf Süßes, auf Kaffee, auf Fleisch oder auch auf soziale Medien wie Twitter, Facebook usw. Der Verzicht in diesem Bereich kann es leichter machen, auch im Bereich der Sexualität auf etwas zu verzichten.

Wenn die Versuchung über dich kommt, bete ein kurzes Gebet oder suche den Kontakt mit anderen Personen, sei es die Familie, ein Mitbewohner der WG oder der telefonische Kontakt mit einem Freund. Überlege dir, wen du schon lange nicht mehr angerufen hast, und rufe eine der Personen an, die dir eingefallen sind.

Jeremy machte Folgendes, um seinen Pornokonsum einzuschränken: ***„Mein erster Schritt in dieser Richtung: Ich musste meinen Pornokonsum stoppen (...). Ich traf die Entscheidung, nie allein an meinem Laptop zu sitzen. (...) Ich legte bei längeren Autofahrten mein Handy und meinen Laptop in den Kofferraum. Ich veränderte die Position meines Arbeitsplatzes so, dass jeder auf meinen Bildschirm schauen konnte. Ich installierte eine Filtersoftware. Diese Aktionen zeigten Erfolg. Nur wenige Wochen später hatte sich mein Konsum ganz deutlich reduziert.“***[100]

Jakob setzte auch konkrete Schritte, um nicht so leicht in die Versuchung zu fallen, zu masturbieren oder Pornos zu sehen: ***„Ich gehe jetzt regelmäßig beichten und danach fällt es mir leichter, die Reinheit zu leben. Auch Ablenkungen helfen mir. Ich erledige Arbeiten im Haushalt, gehe unter die Leute oder überlege mir, wen ich anrufen könnte, um die Sichtweise weg von mir auf andere Leute hinzulenken. Auch ein Spaziergang in der Natur oder Sport hilft mir dabei. (...) Es gibt ein Lied, das heißt ,Pass auf, kleines Auge, was du siehst ...‘. Da ist viel Wahres dran. Die Verführung beginnt im Kleinen. Ich achte sehr darauf, dass ich keine schlüpfrigen Filme ansehe, bestimmte Bilder im Internet oder in der Zeitung vermeide etc.***

---

[100] *Jeremys Story.* In: Hammond (Hrsg.), *Frei. Mann. Sein.*, S. 60.

Gerade im Sommer sind manche Frauen sehr freizügig gekleidet. Dann hilft es mir entweder wegzusehen oder, wenn ich gerade stark bin, schaue ich hin und danke Gott dafür, dass er die Frauen so wunderbar geschaffen hat. Es ist mir nicht wichtig, ob Arbeitskollegen denken, ich sei ‚prüde‘. Wenn es z. B. bei Männerrunden um Sex geht, wechsle ich bewusst das Thema oder ich wechsle die Gesprächspartner.“

Sonja erzählt: *„Was hat mir geholfen, mit der Selbstbefriedigung aufzuhören? Mhm ... Zum einen war es vor allem eine Willensentscheidung. Es hat eine Weile gedauert, bis ich es wirklich ganz wollte. Vorher wollte ich es auch, aber irgendwie noch nicht so ganz. Da habe ich es auch noch nicht geschafft, die Reinheit zu leben. Zum anderen habe ich gemerkt, dass es ganz wichtig ist, meine persönlichen körperlichen Grenzen zu kennen und zu achten. Nicht über die Grenzen – die wahrscheinlich bei jedem woanders sind – zu gehen. Denn sonst fällt das Umdrehen viel schwerer. Ich habe z. B. gemerkt, dass ich mich – so komisch das auch klingen mag – an gewissen Stellen meines Körpers nicht mehr angreifen kann, da sonst die sexuelle Lust zu schnell dazukommt. Am Anfang kam mir das komisch vor, aber bald hatte ich mich daran gewöhnt und es half mir, die Reinheit leichter zu leben.*
Und es musste in Gedanken eine ganz klare Entscheidung sein. Wenn ich noch in Gedanken so ein wenig ‚herumgespielt‘ habe, das heißt, noch hin und her überlegt habe, wie ich mich entscheiden soll, bzw. noch mit Gott oder mir selbst verhandelt habe, dann war es schwieriger, die Reinheit zu halten. Irgendwie ist das bei mir wie mit dem Fasten. Je klarer ich für mich die Grenzen definiere, desto leichter wird es, das Fasten zu halten. Als Beispiel: Wenn ich mir als Fastenvorsatz vornehme, nichts Süßes zu essen, also nicht zu naschen, dann kann es sein, dass ich, wenn die Mutter plötzlich zu Mittag mit einem Kuchen kommt, anfange, in Gedanken zu verhandeln: ‚Naja, ein Kuchen zählt ja nicht so richtig

zum Naschen. Mit dem Fasten ist ja nur Schokolade und so gemeint. Außerdem wäre es unhöflich, da jetzt gar kein Stück zu nehmen.' Und dann wird es für mich sehr schwierig, wirklich innerlich ,Nein' zu sagen. Wenn ich aber vorher für mich klar definiere, Kuchen zählt auch zum Fasten dazu, dann fängt sich dieses Rad in Gedanken erst gar nicht zu drehen an, wenn der Kuchen plötzlich in den Raum kommt, dann fängt sozusagen der Teufelskreis gar nicht an. Oder ich entscheide mich eben von vornherein, Kuchen zählt nicht zum Fasten dazu, und esse ihn dann. Es hilft mir außerdem, mich schnell abzulenken. Das heißt, wenn der Kuchen in den Raum kommt, dann denke ich mir: ,Nein, das habe ich schon entschieden, es bringt auch gar nichts, darüber nachzudenken.' Und ich lenke mich sofort mit etwas anderem ab und fange z. B. ein interessantes Gespräch mit jemandem bei Tisch an und schaue gar nicht mehr auf den Kuchen hin.
Was die Selbstbefriedigung betrifft, habe ich außerdem mit der Zeit gemerkt, dass ich mir viele Filme oder gewisse Sexszenen in Filmen nicht mehr anschauen kann. Ich habe gemerkt, dass mir das sonst das Halten der Reinheit erschwert. Denn die Bilder hat man dann trotzdem im Kopf und Lust bekommt man auch wieder mehr. Ich habe mir zwar damals zuerst gedacht, das kann ja jetzt nicht sein, dass ich mir nicht einmal mehr normale Filme ganz anschauen kann, nicht einmal mehr so eine ,läppische' Sexszene. Aber ich merke dann trotzdem immer wieder, dass ich mehr Frieden habe, wenn ich bei solchen Szenen kurz wegschaue, bzw. dass es mir das Halten der Reinheit erschwert hat, wenn ich eben nicht weggeschaut habe."

Ein Gesprächspartner

Vielleicht ist es hilfreich für dich, wenn du dir einen Gesprächspartner suchst, mit dem du ehrlich und offen über deine Fortschritte und Probleme deines Weges heraus aus der Pornografie und der Masturbation sprechen kannst. Das kann ein guter Freund, eine gute Freundin sein, ein Priester oder ein Ordensmann bzw. eine Ordensfrau. Empfehlenswert dabei wäre, dass es eine Person deines Geschlechts ist und sie einen treuen Weg des Glaubens mit Jesus geht. Verabredet euch regelmäßig zu einem Gespräch und versuche, wirklich ehrlich und offen zu erzählen von deinen Fortschritten, aber auch von deinen Rückfällen und Situationen, in denen du schwach geworden bist! Versuche dann, ihre oder seine Ratschläge zu befolgen! Ihr könnt auch gemeinsam beten und Jesus um Hilfe bitten für euren gemeinsamen Weg und den deinen heraus aus der Pornografie und Masturbation.

Ulrike berichtet: *„Meine Heilung begann schließlich damit, dass ich begann, mit Gott wirklich ehrlich über das Problem zu reden. Das Bewusstsein, dass Gott trotzdem da ist und Jesus tatsächlich für alles gestorben ist, stärkte mich dann so sehr, dass ich mich irgendwann einer Freundin öffnen konnte. Das Beste daran war, dass unsere Freundschaft nicht damit endete, sondern tiefer und ehrlicher wurde. Diese Freundin war es auch, die mich immer wieder darauf aufmerksam machte, wenn ich wieder einmal aus eigener Kraft etwas erreichen wollte. (...) Ich wurde erst frei, als ich mich auf eine Reise in mein Innerstes einließ: Ich bin in einer sehr behüteten Familie aufgewachsen, in der es kaum Streit gab. Deshalb hatte ich es auch nie gelernt, mit meinen negativen Gefühlen umzugehen. Während ich mich früher innerlich bei Konflikten zurückzog, lernte ich nun zu streiten und negative Gefühle angemessen auszudrücken. Erst als ich lernte, zu vergeben, Vergebung anzunehmen und mich auf Freundschaften einzulassen, nahm meine innere Spannung ab.“[101]*

Der Weg der Reinheit – ein Kampf

Sei dir bewusst, dass dieser Weg der Reinheit ein Kampf ist, ein Krieg, bei dem du manche Schlachten verlieren wirst! Du wirst aber auch viele gewinnen. Wenn du schwach wirst und Rückfälle

---

[101] *Pornografie – Nur was für Männer?* In: *Leitfaden – Hilfestellung.* Infoheft von Safer Surfing, S. 16f.

erleidest, dann gib nicht auf! Das Problem liegt nicht darin, dass wir hinfallen, sondern darin, dass wir dann am Boden liegen bleiben. Bleib nicht liegen, wenn du gefallen bist. Jesus selbst kommt und will dir wieder auf die Beine helfen, damit du weitergehen kannst. Nimm seine Hilfe an und lass dich nicht entmutigen! Die Entmutigung nach einer Sünde kann schlimmer sein als die Sünde selbst, denn sie nimmt uns den Schwung und die Dynamik, die wir auf dem Weg der Reinheit schon entwickelt hatten. Sei dir dessen bewusst und wenn du gefallen bist, dann schau nach vorne, bitte Gott um Verzeihung für die Sünde und entscheide dich neu für die Reinheit. Du wirst sehen, dass die Rückfälle mit der Zeit seltener werden und eines Tages wird Gott es dir schenken, dass du ganz frei wirst von der Selbstbefriedigung, dem Pornokonsum und dem Cybersex. „Dann wird die Lust weniger heftig sein, jenen Schönheiten nachzulaufen, die so oft trügerisch und enttäuschend sind.“[102]

In manchen Fällen wird es so sein, dass Gott die Gnade schenkt, dass man plötzlich und unvorhersehbar eine Befreiung erfährt. Bei Daniel Ange war es so. Als Jugendlicher befriedigte er sich sehr oft selbst und er fragte sich, ob er es je loswerden würde. Als er mit 18 Jahren ins Kloster eintrat, schenkte Gott ihm eine große Gnade und er konnte von einem Tag auf den anderen damit aufhören.[103] Solche Fälle sind aber eher die Ausnahme. Manchmal schenkt Gott auch eine „Teilbefreiung“, die ein Schritt in einem längeren Prozess sein kann.

Sebastian erlebte es so: *„Als mir klar geworden war, dass ich aus dieser [Porno]Sucht nicht einfach so rauskommen würde, wurde ich richtig zornig. Ich schimpfte mit Gott, rebellierte und begehrte auf. Ich warf mich patzig wie ein Kind auf mein Bett und sagte: ‚Du hast gesagt, wenn du mich frei machst, dann bin ich wirklich frei! Also werde ich nicht eher aufstehen, bevor ich nicht frei bin von dem ganzen Mist, den ich mein Leben lang konsumiert habe. All die Bilder in meinem Kopf und die Sucht nach Frauenbrüsten sollen verschwinden. Denn du hast gesagt, dass du das tun willst.‘*

---

[102] Ange, *Dein Leib*, S. 107.
[103] Vgl. Ange, *Dein Leib,* S. 107.

Und so lag ich da. Ich meinte es vollkommen ernst. Ich war so verzweifelt, weil ich keinen Ausweg sah. Ich konnte mir nicht vorstellen, dass ich jemals in der Lage wäre, eine Frau anzusehen, ohne sexuelle Gedanken zu haben. Oder nur das Wort Brüste zu lesen, ohne dass sich etwas in mir regt. Ich wollte nicht ein Leben lang gegen Windmühlen kämpfen, sondern ich wollte einen fairen Kampf. Einen, den ich gewinnen konnte. Einen, für den ich ausgerüstet war und der mich wirklich in die Freiheit bringen würde. Und so schlief ich ein.

Als ich aufwachte, waren all die Bilder, die ich über Jahre hinweg in mich reingefressen hatte, nur noch dunkle Erinnerungen. Die Begierde war auf einmal ganz still und meine Seele fühlte sich seltsam erholt an. Ich las in einem Roman weiter und stolperte kurz über eine Bettszene, doch seltsamerweise machte mir das fast nichts aus. Irgendetwas war anders. Ich war anders. Gott hatte mich erhört. Ich war zum ersten Mal in meinem Leben wirklich frei. Ich war bereit für den Kampf.“[104]

Sebastians Weg heraus aus dem Pornografiekonsum dauerte laut seinen Angaben dann drei Jahre, aber die Befreiung in diesem Aspekt war für ihn eine große Gnade und Hilfe.

Vor allem Männer und Burschen sagen immer wieder, dass sich (sexuelle) Bilder sehr tief in ihr Gedächtnis einprägen. Diese kurze Schilderung eines verheirateten Mannes hat mich sehr betroffen gemacht: *„Ich würde alles tun, ALLES, um die sexuellen Erfahrungen zu vergessen, die ich hatte, bevor ich meine Frau getroffen habe … Ich habe die Bilder der Vergangenheit und die anderen Frauen in meinem Kopf, und das tötet jegliche Intimität. Die Wahrheit ist, ich bin seit acht Jahren mit dieser wunderbaren Frau verheiratet und ich war noch nie ‚allein‘ mit ihr im Schlafzimmer.“[105]*

Bitte Gott darum, dass er dein Gedächtnis frei macht von diesen intensiven Bildern. Er hat die Macht dazu, unsere Erinnerungen

---

[104] *Sebastians Story.* In: Hammond (Hrsg.), *Frei. Mann. Sein.*, S. 163f.
[105] In: Evert, *If You Really Loved Me*, S. 174.

verblassen zu lassen, damit wir frei von der sexuellen Begierde und bereit für die wahre Liebe werden. In diesem Zusammenhang kann es auch sehr hilfreich sein, zu beten, anstatt nur zu versuchen, das Bild aus den Gedanken zu verbannen. Wenn du dich an eine bestimmte pornografische Szene erinnerst, dann bete für die Frau, die du da siehst! Bete für ihre Bekehrung, dass sie die Liebe Gottes erfahren kann, dafür, dass Gott die Wunden ihrer Seele heilen möge! Ruf auch die Muttergottes an und bete ein „Gegrüßet seist du, Maria" für sie. Das hilft nicht nur der betroffenen Frau, sondern auch dir, weil du dann im Moment der Versuchung deinen Blick weg vom pornografischen Inhalt hin auf die Frau als Person lenkst. So bringst du diesen Frauen Achtung und Respekt entgegen.

3.9 Wenn Spott und Hohn drohen

Als ich 23 Jahre alt war, entschied ich mich dafür, einen Marathon zu laufen. Weil ich aber in keinem Sport- oder Laufverein tätig war, dachte ich, dass es sinnvoll wäre, mir ein Buch zu kaufen, weil ich keine Ahnung hatte, wie man sich am besten auf ein so schweres und langes Rennen vorbereitet. Das Buch, das ich gekauft hatte, war mir wirklich eine große Hilfe. Es beinhaltete grundsätzliche Hinweise für das Marathontraining, verschiedene Trainingspläne, je nachdem, welche Zielzeit man anstrebte, und ein Kapitel war dem mentalen Training, also der inneren Vorbereitung auf das Rennen gewidmet. Darin riet der Autor den Läufern, alle möglichen Szenarien durchzuspielen. Wenn du zum Beispiel manchmal Probleme mit dem linken Knie hast und es plötzlich anfängt zu schmerzen, was machst du? Überlege dir schon vorher, ob du weiterläufst bis zu einer gewissen Schmerzgrenze oder ob du lieber gleich aufgibst! Was machst du, wenn du Seitenstechen bekommst, wenn du stürzt usw. Ich hatte mich also schon im Vorhinein dafür entschieden, was ich machen würde, wenn dieses oder jenes passieren würde.
Wenn du dich dafür entscheidest, dich auf den Weg der Reinheit zu begeben, wirst du damit rechnen müssen, dass du Spott und Hohn erleben wirst, man wird über dich herziehen, sich über dich lustig machen. Das wird nicht ganz einfach werden, aber für etwaige zukünftige Situationen kannst du dir, so wie bei der Marathon-

vorbereitung, schon heute überlegen, wie du in verschiedenen Situationen reagieren oder was du sagen könntest. Das kann eine Hilfe sein.

Gelebte Reinheit macht glücklich

Bevor wir uns aber über irgendwelche Argumente den Kopf zerbrechen, möchte ich auf ein sehr wichtiges Detail im Zusammenhang mit der Reinheit hinweisen, nämlich meine Überzeugung, dass der Weg, den die Kirche uns vorschlägt, der Weg der Wahrheit, der inneren Freiheit und der Zufriedenheit ist. In meiner Jugendzeit habe ich mich viel mit dem Thema Sexualität beschäftigt und Gott im Gebet gefragt, was sein Wille ist. Für mich persönlich bin ich zu dem Schluss gekommen, dass es das Beste für mich ist, in Reinheit zu leben. Ich gehe diesen Weg mittlerweile schon seit über 20 Jahren und auch wenn ich nicht immer alles richtig gemacht habe, habe ich diese Entscheidung noch nicht bereut. Ich habe auch mit vielen Freunden darüber gesprochen und Bücher bzw. Zeugnisse verschiedener Christen gelesen. Auch dort habe ich niemanden gefunden, der sich als unglücklich bezeichnen würde bzw. es bereut, ein reines und keusches Leben zu führen. Im Gegenteil: Alle bezeugen, dass es ihnen besser geht, seit sie versuchen, ein reines Leben zu führen. Sie fühlen sich frei von inneren Zwängen und glücklich, weil sie merken, dass sie den Willen Gottes erfüllen.
Auch die Ergebnisse wissenschaftlicher Studien oder Umfragen decken sich sehr oft mit dem, was die Kirche uns lehrt. Hier einige Beispiele:
Im Jahr 1999 erschien in der amerikanischen Zeitung *USA Today* ein Artikel, in dem die Ergebnisse von mehreren Studien über sexuelle Zufriedenheit in der Ehe zusammengefasst wurden: Die am sexuell zufriedensten Frauen sind „Kirchendamen", also christliche Frauen, die ihren Glauben praktizieren. Wenig oder gar keine sexuelle Erfahrung zu haben, wirkt sich in der Ehe später positiv aus und erhöht die sexuelle Zufriedenheit des Paares. Es klingt wirklich verrückt, aber laut diesen Studien profitiert man von der eigenen sexuellen Unerfahrenheit später in der Ehe – oder mit anderen Worten: „Guter Sex ist nicht das Ergebnis von sexueller

Erfahrung und Technik. Wenn, dann ist er das Resultat einer guten Ehe, nicht der Grund dafür.“[106]

Verheiratete christliche Frauen haben auch weniger Ängste, was die Sexualität betrifft: Sie haben weniger Angst vor AIDS oder anderen sexuell übertragbaren Krankheiten oder vor einer Schwangerschaft. Außerdem haben sie auch weniger Angst vor Ablehnung. Andere Studien kommen zu ähnlichen Ergebnissen: Mit einem treuen Partner verheiratete Personen berichten von hoher sexueller Zufriedenheit, sowohl auf physischer als auch auf emotionaler Ebene. Und Ehepaare, die miteinander beten, sind sexuell zufriedener als solche, die es nicht tun. Frauen, die als Jungfrau in die Ehe gehen, haben eine um 76 % niedrigere Scheidungsrate als die, die es nicht mehr sind.[107] Auch eine jüngere Studie kommt zu einem ähnlichen Ergebnis: Je weniger Sexualpartner eine Frau vor der Hochzeit hatte, desto geringer ist die Wahrscheinlichkeit, dass sie sich später scheiden lässt. Am kleinsten ist die Wahrscheinlichkeit für eine Scheidung bei denen, die als Jungfrauen in die Ehe gingen.[108]

Es wurden auch einige Studien durchgeführt, die das Zusammenleben vor der Hochzeit und deren Folgen untersuchten: Viele Paare, die zusammenleben und später heiraten, haben eine um fast 80 % höhere Scheidungsrate als Paare, die vor der Hochzeit getrennte Wohnungen hatten. Paare, die vor der Ehe zusammenleben, haben auch häufiger Konflikte und für sie ist es wahrscheinlicher, dass sie später eine Eheberatung oder eine Paartherapie in Anspruch nehmen. Häusliche Gewalt der Frau gegenüber kommt bei Paaren häufiger vor, die vor der Hochzeit zusammengewohnt haben. Auch die sexuelle Zufriedenheit ist bei denen höher, die nicht zusammengewohnt haben vor der Ehe.[109]

---

[106] Evert: *If You Really Loved Me*, S. 10.

[107] Vgl. Evert: *If You Really Loved Me,* S. 19.

[108] Vgl. Nicholas H. Wolfinger: *Counterintuitive Trends in the Link Between Premarital Sex and Marital Stability.* https://ifstudies.org/blog/counterintuitive-trends-in-the-link-between-premarital-sex-and-marital-stability (Zugriff 26.3.2021).

[109] Vgl. Evert, *If You Really Loved Me,* S. 19.

Jason Evert erzählt in seinem Buch *If You Really Loved Me*[110], dass er einmal mit einer Gruppe junger Männer gesprochen hat, die untereinander einen Art Wettkampf austrugen, wer die meisten Mädchen flachlegte. Gleichzeitig gab aber jeder Einzelne von ihnen zu, dass er später am liebsten eine Jungfrau heiraten würde. Obwohl sie die Mädels für ihre egoistischen Vergnügungen ausnutzten, erkannten sie, was für ein unbezahlbarer Schatz die Jungfräulichkeit einer Frau ist. Diesbezüglich habe ich keine Studie gefunden, aber ich glaube, dass sich viele Burschen oder Männer insgeheim wünschen, einmal eine Jungfrau heiraten zu können.

Was wir in all diesen Umfragen und Studien sehen: Auch wenn viele über uns herziehen oder sich lustig machen über uns, weil wir auf Sex vor der Ehe verzichten: Die sexuelle Zufriedenheit derer, die in Reinheit leben, ist höher und ihre Ehen halten besser. Die Wissenschaft steht also auf unserer Seite! Der Weg der Reinheit und Keuschheit ist auf lange Sicht gesehen der bessere, weil er zu höherer sexueller Zufriedenheit in der Ehe und weniger Scheidungen führt.

Warum man mit Spott rechnen muss

Warum ist aber trotzdem die große Mehrheit zutiefst davon überzeugt, dass es normal und gut ist, ab einem gewissen Alter sexuelle Beziehungen zu haben? Warum werden diejenigen, die ein reines Leben führen wollen, von den anderen diffamiert und als altmodisch, prüde, verklemmt, intolerant, fundamentalistisch, erzkonservativ usw. bezeichnet oder als nicht ganz ernst zu nehmend belächelt? Diese Frage ist schwer zu beantworten, es gibt sicher viele Gründe dafür, die nicht bei allen Betroffenen gleich sind. Aber wenn man einen Blick in die Geschichtsbücher wirft, muss man feststellen, dass es ein recht junges Phänomen ist. Viele Jahrhunderte hindurch, bis ins 20. Jahrhundert hinein, war Unzucht (z. B. außerehelicher oder vorehelicher Geschlechtsverkehr, homosexuelle Handlungen usw.) in Europa bei Strafe verboten und uneheliche Kinder wurden stark diskriminiert. Noch in der zweiten Hälfte des 20. Jahrhunderts wurden in Deutschland die Eltern bestraft, wenn sie dem Verlobten

---

[110] Vgl. Evert, If You Really Loved Me, S. 58.

ihrer erwachsenen Tochter erlaubten, in der gemeinsamen Wohnung zu übernachten, weil sie das Paar dadurch zur Unzucht ermutigten.[111] Es gab mit Sicherheit Paare, die trotzdem sexuelle Beziehungen außerhalb oder vor der Ehe hatten, aber diese waren gesellschaftlich nicht anerkannt. Pornografie war streng verboten, auch für Erwachsene. Die Art und Weise, in der die Sexualität heute gelebt wird, ist sehr jung. Den Anfang machte das Jahr 1968, seitdem hat sich vieles geändert: Sexuelle Beziehungen im Teenageralter und das Zusammenleben unverheirateter Paare sind normal geworden, homosexuelle Handlungen sind legal und die Homosexualität an sich ist auch gesellschaftlich weitgehend anerkannt, uneheliche Kinder oder deren Mütter werden nicht mehr diskriminiert usw.
Zwei wichtige Faktoren haben die gesellschaftliche Akzeptanz der Sexualität, wie sie heute in Europa gelebt wird, gefördert: Die gesetzlichen Rahmenbedingungen und der Einfluss der Medien.

Neue Gesetze

Seit dem Jahr 1968 wurden viele Gesetze geändert, wobei für den deutschen Sprachraum meist Folgendes gilt: Jugendliche ab 14 bzw. 16 Jahren (das ist nicht in allen Ländern gleich) dürfen einvernehmlich sexuelle Beziehungen haben, der Pornografiekonsum für Erwachsene (meist ab 18 Jahren) ist erlaubt, auch das Verschicken von Nacktbildern, auf denen man selbst zu sehen ist (Sexting), ist ab 14 (in der Schweiz ab 16) erlaubt, wenn Absender und Empfänger damit einverstanden sind. Auch der Pornografiekonsum wurde legalisiert. So dürfen in Österreich und Deutschland Personen ab 18 Jahren Pornos konsumieren, in der Schweiz ab 16. Ehebruch (also Fremdgehen) ist nicht mehr strafbar und bei einer Scheidung muss nicht mehr unbedingt

---

[111] Vgl. Uwa Wesel: *Themen der ZEIT: Die Geschichte der nichtehelichen Lebensgemeinschaft.*
https://www.zeit.de/1996/52/ehe.txt.19961220.xml/komplettansicht (Zugriff 22.3.2021) und
https://de.m.wikipedia.org/wiki/Unzucht#:~:text=9%20Einzelnach weise-
,Begriffsgeschichte,und%20Zoophilie%20als%20Unzucht%20bezeich net. (Zugriff 22.3.2021).

festgestellt werden, wer am Scheitern der Ehe schuld ist. Es reicht, wenn beide Partner entschieden haben, dass sie sich scheiden lassen wollen. All diese Gesetze und Regelungen und auch die Einführung der Antibabypille im Jahr 1961 erleichtern es uns, wechselnde Sexualpartner zu haben oder uns auch auf andere Weise sexuell zu amüsieren.

Sex in Film und Fernsehen

Parallel zu den Gesetzesänderungen änderte sich auch die Darstellung der Sexualität in Film und Fernsehen, aber auch in den Printmedien und später im Internet. Bei den meisten Filmen aus den 50er- und 60er-Jahren wurde maximal ein Kuss auf den Mund gezeigt, sonst nichts. Nackte Körper oder gar (wenn auch nur angedeutete) Sexszenen waren völlig undenkbar. Anders heutzutage: Kein Kinofilm kommt ohne Sexszene aus und auch in den Fernsehfilmen und -serien geht man regelmäßig ins Bett miteinander, und auch wenn man es nicht immer explizit sieht, weiß man, dass sie „es" jetzt machen. Und wenn man genauer darüber nachdenkt, stellt man fest, dass respektvolle, treue und wahre Liebe, die ein Leben lang hält, weit weniger gezeigt werden als das Verliebtsein. Es reicht schon aus, verliebt zu sein, um miteinander ins Bett zu steigen oder sonst irgendwie körperlich aktiv zu werden. Und das wird uns schon von klein auf eingetrichtert, auch in vielen Zeichentrickfilmen. Zum Beispiel im Animationsfilm *Rio,* in der Szene, wo sich die beiden Papageien zum ersten Mal sehen, verliebt sich Blu auf Anhieb in Jewel und will sie sogleich küssen, was sie ablehnt. Später im Film wird Blu von jemand anderem dazu aufgefordert, Jewel nun zu küssen, weil es doch der perfekte Moment sei. Ähnliches passiert bei Aladdin: Nachdem Aladdin und Jasmin eine Nacht auf dem fliegenden Teppich verbringen, sind sie schon ziemlich verliebt ineinander und verabschieden sich mit einem intensiven Kuss. Das sind zwar keine expliziten Sexszenen, aber es wird den Zusehern trotzdem unterschwellig vermittelt, dass man jemanden küssen soll, wenn man verliebt ist. Und weil solche Filme für alle Altersgruppen freigegeben werden, hören und sehen das schon kleine Kinder. Diesbezüglich könnte man jetzt alle „Familienfilme" analysieren und man wird viele ähnliche Szenen finden oder solche, in denen zweideutige Bemerkungen oder Witze gemacht werden. So werden wir schon als Kindergarten- und Volksschulkinder in eine gewisse Richtung gelenkt, wenn wir solche Filme regelmäßig sehen. Aber es geht nicht nur um das Verhalten, auch das fast unerreichbare Schönheitsideal einer ultraschlanken Taille und einer ansehnlichen Oberweite als Frau bzw. als Mann, schlank mit muskulösem Oberkörper, wird uns schon bei den Disney-Zeichentrickfilmen gezeigt. Und wenn man an Jasmin, Arielle oder Belle denkt, stellt man fest, dass sie sehr tief ausgeschnittene Kleidungsstücke am Oberkörper tragen. Arielle und Jasmin kleiden sich sogar bauchfrei. Dann werden die Kinder ein bisschen älter und fangen an, die Musik der aktuellen Charts zu hören, und wenn sie die entsprechenden Videos dazu sehen, dann lernen sie, wie sie sich zu kleiden haben und wie man „richtig" tanzt, mit den entsprechenden sinnlichen Blicken dazu. Und so geht das weiter. Auch bei diversen Vorabendserien wird uns unterschwellig immer wieder dasselbe vermittelt: Man soll sexuell aktiv werden, wenn man sich zu jemandem hingezogen fühlt, und wenn es nicht mehr passt, macht man eben Schluss. Dann kommt man in das Alter, wo man Jugendzeitschriften liest oder sich online über dieselben Inhalte informiert, die in diesen Zeitschriften abgedruckt sind. Dort wird ihnen vermittelt, dass sie alles tun dürfen, wozu sie Lust haben, solange alle Beteiligten einverstanden sind. Genaue Anleitungen zu diversen Praktiken sind gepaart mit den neuesten Storys der Starwelt, wo es auch des Öfteren um die neuesten Liebesgeschichten geht oder darum, wer wen verlassen hat. All das führt dazu, dass man das Gefühl hat, dass alle so handeln, was die Sexualität betrifft.

Vorbilder

Neben dem Einfluss der Medien spielen sicher auch andere Dinge eine wichtige Rolle, zum Beispiel das Vorbild sowie die Einstellung der Eltern. So manche Eltern hatten wahrscheinlich vor der Hochzeit zusammengewohnt oder sind jetzt geschieden und haben einen neuen Partner oder geben ihren jugendlichen Kindern Kondome, womit sie indirekt einer sexuellen Beziehung zustimmen, oder sie kleiden ihre Töchter schon von klein auf genauso freizügig, wie sie selbst es tun.

Wenn man dann 14 oder 15 Jahre alt ist, wurde man wirklich schon sehr stark beeinflusst und der Großteil der Jugendlichen empfindet das, was sie ständig sehen und hören, deshalb als normal und gut. Das ist in gewisser Weise vollkommen verständlich. Es ist für viele Leute dermaßen normal, die Sexualität auf diese Weise zu leben, dass sie es einfach nicht begreifen können, dass jemand anders darüber denkt. Ich glaube, dass dieser große Einfluss der Medien einen sehr großen Druck erzeugt, möglichst früh sexuell aktiv zu werden.

Sehr wenige Jugendliche haben das Glück, von klein auf von den Eltern oder gläubigen Freunden etwas anderes vermittelt zu bekommen, oder die Gnade geschenkt bekommen, zu erkennen, wie Gott die Sexualität für uns gedacht hat.

Schlechte Erfahrungen

Wenn die ersten sexuellen Erfahrungen eher negativ waren, kann das auch zu einer gewissen Aggressivität führen, wenn über dieses Thema gesprochen wird, vielleicht weil die dadurch entstandenen Wunden verdrängt werden oder man es nicht zugeben will, dass man verletzt wurde. Andere wiederum haben vielleicht ein schlechtes Gewissen wegen gewisser Dinge, die sie getan haben oder tun, aber sie wollen oder können es nicht zugeben und reagieren deshalb mit Angriff denen gegenüber, die es anders machen. Und wer weiß, wie viele junge Leute sexuelle Beziehungen eingehen wegen des großen Drucks, den sie empfinden: „Man muss es ja tun."

Verurteile niemanden

Urteile nie negativ über jemandem, der sich über dich lustig macht oder dich öffentlich bloßstellt aufgrund deiner Einstellung zur Sexualität, sondern versuche, Verständnis zu haben. Vermeide es, bei jedem zu analysieren, warum er oder sie so denkt, weil dich das zu Kritik und Verurteilungen führen kann. Jesus sagt ja: „Verurteile nicht." (Vgl. Lk 6, 37)

Was du sagen kannst

Was du nun konkret sagen kannst, wenn über das Thema Sexualität gesprochen wird, kommt wahrscheinlich sehr stark darauf an, wie viele und welche anderen Personen dabei sind. Ich würde sagen, je mehr Gesprächspartner, desto kürzer deine Antwort. Wenn dich jemand vor der ganzen Schulklasse oder den Arbeitskollegen wegen deiner Einstellung bloßstellen will, dann sei dir bewusst, dass es wahrscheinlich nur einige wenige sind, die sehr scharf schießen, die anderen sagen wahrscheinlich deshalb nichts, weil sie sich, warum auch immer, lieber der lauten Meinung anschließen oder sie wollen nicht. In so einer Situation kannst du so reagieren wie die Pinguine im Film „Madagaskar“: Da sagt einer zu seinen Kumpels: „Lächeln und winken, Jungs, lächeln und winken!“ Die Pinguine hatten etwas zu verbergen und wollten nicht, dass ihnen jemand auf die Schliche kommt, weil sie sich nicht rechtfertigen wollten. Du machst zwar nichts Verbotenes, aber eines muss dir klar sein: Du musst dich vor deinen Schulkameraden bzw. Arbeitskollegen nicht rechtfertigen wegen deiner Einstellung zur Sexualität. Du bist keinem Menschen Rechenschaft schuldig, aber du brauchst dich auch vor niemandem zu verstecken. Also lächle und gib eine knappe Antwort, zum Beispiel mit einem Songtext: „Jeder macht in seinem Leben, was er will“ und „I did it my way“ oder einem Werbespruch: „Weil ich es mir wert bin“. Wenn du beschimpft wirst und dir alle möglichen Sachen an den Kopf geworfen werden, dann versuche, es nicht persönlich zu nehmen. Bete innerlich für die, die am lautesten schreien oder, wenn du sehr mutig bist, lade die oder den, der dich am heftigsten angreift, dazu ein, bei einem Kaffee das Thema ausführlich zu besprechen, privat, am besten in einem Zweiergespräch. Wenn man nämlich allein ist, kann man gewisse Dinge besser besprechen und der Gesprächspartner ist wahrscheinlich auch offener für manche Argumente oder Sichtweisen, oder man kommt auf persönliche Erfahrungen zu sprechen, die den anderen sehr beschäftigen.

Wenn es in einer anderen Situation mit nur ein oder zwei Freunden zu einem Gespräch über Sexualität kommt, kannst du vielleicht versuchen, ein bisschen ausführlicher zu antworten. Je nachdem, mit welchen Freunden du beisammen bist, wirst du versuchen, das eine oder das andere Detail zu erklären. Man muss auch nicht immer unbedingt die Erklärungen aus dem Katechismus oder irgendwelche Studien als Erstes zitieren. Oft ist das persönliche Zeugnis das, das am meisten zum Nachdenken anregt, also das, was du erlebt hast und warum du zu der Entscheidung gekommen bist, ein keusches Leben zu führen. Erzähle von deinen Erfahrungen, dass du diesen oder jenen Vortrag gehört hast und du gemerkt hast, dass da Jesus persönlich zu dir spricht, dass jemand bei einem Jugendtreffen dazu aufgerufen hat, Jesus zu versprechen, ein Jahr lang keusch zu leben, dass du dieses oder jenes Buch gelesen hast. Kurz: wodurch du gemerkt hast, dass Jesus dich bittet, auf Sex vor der Ehe, Pornografie, Selbstbefriedigung usw. zu verzichten.

Leider gibt es kein Patentrezept, was genau du in welcher Situation sagen kannst. Einige Dinge solltest du aber bedenken: Sei freundlich, wenn du deinen Standpunkt erklärst! Hab keine Angst vor einer möglichen Reaktion, mach aber den anderen nicht runter wegen seiner Ansichten! Und: Du musst niemandem beweisen, dass deine Sichtweise die richtige ist. Versuche immer, andere zu ermutigen, wenn du über dieses Thema sprichst. Bitte den Heiligen Geist um die richtigen Worte und sei gewiss: „Macht euch keine Sorgen, wie und was ihr reden sollt; denn es wird euch in jener Stunde eingegeben, was ihr sagen sollt. Nicht ihr werdet dann reden, sondern der Geist eures Vaters wird durch euch reden." (Mt 10, 19–20)

Als ich um die 25 Jahre alt war, hat Jesus mir ein Geschenk gemacht. Ich kann mich nicht erinnern, ob ich Ihn darum gebeten hatte oder ob ich irgendetwas Besonderes gemacht hatte, damit Er mir dieses Geschenk machen konnte. Jedenfalls konnte ich plötzlich, von einem Tag auf den anderen, mit einer großen Natürlichkeit zu meinem Glauben stehen. Vorher versuchte ich oft, Situationen auszuweichen, in denen ich über meinen Glauben reden hätte können. Ich wurde immer sehr nervös, wenn das Gespräch auf Gott kam oder irgendwas, wo ich Farbe bekennen hätte sollen bezüglich meines Glaubens an Jesus oder bezüglich der Dinge, die damit zusammenhängen. Ich weiß nicht, ob ich Angst vor möglichen Kommentaren hatte oder ich nicht wollte, dass sie möglicherweise schlecht über mich denken oder reden würden. Diese „Angst" bzw. Nervosität war dann plötzlich weg, ich wurde innerlich freier und konnte sehr natürlich darüber reden, auch über meine Einstellung zur Sexualität. Bitte Gott und besonders den

Heiligen Geist darum, dass du in bestimmten Situationen ganz ruhig bleiben kannst und freundlich, ohne nervös zu werden und ohne das Gefühl zu haben, dass du dich vor den anderen rechtfertigen musst. Dass du nicht irgendwelche Ausreden suchst, um nur ja nicht über den Glauben oder deine Einstellung zur Sexualität reden zu müssen. Er wird dich nicht im Stich lassen. Er wird dir helfen, dass auch du in Freiheit und mit Natürlichkeit darüber reden kannst.

Mögliche Argumente

Obwohl du, wie gesagt, letztendlich auf den Heiligen Geist mehr vertrauen musst als auf deine Argumente, so werde ich versuchen, einige der meist gehörten Argumente aufzulisten und eine Antwort darauf zu geben.

Argument: Man muss ja schauen, ob man auch im Bett zusammenpasst.
Antwort: Rein anatomisch gesehen ist es ausgeschlossen, dass man nicht zusammenpasst. Solange das Geschlecht des Mannes nicht größer ist als der Kopf eines Babys, wird die Frau es immer empfangen können. Das wäre eine etwas humorvolle Antwort. Wir haben schon festgestellt: Guter Sex ist nicht der Grund für eine gute Ehe, sondern der Ausdruck dafür, dass die Beziehung gut funktioniert. Also, läuft die Beziehung gut, läuft es auch im Bett gut, und nicht umgekehrt. Wer auf Sex vor der Ehe verzichtet, lernt, die Dinge zu pflegen, die für eine gute Beziehung wichtig sind. Wenn man dann heiratet, wird man diese Sachen weiterhin tun und dann wird es auch im Bett gut laufen. Und dass es am Anfang ein bisschen Übung braucht, ist ganz normal, egal ob man mit 17, mit 27 oder mit 37 Jahren zum ersten Mal Sex hat. Aber man hat dann ja den Rest des Lebens vor sich, um zu üben.

Argument: Man muss ja Erfahrung sammeln.
Antwort: Jede Person ist anders und jedes Paar ist anders. Was den einen erregt, kann jemand anderer total eklig finden. Jedes Paar muss für sich die Dinge finden, die für es schön und lustfördernd sind. Außerdem heißt es ja so schön „Liebe machen“. Es kommt viel weniger auf die Technik an als auf die Liebe, mit der man es macht.

Dann wird es wunderschön werden. Wenn man erst nach der Hochzeit zum ersten Mal miteinander schläft, dann hat man während der Beziehung großes Vertrauen aufgebaut und gelernt, wie man dem anderen am besten sagen kann, was man schön findet oder was er lieber anders machen soll. Und man weiß auch, dass der andere sich nicht verletzt fühlt oder einschnappt, wenn man ihm sagt, dass er dieses oder jenes ein bisschen anders machen soll.

Argument: Wir haben den Sexualtrieb und den muss man ja ausleben.
Antwort: Es gibt Menschen, die aus verschiedenen Gründen jahrelang keinen Sex haben (können), und die sind daran nicht gestorben. Der Sexualtrieb ist also nicht lebenswichtig. Wir sterben nicht daran, dass wir eine Zeit lang keinen Sex haben. Und im Gegensatz zu den Tieren haben wir unseren eigenen Willen, mit dessen Hilfe wir unsere Triebe kontrollieren können. Ich kann mich entscheiden, während der Fastenzeit auf Süßigkeiten zu verzichten oder einige Wochen lang weniger zu essen, damit ich ein paar Kilo abnehme. Somit kontrolliere ich meinen Esstrieb. Auch unseren Sexualtrieb können wir kontrollieren. Mit meinem guten Willen und der Hilfe Gottes ist das überhaupt kein Problem. Außerdem wird man für andere Dinge offener und freier, wenn man eine Zeit lang enthaltsam lebt.

Argument: Alle machen es.
Antwort: Je nachdem, was man liest, sieht und hört, kann man den Eindruck bekommen, dass es wirklich alle oder zumindest fast alle machen. Das stimmt aber so nicht. In den USA wurde 2005 eine Studie durchgeführt, bei der sehr viele Jugendliche bis 18 Jahre an 150 Highschools befragt wurden. Die Ergebnisse sind überraschend: Mehr als die Hälfte der Befragten ist noch Jungfrau, also viel mehr als 1991. Zwei Drittel derer, die nicht mehr Jungfrau sind, hätten lieber länger gewartet mit dem ersten Sex.[112] Die BzgA-Studie „Jugendsexualität"[113], bei der Jugendliche von 14 bis 17

---

[112] Vgl. Evert, *If You Really Loved Me*, S. 37f.
[113] *Neunte Welle der BZgA-Studie „Jugendsexualität"*, PDF, downgeloadet bei https://www.bzga.de/presse/daten-und-fakten/sexualaufklaerungverhuetung/ (Zugriff 26.1.2022).

Jahren befragt wurden, kommt auf andere Ergebnisse. In der Gruppe der 17-Jährigen geben etwas mehr als die Hälfte der Mädchen an, schon sexuell aktiv zu sein, bei den Burschen sind es knapp zwei Drittel. Es ist aber auch ein ähnlicher Trend wie in den USA zu beobachten: „Annahmen, wonach immer mehr junge Menschen immer früher sexuell aktiv werden, bestätigen sich nicht. Im Gegenteil: Im Alter zwischen 14 und 16 Jahren geben deutlich weniger Mädchen und Jungen an, sexuelle Erfahrungen gemacht zu haben, als noch vor 10 Jahren."[114] In Zahlen bedeutet das: Bei den 14-Jährigen sind vier % sexuell aktiv, bei den 15-Jährigen sind es zwischen zehn und 15 % und bei den 16-Jährigen gibt ca. ein Drittel an, sexuell aktiv zu sein. Es sind also bei Weitem nicht alle, die es machen, vor allem bei den jüngeren Teenagern sind, wie in den USA, die Zahlen rückläufig. Dass man sexuell aktiv sein soll, auch schon als Teenager, das hören wir sehr oft und es wird auch immer und überall laut angepriesen. Die Realität sieht aber anders aus. Auch wenn du schon 18 oder 20 bist, kannst du davon ausgehen, dass du nicht die einzige Jungfrau bist unter deinen Gleichaltrigen. Ihr, die sexuell nicht Aktiven, ihr seid eine große Gruppe. Und „alle", die Sex haben und stolz darauf sind, alle diese Jugendlichen haben ein viel höheres Risiko, sich mit sexuell übertragbaren Krankheiten anzustecken oder ungewollt schwanger zu werden. Das muss man leider auch sagen.

Kurze Statements

Die folgenden Statements habe ich im Laufe meines Lebens immer wieder einmal gehört oder gelesen und fand sie sehr gut:
Statement 1: Für mich sind Frauen nicht wie ein Kaugummi, den man eine Zeit lang im Mund hat und dann wieder ausspuckt. Und: Wer will einen Kaugummi, den schon mehrere Leute im Mund hatten?

---

[114] Dr. med. Heidrun Thaiss, in: *Erste Ergebnisse der neuen Befragungswelle BZgA-Studie „Jugendsexualität"*, https://www.bzga.de/aktuelles/2020-12-03-erste-ergebnisse-der-neuen-befragungswelle-bzga-studie-jugendsexualitaet/#:~:text=%E2%80%9C%20W%C3%A4hrend%20sexuelle%20Aktivit%C3%A4ten%20unter%20den,das%20%E2%80%9Eerste%20Mal%E2%80%9C%20erlebt (Zugriff 26.1.2022).

Statement 2: Wenn ich ein Parfüm kaufe, nehme ich nicht den Tester, sondern das volle Fläschchen, das original verpackt ist. Und weil ich will, dass mein Zukünftiger noch original verpackt ist, will ich auch dafür sorgen, dass mich niemand auspackt, bis ich heirate.

Statement 3: Wenn du dir ein Auto aussuchen könntest: Würdest du eher ein neues nehmen oder ein gebrauchtes, das schon mehrere Vorbesitzer hatte?

Statement 4: Wenn ich keinen Sex vor der Ehe habe, schützt mich das vor Verletzungen. Wenn die Beziehung letztendlich auseinandergeht, geht die Verletzung weniger tief, als wenn ich mit ihm geschlafen hätte.

Statement 5: Das Werben wird kreativer, wenn man keinen Sex hat. Es bleibt eine gewisse positive Spannung bis zur Hochzeit. Dazu kommt die Vorfreude auf den Sex, auf das Neue, das nach der Hochzeit kommt.

Statement 6: Es gibt keinen Versöhnungssex, wenn man bis zur Ehe sexuell enthaltsam lebt. Man muss alle Konflikte ausreden, was die Kommunikationsfähigkeit der Partner fördert. Das ist sehr hilfreich für die spätere Ehe.

Statement 7: Keinen Sex vor der Ehe zu haben, verkürzt die Zeit vom Beginn der Beziehung bis zur Hochzeit, ich will nämlich nicht erst nach zehn Jahren Beziehung heiraten, wenn es für uns beide passt.

Statement 8: Sexuelle Enthaltsamkeit bis zur Ehe ist der beste Schutz vor ungeplanten Schwangerschaften und sexuell übertragbaren Krankheiten.

Statement 9: Wenn wir auf Sex vor der Ehe verzichten, hilft uns das, einander in Freiheit und Respekt kennenzulernen und die Entscheidung zu treffen, ob wir heiraten wollen oder nicht. Außerdem glaube ich, dass man es besser und schneller erkennen kann, ob man heiraten soll.

Statement 10: Sex ist etwas Großes, etwas Wertvolles, das Intimste, das wir machen können. Ich will es nicht einfach nur so machen. Ich will meine Jungfräulichkeit nicht VERLIEREN, sondern sie ganz bewusst an eine einzige Person VERSCHENKEN.

Statement 11: Sex ist sehr schön, kann jedoch viel zudecken; man kann sich viel besser und intensiver kennenlernen, wenn man keinen Sex hat.

Statement 12: Ich bin zu wertvoll, um Sex vor der Ehe zu haben.

Vielleicht findest du noch weitere Argumente und Statements, die du bei Bedarf an den Mann bringen willst. Und auch wenn du dir in manchen Situationen wünschst, vom Erdboden verschluckt zu werden, damit du keine Antwort geben musst, so sei dir gesagt: Es ist gut, dass du dich für die Reinheit entschieden hast. Es ist wichtig, dass andere Jugendliche sehen, dass du in Reinheit leben willst. Gott weiß, dass es nicht einfach ist, aber Er wird dir Kraft und das nötige Selbstvertrauen geben und Er wird die Demütigungen vergelten, die du dadurch erleiden wirst. Eines Tages wird es dir so ergehen wie den Aposteln, nachdem sie vom Hohen Rat ausgepeitscht wurden. „Sie aber gingen weg vom Hohen Rat und freuten sich, dass sie gewürdigt worden waren, für seinen Namen Schmach zu erleiden." (Apg 5, 41)

TEIL 2
DIE ZEIT ALS SINGLE

Ich beschwöre euch,
Jerusalems Töchter:
Stört die Liebe nicht auf, weckt sie nicht,
bis es ihr selbst gefällt!
Hld 2, 7

Einführung Teil 2

Mit dem Eintreffen der Geschlechtsreife erwacht in uns der Wunsch nach einem Partner. Jedoch: Sehr oft bleibt dies mehrere Jahre lang ein unerfüllter Wunsch und man ist mit 20 oder 25 immer noch Single. Leider müssen wir auch immer wieder feststellen, dass Beziehungen, die im Teenageralter eingegangen wurden, später wieder in die Brüche gehen. Es herrscht sozusagen eine innere Diskrepanz zwischen unseren Sehnsüchten und der Realität. Warum ist das so? Ist das wirklich ein Widerspruch oder kann man das als Chance sehen?

Ich würde dir gerne zeigen, dass diese Zeit eine Chance für dich sein kann, der beste Moment in deinem Leben, um als Person zu reifen, nicht nur körperlich, sondern auch innerlich, als Mann und als Frau. Ich will dich dazu ermutigen, deine Talente zu erkennen, deine Berufung zu finden und in der Berufung zu wachsen. Und ich will dich einladen, für Gott und deine Mitmenschen verfügbar zu sein, denn nur jetzt hast du die Zeit und die Chance, Erfahrungen zu sammeln, die dir später in einer Beziehung und in der Ehe helfen können.

Auch wenn es nur schwer zu verstehen ist, denke ich, dass Gott uns in seiner Güte die Zeit als Single geschenkt hat. Ja, ich glaube wirklich, dass sie ein Geschenk an uns ist. Wir müssen nur lernen, es zu nützen und Geduld zu haben. Wir dürfen uns entspannen, auf Gott schauen, Ihm danken für die Zeit als Single und den wunderbaren Plan entdecken, den Er für uns und unser Leben vorbereitet hat.

Vier. Frau sein und Mann sein

4.1 Frau und Mann – unterschiedlich und doch gleich

Gott hat uns Menschen als Frau und Mann geschaffen. Sein Plan war es, dass es uns Menschen als Mann und als Frau gibt. Er wollte das so, und das ist gut so. Beide, Frau und Mann, haben die gleiche Würde, beide sind gleich viel wert. Nämlich unendlich viel. Es wäre falsch zu sagen, der Mann sei besser, er „zähle" mehr. Genauso falsch ist es zu sagen, die Frau sei besser oder die Frau „zähle" mehr. Nein, sie sind gleich. „Beide, der Mann und die Frau, haben eine unverlierbare Würde, die ihnen unmittelbar von Gott, ihrem Schöpfer zukommt."[115] Frau und Mann sind also gleich in ihrer Würde, aber: „Das ‚Männliche' und das ‚Weibliche' unterscheidet zwei Individuen (...), weil das spezifisch Weibliche anders ist als das spezifisch Männliche und diese Verschiedenheit in der Gleichheit eine unverzichtbare Bereicherung für ein harmonisches menschliches Zusammenleben darstellt."[116] So heißt es im Kompendium der Soziallehre der Kirche.

Unterschiedliche Eigenschaften

Das heißt, Frauen und Männer haben dieselbe Würde, aber wir unterscheiden uns in manchen Eigenschaften. In gewisser Weise ist uns das bewusst, man denke an so manche Klischees: „Männer denken nur an das eine ..." „Frauen reden ständig." „Männer

---

[115] KKK 369.
[116] *Kompendium der Soziallehre der Kirche*, S. 146.

sprechen nicht über ihre Gefühle." „Frauen können nicht einparken." Das sind zwar Klischees, aber in vielen Fällen treffen sie tatsächlich zu, weil sie einen wahren Kern haben. Das ist sogar durch Studien belegt.[117] Was nicht heißt, dass ALLE Frauen der Welt unfähig sind, gut einzuparken, oder dass Männer wirklich nie über ihre Gefühle reden. Vor Kurzem war ich mit einer Freundin unterwegs und als wir zu Hause ankamen, hat sie das Auto, das übrigens keine Einparkhilfe hatte, so schnell und sicher eingeparkt, dass ich nur staunen konnte (ich bin nämlich eine der Frauen, die nicht gut einparken können). Und mein Mann hat überhaupt keine Probleme damit, über seine Gefühle zu sprechen. Aber trotzdem: Generell sind diese Unterschiede vorhanden und wenn wir in diesem Kapitel darüber sprechen, dann ist immer die Mehrheit gemeint: Die Mehrheit der Männer kann besser einparken als die meisten Frauen. Frauen tun sich generell leichter, über ihre Gefühle zu reden, als Männer. Gewisse Unterschiede sind vorhanden und man kann sie schon bei Babys und Kleinkindern sehen. Es gibt Studien, die aufzeigen, dass Mädchen im Kleinkindalter viel öfter mit Puppen spielen als Buben, wenn sie mehrere Spielsachen zur Auswahl haben. Wenn man Säuglingen zwei Filme gleichzeitig vorspielt, einen mit einem Gesicht und einen mit einem Auto, dann schauen die Mädchen häufiger auf das Gesicht und die Buben mehr auf das Auto.
Als unsere Tochter geboren wurde, hatte sie schon zwei ältere Brüder. In unseren Spielzeugkisten gab es viele Autos, Bauspiele usw. und ich machte mir ein bisschen Sorgen, weil wir nicht allzu viel „Mädchenspielzeug" hatten. Als ich unsere Tochter einmal dabei sah, wie sie einen Bauklotz als Telefon verwendete, hörte ich auf, mir Sorgen zu machen. Obwohl sie so viel „Bubenspielzeug" zur Verfügung hatte, hat sie bis jetzt noch nicht oft damit gespielt, oder sie verwendet die Spielsachen ganz anders, zum Beispiel als Telefon. Und umgekehrt spielen unsere Buben nicht sehr oft „Telefonieren", schon gar nicht mit irgendeinem Baustein, wenn,

---

[117] Raphael Bonelli hat in seinem Buch *Frauen brauchen Männer (und umgekehrt). Couchgeschichten eines Wiener Psychiaters*, München 2018, viele Studien zusammengetragen, die sich auf die Unterschiede zwischen Männern und Frauen beziehen. Diese und alle folgenden in diesem Kapitel zitierten Studien sind diesem Buch entnommen.

dann vielleicht mit einem richtigen Spielzeugtelefon. Mittlerweile haben wir schon mehr „Mädchenspielzeug", aber trotzdem beobachte ich unsere Tochter oft dabei, dass sie irgendwo sitzt und mit ihren unsichtbaren Kindern, Freundinnen, Babys usw. redet. Sie braucht irgendwie überhaupt kein Spielzeug („Frauen reden ständig", und zum Reden braucht man keine Spielsachen).

In gewisser Weise liegen diese geschlechtsspezifischen Unterschiede tief in uns drinnen und sind schon früh in unserer Kindheit „sichtbar". Trotzdem hört man heute sehr oft, dass wir eigentlich „geschlechtslos" geboren werden und dass wir alle geschlechtsspezifischen Eigenschaften durch die Erziehung und soziale Einflüsse übernehmen. Es wird gefordert, dass jeder sein soziales Geschlecht (gender) frei wählen sollte. Dieses muss nicht zwingend mit dem biologischen Geschlecht (sex) übereinstimmen. Das ist eine sehr extreme Sichtweise, mit der viele Menschen und auch wir Christen nicht übereinstimmen und, wie wir in diesem Kapitel sehen werden, die Wissenschaft auch nicht.

Frauen und Männer früher und heute

Im 19. Jahrhundert herrschte ein ganz anderes Bild vor: Die gängige Meinung war genau das gegenteilige Extrem zur heutigen Theorie. Damals galt alles, was die Geschlechter betraf, als biologisch festgelegt. „Männer sind so, Frauen anders." Diese biologischen Tatsachen wurden auf andere Dinge übertragen, die mit Biologie gar nichts zu tun hatten: Frauen konnten kein Universitätsstudium absolvieren, sie durften nicht wählen usw. Frauen mussten zu Hause bleiben und sich in erster Linie dem Haushalt und der Kindererziehung widmen. Teilweise wurden sie sehr unterdrückt von den Männern. Eben weil sie Frauen waren und anders als die Männer.

Beide eben genannten Ansichten haben einen wahren Kern: Frauen und Männer unterscheiden sich biologisch voneinander, wie es im 19. Jahrhundert oft betont wurde, und die Erziehung sowie das soziale Umfeld beeinflussen uns, so sagt man heute. Aber es ist falsch, trotz aller biologischen Unterschiede die persönliche Freiheit des Menschen zu ignorieren, wie man es im 19. Jahrhundert machte. Genauso falsch ist es, die Differenzen zwischen Frauen und Männern zu ignorieren, obwohl sie wissenschaftlich erwiesen sind, wie es heutzutage die Gender-Ideologie macht.

Biologische Unterschiede

Raphael Bonelli sagt: „Es gibt einen biologischen Unterschied in Leiblichkeit, Emotionalität und Kognition, der der gesellschaftlichen Beeinflussung ausgesetzt ist."[118] Und auch der individuelle Charakter der einzelnen Person spielt eine Rolle bezüglich der verschiedenen Einflüsse. Nicht jeder verarbeitet dieselben erzieherischen und sozialen Einflüsse auf dieselbe Art und Weise. Was sich bei einem Kind so auswirkt, muss nicht zwingend für ein anderes Kind genauso gelten. Wenn zum Beispiel ein Vater seine beiden Söhne ständig spüren lässt, dass er mit ihren Schulnoten nicht zufrieden ist und dass nur ein „Sehr gut" für ihn zählt, dann werden nicht gezwungenermaßen alle seine Kinder immer strebern, um ja ihren Vater zufriedenzustellen. Vielleicht schafft es der eine Sohn unter großer Anstrengung, dem Anspruch des Vaters gerecht zu werden, und vielleicht wird er dadurch zum Perfektionisten, bis hin in sein späteres Berufsleben. Aber der andere Sohn denkt sich vielleicht irgendwann, dass er mit mittelmäßigen Noten genauso zufrieden ist, auch wenn er mit etwas Anstrengung bessere Noten erreichen könnte, und wird damit glücklich, auch wenn es der Vater nicht ist. Das ist zwar nur ein Beispiel, aber bei Geschwistern sieht man oft, dass derselbe erzieherische Einfluss nicht immer dieselben Folgen hat, auch wenn beide Kinder dasselbe Geschlecht haben. Es ist der jeweils individuelle Charakter der Geschwister, der hier auch eine große Rolle spielt.

Um das zusammenzufassen: Frauen und Männer unterscheiden sich voneinander, das ist wissenschaftlich erwiesen. Die sozialen Einflüsse, die sie von klein auf erleben, prägen sie und aufgrund ihrer individuellen Veranlagungen und ihres Charakters entwickeln sich auch Menschen desselben Geschlechts unterschiedlich. Bei all den Unterschieden sollten Männer und Frauen trotzdem rechtlich immer gleichgestellt sein und in keiner Weise diskriminiert

---

[118] Bonelli, *Frauen brauchen Männer*, S. 148.

werden, auch wenn sie unterschiedlich sind. Weil sie gleich an Würde sind, wie die Kirche sagt.[119]

Aber worin genau liegen jetzt die Unterschiede zwischen Mann und Frau? Ich glaube, man weiß das unbewusst irgendwie, aber es fällt uns schwer, das in Worte zu fassen. Als ich zwischen 20 und 25 Jahre alt war, habe ich mir gedacht: Wenn ich mich in jemanden verliebe und er sich in mich auch, dann muss schon ER derjenige sein, der den ersten Schritt macht und mich fragt, ob wir eine Beziehung anfangen könnten. Denn wenn er nicht Manns genug ist, um diesen Schritt zu wagen, dann kann er mir gleich gestohlen bleiben! Warum ich das so gedacht habe, weiß ich nicht. Kann man das zurückführen auf eine bestimmte Eigenschaft der Männer oder auf eine Rolle, die sich aus ihren Eigenschaften ergibt? Diese Frage werden wir später beantworten.

Werfen wir einen Blick auf die Eigenschaften, die uns Frauen von den Männern unterscheiden. Wir wollen die wichtigsten Unterschiede auf körperlicher, emotionaler und kognitiver Ebene beleuchten. Alle geschlechtsspezifischen Eigenschaften sind wissenschaftlich erwiesen, aber trotzdem gibt es immer wieder Ausnahmen. Hier soll es jedoch nicht darum gehen, uns über Ausnahmen zu streiten, sondern darum, herauszufinden, was eine Frau zur Frau macht und einen Mann zum Mann, damit wir in unserem Frausein bzw. Mannsein wachsen und reifen können. Denn Raphael Bonelli sagt über die typisch männlichen sowie die typisch weiblichen Eigenschaften: „Es handelt sich um Begabungen, ähnlich der Musikalität, der Fähigkeit zu Zeichnen [sic!] oder zu Tanzen [sic!]. Diese Talente kann man fördern – oder verkümmern lassen."[120] Wenn wir uns nun die wichtigsten Eigenschaften bewusst machen, kann uns das helfen, sie in uns selber zu entdecken und auch zu pflegen und zu fördern.

---

[119] Vgl. KKK 369.
[120] Bonelli, *Frauen brauchen Männer*, S. 177.

4.2 Die wichtigsten Unterschiede zwischen Mann und Frau

Die physische Ebene

Physisch unterscheiden sich Männer von Frauen nicht nur in ihren Geschlechtsorganen und in ihren Hormonen, sondern auch in anderen Bereichen: Männer haben Bart, schmale Hüften und breite Schultern. Frauen hingegen haben Brüste, ein breiteres Becken (es muss ja schließlich ein Baby durchpassen) und eine schmale Taille. Männer sind im Allgemeinen größer und körperlich stärker als Frauen. Auch das Gangbild ist bei Männern und Frauen sehr verschieden.

Die geschlechtsspezifische Art zu gehen beginnt sich schon im vierten Lebensjahr zu entwickeln. Als ich das zum ersten Mal las, war unsere Tochter gerade dreieinhalb Jahre alt. Sie hat zwei ältere Brüder und nachdem ich sie ein bisschen beobachtet hatte, musste ich feststellen, dass sie tatsächlich anders läuft als ihre Brüder. Sie dreht die Hüfte irgendwie mehr ...

Das Werfen, Fangen und Einschätzen von sich bewegenden Objekten ist für Männer leichter als für Frauen. Vielleicht können sie deshalb besser einparken. Bogenschießen hat weder etwas mit körperlicher Kraft noch mit Ausdauer zu tun, aber es gibt trotzdem eigene Frauenwettkämpfe dafür, weil ihnen die Männer haushoch überlegen sind. Männer sind hier einfach talentierter. Und wenn ich an meine Schulzeit zurückdenke, wenn wir Ballspiele gespielt haben, wo es darum ging, andere abzuschießen, dann war das für mich immer schrecklich, weil einige von den Buben so scharf und zielgenau geschossen haben und ich nicht ...

Männer sind deshalb stärker als Frauen, weil sie im Verhältnis zur Körpergröße mehr Muskeln haben. Dafür haben Frauen im Durchschnitt eine bessere Feinmotorik. Ich bin Volksschullehrerin und kann das nur bestätigen: Meistens sind die Mädchen diejenigen, die eine schönere Handschrift haben, und wenn es darum geht, zu häkeln oder zu stricken, sind die Buben meist sehr unmotiviert, weil sie sich dabei schwerertun als die Mädchen.

Auch Dinge, die man nicht auf den ersten Blick sieht, sind unterschiedlich: Frauen haben einen höheren Körperfettanteil und im Verhältnis zu ihrem Körper kleinere Füße. Sogar das Blutbild, die Hautbeschaffenheit und der Eisengehalt der Retina sind bei Mann und Frau unterschiedlich. Männer haben größere und schwerere Gehirne als Frauen, auch im Vergleich zu ihrer Körpergröße, und das weibliche und das männliche Gehirn unterscheiden sich auch in ihrer Struktur.

Was das Körperliche angeht, stellt man auch fest, dass Frauen schön sein wollen. Wenn Frauen ihre Kleidung aussuchen, dann haben sie die Auswahl zwischen einem Rock, einem Kleid oder einer Hose, ob das Teil mini, midi oder lang sein soll, eng anliegend oder weit, gemustert, geblümt, gestreift oder einfarbig. Und ob man zu dem ausgewählten Teil eine Bluse, ein T-Shirt oder einen Pulli anzieht, eng oder weit, mit oder ohne Gürtel, dieser schmal oder breit sein soll. Dann noch der passende Schmuck: Halskette, Ohrringe und Armbänder wollen farblich abgestimmt sein. Und über die Schuhe rede ich erst gar nicht.

Oder die unendlich vielen Möglichkeiten, die es für die Haare gibt: offen, hochgesteckt, teilweise zusammengebunden, ein Pferdeschwanz oder doch lieber geflochten. Zu guter Letzt noch das Make-up. So viele Details!

Männer haben es da viel einfacher. Eine Hose, dazu ein T-Shirt, ein Poloshirt oder ein Hemd. Ein Pulli und fertig. Natürlich hat auch jeder Mann seinen Stil, aber trotzdem: Egal in welchem Geschäft man Kleidung kauft, die Männerabteilung fällt immer kleiner aus als die der Frauen.

Und wenn unsere Tochter mehrere Tage hintereinander dasselbe Gewand anziehen muss, fängt sie an, sich zu beschweren: „Schon wieder das? Warum muss ich immer dasselbe anziehen?" Aber am besten wäre es sowieso, wenn jeden Tag Sonntag wäre, denn dann könnte sie immer ein wunderschönes Kleid anziehen. Unsere Söhne würden es gar nicht merken, wenn sie die ganze Woche dasselbe T-Shirt anziehen müssten. Sie schauen auf diese Dinge überhaupt nicht.

Männer sind also größer und stärker und Frauen sind kleiner, feinmotorisch geschickter und gelten als das „schöne Geschlecht".

Die emotionale Ebene

Was die emotionale Ebene angeht, haben Frauen ein viel höheres Einfühlungsvermögen, das heißt, sie können Gefühle und

Gedanken anderer Menschen besser erkennen und angemessen mit eigenen Gefühlen reagieren. Wenn sie negative Gefühle bei anderen Menschen wahrnehmen, erkennen und verarbeiten sie diese besser als Männer. Frauen reagieren sensibler, wenn sie unangenehme Bilder sehen, wie zum Beispiel körperliche Gewalt, verstümmelte Leichen usw. Auch bei traurigen, beängstigenden oder ekelhaften Filmen reagieren Frauen mit mehr Trauer, Angst bzw. Ekel. Männer wiederum reagieren mit mehr Fröhlichkeit auf lustige Filme.

Frauen sind auch in anderen Bereichen emotioneller. Sie haben mehr negative Gefühle als Männer, besonders was Schuld, Scham und Verlegenheit betrifft. Männer sind schamloser, deutlich weniger verlegen und hadern nicht so mit Schuldgefühlen. Deshalb sind sie in ihrem sozialen Verhalten rücksichtsloser und manchmal sogar skrupellos. In Partnerschaften empfinden Frauen mehr negative Emotionen, wenn sie von ihrem Mann zurückgewiesen werden. Männer hingegen zeigen mehr negative Gefühle, wenn ihre Partnerin mehr emotionale Nähe will.

Eine besondere Eigenschaft der Frauen ist die Nervosität, in der Psychologie *Neurotizismus* genannt, im täglichen Leben ist „zickiges Verhalten" die (negative) Bezeichnung dafür. Damit ist die Neigung zu Nervosität, Reizbarkeit, Launenhaftigkeit, Unsicherheit und Verlegenheit sowie zur Traurigkeit und Melancholie gemeint. Auch das Klagen über Ärger, über Ängste, über körperliche Schmerzen und sensible Reaktionen auf Stress gehören zu diesem Erscheinungsbild, und auch eine eher negative Affektlage sowie dauerhafte Unzufriedenheit. All diese Dinge findet man bei Frauen viel öfter als bei Männern und sie schnellen bei jugendlichen Mädchen ca. ab dem 14. Lebensjahr schlagartig in die Höhe.

2012 wurde bei mehr als 10.000 Personen der sogenannte 16-Persönlichkeits-Faktoren-Test durchgeführt. Die Ergebnisse: Frauen zeigen eine höhere Kontaktorientierung und emotionale Wärme (also weniger Sachorientierung), mehr Sensibilität und Empfindsamkeit (also weniger psychische Robustheit), eine höhere Besorgtheit (somit weniger Selbstvertrauen), eine höhere emotionale Störbarkeit (das bedeutet weniger emotionale Stabilität), eine höhere soziale Anpassung (weniger Selbstbehauptung oder Dominanz), eine höhere Flexibilität (weniger Pflichtbewusstsein und Regelbewusstsein) und eine höhere Vertrauensbereitschaft. Männer zeigen eine höhere emotionale Widerstandsfähigkeit und Stabilität (sind also weniger emotional störbar), eine höhere Selbstbehauptung und Dominanz (das bedeutet weniger soziale Anpassung), eine skeptische Grundhaltung (also weniger Vertrauensbereitschaft), ein höheres Pflicht- und Regelbewusstsein (das heißt weniger Flexibilität), eine höhere Sachorientierung (sprich weniger Kontaktorientierung und emotionale Wärme), eine höhere Robustheit (also weniger Sensibilität und Empfindsamkeit) und mehr Selbstvertrauen (somit weniger Besorgtheit). Diese Ergebnisse decken sich mit anderen bereits erwähnten Eigenschaften.

Männer sind physisch, verbal und sexuell aggressiver als Frauen. Das sieht man auch daran, dass viel mehr Männer als Frauen in Gefängnissen sind. Das muss aber nicht nur negativ sein, denn mit Aggression sind auch die Durchsetzungsfähigkeit und Entschlossenheit in Konfrontationen mit Schwierigkeiten sowie Widerstand gemeint. Frauen sind auch aggressiv, aber sie handeln eher indirekt: durch Intrige, Rufmord, Ausschluss aus der Gruppe, Schneiden, bissige Bemerkungen usw.

Frauen sind weniger stressresistent und in Stresssituationen suchen Frauen eher die Gruppe, um Hilfe zu finden, Männer hingegen werden aggressiv (nicht unbedingt negativ) und aktiv.

Was die psychische Ebene betrifft, sind also Frauen empathischer, emotionaler, sozialer und friedfertiger. Männer dagegen sind emotional ausgeglichener und aggressiver.

Die kognitive Ebene

Blicken wir nun auf die kognitiven Eigenschaften. Unter Kognition versteht man alles, was mit Wahrnehmung, Lernen, Problemlösen, Planen, Kreativität usw. zu tun hat, und das, was man als Intelligenz bezeichnet.

Auch in diesem Bereich sieht man, dass Frauen und Männer jeweils in verschiedenen Bereichen ihre Stärken haben. Raphael Bonelli bringt in seinem Buch ein sehr gutes Beispiel aus der jüngsten Geschichte Österreichs, das diese Unterschiede in gewisser Weise bestätigt: Seit 2006 muss man in Österreich einen Eignungstest machen, wenn man Medizin studieren will. Beim Aufnahmeverfahren in Wien wurden von 2006 bis 2012 medizinnaturwissenschaftliches Grundverständnis, räumliches Vorstellungsvermögen, Umgang mit Zahlen usw. abgefragt. Obwohl mehr als die Hälfte der Bewerber Frauen waren, haben trotzdem nur zwischen 43 und 48 Prozent einen Studienplatz bekommen. 2006 waren es sogar nur 41,5 Prozent Frauen. Weil man aber erreichen wollte, dass mehr Frauen zugelassen werden, führte man 2012 den Frauenbonus ein: Frauen kamen in der Rangliste weiter nach oben, auch wenn sie beim Test schlechter abgeschnitten hatten. Das lässt den Eindruck entstehen, dass Frauen dümmer sind als Männer, was aber so nicht stimmt, und es ging ein Aufschrei durch die Öffentlichkeit, der dazu führte, dass der Test geändert wurde. Seit 2013 werden andere Dinge abgefragt: das schulische Wissen aus Biologie, Chemie, Physik und Mathematik, aber auch verbale Fähigkeiten (Lesekompetenz, Wortflüssigkeit, verbales Gedächtnis, Textverständnis), kognitive Fertigkeiten (Zahlenfolge, Zahlengedächtnis, Figuren zusammensetzen, Implikationen erkennen) und emotionale Kompetenz.

Gehen wir nun weg von diesem konkreten Beispiel und werfen wir einen Blick auf die verschiedenen Forschungsergebnisse bezüglich der Kognition und Intelligenz:

Einige Studien bezüglich der Gehirnaktivität haben überraschende Ergebnisse aufzuweisen: Wenn Männer und Frauen dieselbe Aufgabe lösen müssen, sind bei den Frauen viel mehr weiße Gehirnzellen (Verbindungsbahnen zwischen verschiedenen grauen Gehirnzonen) aktiv als bei Männern. Das heißt, bei Männern beobachtet man mehr lineares Denken (also graue Substanz) und bei Frauen mehr assoziatives Denken (weiße Substanz), obwohl beide zu demselben richtigen Ergebnis gelangen. Es wurde sogar beobachtet, dass bei Frauen und Männern verschiedene Hirnregionen aktiviert werden, wenn sie dieselbe Aufgabe lösen. Das liegt daran, dass Frauen gestellte Aufgaben eher persönlich nehmen und auf sich beziehen, während Männer eine Aufgabe eher distanziert angehen.

Wirft man nun einen Blick in die Intelligenzforschung, stellt man fest, dass Männer bei Aufgaben besser abschneiden, die das räumliche Denken, die Abstraktion und Zahlen betreffen. Manche Forscher nennen es *Systematisierungsvermögen*. Männer wollen Systeme analysieren, konstruieren oder Gesetzmäßigkeiten erforschen. Es geht dabei aber nicht nur um greifbare Dinge, die man mit Händen bauen kann, sondern auch um Mathematik, Physik, Chemie, Musik, Militärstrategien, Gartenbau, Computerprogrammierung, Wirtschaft, Unternehmen, Brettspiele, Sport usw. Alles, was in irgendeiner Form systematisiert und strukturiert werden kann.

Was die Frauen betrifft, zeichnen sie sich bei Intelligenztests dadurch aus, dass sie bei sprachbezogenen Aufgaben sehr gut abschneiden: Sie finden mehr richtige Wörter pro Zeiteinheit, sie begehen weniger sprachliche Fehler (sowohl was die Aussprache als auch was die Grammatik betrifft), können sprachliche Laute besser unterscheiden und in Alltagssituationen bilden sie längere Sätze als Männer. Man hat auch herausgefunden, dass Frauen das für Sprachbildung zuständige Gehirngebiet auf beiden Gehirnhälften aktivieren, wenn sie Sprache analysieren müssen. Männer aktivieren dasselbe Gebiet nur links. Das erklärt, warum Frauen nach einem Schlaganfall schneller wieder sprechen lernen als Männer. Testpsychologisch wollen Frauen mit Menschen freundlich umgehen und auch rücksichtsvoll, liebenswürdig, warmherzig, sympathisch, fürsorglich, taktvoll usw. sein. Deshalb und weil sie eine Aufgabe persönlich nehmen und auf sich beziehen, ist bei Frauen die Überschneidung von kognitiver und emotionaler Ebene viel größer als bei Männern.

Die Intelligenz von Mann und Frau sind unvergleichbar: „Sie haben andere Begabungsschwerpunkte und andere Verarbeitungsprozesse. Frauen denken vernetzt, assoziativ und umsichtig, involvieren viel mehr Emotionen und nehmen Aufgaben persönlich. Männer hingegen denken linear, fokussiert, emotional distanziert, mit Analyse und abstrakter Problemlösung, also in Systemen. Keine der Lösungsmethoden ist besser oder schlechter, beide funktionieren – und können sich so gegenseitig unterstützen."[121]

Kommen wir noch einmal auf den Eignungstest für Medizinstudenten zurück: Die Ergebnisse aus der Intelligenzforschung zeigen uns, warum es die Frauen in den ersten Jahren so schwer hatten: Es wurden viel zu viele Dinge abgefragt, bei denen sich Männer leichtertun als Frauen. Bei der neuen

---

[121] Bonelli, *Frauen brauchen Männer*, S. 130f.

Version des Eignungstests sind zwei der Aufgabengruppen für
Männer leichter, nämlich das Schulwissen aus Mathematik,
Chemie usw. und die kognitiven Fertigkeiten. Die anderen beiden
Aufgabengruppen, verbale Fähigkeiten und soziale Kompetenz
wiederum sind für Frauen einfacher. So hat sich die Differenz
ausgeglichen und es werden jedes Jahr etwa gleich viele Männer
und Frauen zum Medizinstudium zugelassen.

Die sexuelle Ebene

Auch auf sexueller Ebene unterscheiden sich Männer und Frauen.
Männer haben einen viel stärker ausgeprägten Sexualtrieb als
Frauen. Ja, sie denken tatsächlich öfter an Sex als wir Frauen. Was
aber wichtig ist für uns, ist, dass sie diesbezüglich viel stärker auf
optische Reize reagieren und dass sie Bilder mit sexuellem Inhalt
sehr gut in Erinnerung behalten. Nicht umsonst ziehen sich
Prostituierte sehr freizügig an, denn sie wollen ja, dass die Männer,
von denen sie angesehen werden, Lust auf Sex bekommen.
Umgekehrt, wenn Frauen einen (halb)nackten Mann sehen,
werden nur sehr wenige von ihnen Lust auf Sex bekommen bzw.
sexuelle Gedanken oder eine sexuelle Erregung erleben. Denn bei
Frauen geschieht das in erster Linie durch zärtliche Berührungen
in Verbindung mit liebevollen Worten. Aber auch sonst sind Frauen
nicht so einfach für sexuelle Beziehungen zu haben. Sie suchen
immer das Ganze. Ein Streit am Vormittag kann ein Hindernis sein
für ein intimes Ereignis am Abend, auch wenn man sich schon
entschuldigt hat. Solche Dinge, aber auch andere Kleinigkeiten,
müssen ausgesprochen werden, ausgeredet und verarbeitet sein,
damit sie Intimität zulassen können.
Was für uns im Alltag wichtig ist, egal ob wir single oder vergeben
sind, ist die Sache mit den visuellen Reizen bei den Männern.
Deshalb habe ich im Kapitel 3.8 über die Kleider- und Make-up-
Wahl gesprochen. Bei Männern können sehr leicht sexuelle
Wünsche erwachen, wenn sie freizügig angezogene Mädels oder
Frauen sehen. Auch dazu wurden Studien gemacht: Was das
weibliche Gesicht betrifft, haben Männer genaue Vorstellungen von
Attraktivität. Bei Befragungen über das weibliche Gesicht
bezeichnen sie es dann als besonders attraktiv, wenn es unter
anderem große Augen und volle Lippen hat. Ich habe dich in

Kapitel 3.8 gebeten, auf zu kräftige Töne beim Schminken zu verzichten, vor allem bei den Lippen. Jetzt wissen wir, warum. Weil Männer sexuell auf optische Reize reagieren und volle Lippen anziehend finden. Durch zu kräftig geschminkte Lippen wird unbewusst die Botschaft vermittelt, dass man (auf sexueller Ebene) zu haben ist, auch wenn das Mädel sich vielleicht aus einem anderen Grund so schminkt oder sich nicht dessen bewusst ist, was das bei den Männern auslösen kann. Trotzdem kann das bei einem Burschen sexuelle Wünsche auslösen, auch wenn er sich vorgenommen hat, sich durch äußere Reize nicht blenden zu lassen. Dasselbe gilt für die Kleiderwahl. Zu kurze Röcke oder Hosen, sehr tiefe Ausschnitte, durch das Oberteil hindurch sichtbare Brustwarzen usw. vermitteln die Botschaft, dass man auf sexueller, körperlicher Ebene zu haben ist. Wir Christen wollen aber als Ganzes, und nur als Ganzes, zu haben sein. Als weibliche Person mit all unseren wunderbaren Eigenschaften und natürlich mit unserem schönen Körper. Deshalb ist es so wichtig, die richtigen Kleider, das richtige Make-up usw. zu wählen. Damit die Männer nicht irrtümlich glauben, dass wir, was das Sexuelle oder Körperliche betrifft, leicht zu haben sind.

Hat Gott uns nicht wunderbar gemacht? Ich finde, er hatte eine tolle Idee, als er beschloss, uns als Mann und Frau zu erschaffen, denn die beiden Geschlechter harmonieren sehr gut miteinander. „Sie zeigen Konturen aus jeweils drei charakteristischen Ausbuchtungen und Einwölbungen, die wie Puzzlestücke zusammenpassen. Eine unbewusste Kraft namens Eros führt sie deswegen körperlich, emotional und kognitiv zusammen.“[122] Wir ergänzen uns auf wunderbare und einmalige Weise und wir sind uns eine Hilfe. Wir Frauen brauchen die emotionale Ausgeglichenheit und Sachlichkeit der Männer, um aus unserem Gefühlschaos herauszukommen. Und die Männer brauchen uns Frauen, damit sie das Schöne im Leben erkennen und sich an unserer Fürsorglichkeit und Liebe erfreuen können.

---

[122] Bonelli, *Frauen brauchen Männer,* S. 299.

4.3 Finde deine Identität als Frau, als Mann

Raphael Bonelli kommt aufgrund der Ergebnisse der verschiedenen Studien in seinem Buch zu dem Schluss, dass sowohl den Frauen als auch den Männern jeweils drei zentrale Eigenschaften zugeschrieben werden können. Je eine ist auf den Körper, eine auf die Emotionen und eine auf die kognitive Ebene bezogen. Für die Frauen sind es Schönheitssinn/Lebenssinn auf körperlicher Ebene, Empathie/emotionale Intelligenz auf emotionaler Ebene und assoziatives Denken/Sozialkompetenz auf kognitiver Ebene. Die Männer zeichnen sich auf körperlicher Ebene durch Stärke und Entschlossenheit, auf emotionaler Ebene durch emotionale Stabilität und auf kognitiver Ebene durch lineares Denken/Sachlichkeit aus. Wie schon gesagt, die Studienergebnisse zeigen uns immer die statistische Mehrheit, nicht aber die individuelle Ausprägung in jeder einzelnen Person, denn je nach Person ist diese oder jene Eigenschaft stärker zu sehen. Wir sind individuell verschieden. Raphael Bonelli sagt: „Kein Mann weist bei jeder männlichen Eigenschaft automatisch 100 Prozent auf. Und keine Frau der Welt hat natürlich null Prozent Stärke, emotionale Stabilität und Sachlichkeit. Das anzunehmen wäre dümmlicher Biologismus! Es gibt kein Alles-oder-nichts-Prinzip! Im Tanz der Geschlechter [z.B. bei einem Ehepaar, Anm.] ist weder 100 Prozent noch 0 Prozent Empathie die Regel, sondern irgendwas dazwischen. Sie wird vielleicht 73 Prozent haben, er zum Beispiel 46 Prozent."[123] Und es kann auch sein, dass ein Mann in einer Eigenschaft ein höheres Ergebnis erzielt als viele Frauen. Mein Mann hat zum Beispiel eine sehr hohe Sozialkompetenz und Empathiefähigkeit. Da übertrifft er mich vielleicht sogar. Wir haben das natürlich nie wissenschaftlich oder psychologisch ausgetestet, aber auch viele unserer Freunde stellen immer wieder fest, dass er auf diesem Gebiet eine Gabe hat. Er ist sympathisch, warmherzig, taktvoll, rücksichtsvoll usw. Es ist ihm immer sehr wichtig, dass sich ALLE anwesenden Personen wohlfühlen, egal um welche Art des Zusammentreffens es sich handelt, ob das Familienmitglieder, Freunde oder Bekannte sind. Als wir uns noch nicht lange kannten und ich schon gemerkt hatte, dass ich in ihn

---

[123] Bonelli, *Frauen brauchen Männer*, S. 211.

verliebt war, bezweifelte ich, dass er auch in mich verliebt war, weil ich sah, dass er zu ALLEN Leuten so unendlich nett, zuvorkommend, rücksichtsvoll usw. war, nicht nur zu mir.

Obwohl meine Sozialkompetenz und Empathiefähigkeit nicht gerade sehr groß sind, habe ich doch auch ein typisches Frauentalent: meine Sprachbegabung. Ich habe mit 25 Jahren angefangen, Spanisch zu lernen, und war ganz überrascht, wie leicht es mir fiel, diese Sprache zu erlernen. Ich lese auf Spanisch sogar schneller als mein Mann, der gebürtiger Spanier ist. Aber gut, wir Frauen lesen ja allgemein schneller als Männer. Also bin ich auch hier eindeutig weiblich talentiert.

Deine Eigenschaften

Jetzt liegt es an dir, herauszufinden, welche Eigenschaften bei dir (schon) besonders ausgeprägt sind oder ob es vielleicht den einen oder anderen Punkt gibt, den du noch verbessern oder trainieren kannst. Ich glaube, das ist gar keine so einfache Aufgabe ... Vielleicht fangen wir damit an, andere zu beobachten, bevor wir uns selbst genauer ins Visier nehmen.

Zum Beispiel habe ich vor Kurzem ein Video eines Nachrichtensenders gesehen, in dem ganz klar die weibliche Tendenz zur Nervosität und die männliche emotionale Ausgeglichenheit und Sachlichkeit zu sehen waren: Ein Paar aus Texas, USA, ist auf dem Weg ins Krankenhaus, weil die Geburt ihres Kindes bevorsteht. Sie wohnen ziemlich weit weg und sind schon 45 Minuten im Auto unterwegs. Bis zum Krankenhaus sind es noch ca. 10 Minuten. Die Kamera liegt zwischen Fahrer- und Beifahrersitz. Wahrscheinlich hatte der Mann eine leise Vorahnung ... Der Dialog der beiden spricht Bände, was die typischen Eigenschaften betrifft: Sie spricht leise, nervös und etwas unsicher. Einmal schreit und kreischt sie ihren Mann sogar an. Sie ist eindeutig sehr nervös und angespannt. Er spricht mit festem, ruhigem Tonfall, nicht einmal das Gekreische seiner Frau kann ihn aus der Ruhe bringen. Das lässt auf seine emotionale Ausgeglichenheit schließen. Sie hat ja wirklich jeden Grund, nervös zu sein. Sie sind noch nicht im Krankenhaus und die Presswehen setzen schon ein. Abgesehen davon, dass das sehr schmerzhaft ist, rechnet sie nicht damit und hätte das Baby sicher gerne in einer angenehmeren Umgebung zu Welt gebracht als im Auto. Und der Beistand einer Hebamme und eines Arztes wäre ihr wahrscheinlich auch sehr recht gewesen. Das Baby kommt dann tatsächlich im Auto zur Welt und es weint auch recht kräftig. Nun wird die junge Mama wieder nervös, weil sie meint, dass die Atemwege abgesaugt werden müssen, was ja im Auto nicht möglich ist. Da kommt ihr die Sachlichkeit ihres Mannes zu Hilfe. Er beobachtet das Baby und kommt zu folgendem Schluss: „Es weint, es atmet, Babe, es ist okay. Es weint. Wenn es weint, dann atmet es." Also ist kein Absaugen notwendig. Daraufhin ist die Frau sehr beruhigt.

Beobachte dich und andere

Du kannst auch gerne deine Geschwister beobachten oder deine Eltern. Wie sehr ist der Schönheitssinn deiner Mutter ausgeprägt? Oder der deiner Schwester (falls du eine hast)? Beobachte deine Klassen-/Studienkollegen vor einer Schularbeit/Prüfung. Findest du heraus, welche Mädels besonders nervös sind, oder gibt es auch Burschen, die emotional weniger ausgeglichen sind und daher auch etwas nervös sind, oder reden sie mehr über die Inhalte als die Mädels? Beobachte deine Eltern, wenn sie miteinander reden, diskutieren. Welche „männlichen" Eigenschaften hat dein Vater, welche „weiblichen" deine Mutter? Wo sind sie umgekehrt? Welche geschlechtsspezifischen Eigenschaften haben dein Bruder oder deine Schwester? Höre zu, wenn Mädels miteinander reden! Welche Themen werden besprochen? Sprechen sie tatsächlich viel über Gefühle? Höre zu, wenn Burschen miteinander sprechen. Sind sie hauptsächlich sachbezogen?
Versuche vor allem, deine eigenen Eigenschaften zu entdecken. Wo liegen deine Stärken? Welche männlichen und weiblichen Eigenschaften sind besonders gut bei dir ausgebildet? Wenn du ein Mädel bist: Sind die typisch weiblichen Eigenschaften stärker ausgeprägt oder hast du einige männliche Eigenschaften, die bei dir stärker ausgeprägt sind als bei der Mehrheit der Mädels? Wenn du ein Bursche bist: Wo liegen deine Stärken? Hast du auch die eine oder andere Eigenschaft, die eher den Frauen zugeschrieben wird? Nimm dir ruhig Zeit, denke nach, in welchen Schulfächern du gut bist/warst. Auch deine Studienrichtung bzw. die Berufswahl geben Hinweise auf deine Begabungen (soziale Berufe wie Lehrer,

Krankenpfleger usw. sind eher „Frauenberufe", Männer wählen lieber technische Berufe wie Mechaniker, Informatiker, Elektroniker usw.). Beobachte dich selbst einige Tage lang und wenn du willst, schreibe dir auf, was dir aufgefallen ist.

Vergiss bei deinen Notizen nicht auf deine körperlichen Eigenschaften. Besonders uns Frauen geht es ja leider oft so, dass wir uns nicht schön (genug) finden. Viele von uns können nicht mithalten mit dem Schönheitsideal, das wir aus den Medien kennen. Aber das macht nichts. Ich glaube, dass 90 % oder mehr diesem Ideal nicht entsprechen. Auch wenn du keine Modelfigur hast, findest du sicher etwas, das dich als Frau auszeichnet: Vielleicht hast du sehr schöne Haare oder eine glatte Haut, ein bezauberndes Lächeln, wunderschöne Augen oder eine schlanke Taille. Schreibe es auf.

Ebenso die Burschen und Männer: Schreib auch einige männliche Eigenschaften auf, die deinen Körper betreffen. Zum Beispiel breite Schultern, sehr groß, kantiges Gesicht, starker Bartwuchs, Haare auf der Brust, „Ich bin der Stärkste in meiner Familie" oder was auch immer dir einfällt.

Danke Gott

Wenn du die Liste so weit fertig hast, dann nimm sie und danke Gott für jede deiner Eigenschaften, die dich zu einer Frau bzw. zu einem Mann machen. Als Frau: „Danke, Jesus, dass ich so schöne Augen habe und eine schlanke Taille." „Danke, Jesus, dass ich so gute Noten in Deutsch und Englisch habe." „Danke, Jesus, dass ich so gut mit Kindern umgehen kann." Als Mann: „Danke, Jesus, für meine Haare auf der Brust und auf den Beinen." „Danke, Jesus, dass mir das Informatikstudium so leichtfällt." „Danke, Jesus, dass ich nicht so schnell in Panik und Angst verfalle wie meine (...)."

Wenn du willst, kannst du deine Liste erweitern und auch Dinge aufschreiben, mit denen du dir schwertust. Als Frau: „Danke, Jesus, für meinen Busen, auch wenn er mir viel zu groß vorkommt." „Danke, Jesus, dass ich überhaupt nicht einparken kann." „Danke, Jesus, dass ich jeden Monat pünktlich meine Regelblutung habe." Als Mann: „Danke, Jesus, dass ich so wenig Einfühlungsvermögen habe, dass ich es nie merke, wenn es meiner Mama schlecht geht, und sie dann mit mir schimpft." „Danke, Jesus, dass ich so klein bin und schmale Schultern habe." „Danke, Jesus, dass ich grottenschlecht bin in Französisch."

Schreibe auch die Dinge auf, wo du als Frau eine eher männliche Eigenschaft hast bzw. als Mann eine weibliche. Vielleicht bist du als Frau in Mathe und Naturwissenschaft besser als in den Fremdsprachen. Oder du bist ein sehr sensibler Mann. Wie schon gesagt, die Summe aller Eigenschaften macht dich zu einem Mann bzw. zu einer Frau, nicht einzelne Eigenschaften, die vielleicht eher dem anderen Geschlecht zugeschrieben werden. Gott hat dich so gemacht und das ist gut!

Du musst diese Liste niemandem zeigen, aber vielleicht hilft es dir, sie immer wieder herzunehmen und Gott dafür zu danken, dass du eine Frau, ein Mann bist mit deinen ganz persönlichen Eigenschaften. Es kann sein, dass dir mit der Zeit noch mehr geschlechtsspezifische Merkmale ins Auge springen, denen du dir vorher nicht bewusst warst. Freu dich und danke Gott auch dafür.

Es könnte sein, dass du bei all deinen Beobachtungen Eigenschaften deines Geschlechts bei anderen Personen entdeckt hast, die du auch gerne hättest oder wo du gern besser sein würdest. Erzähle Jesus in deinen Gebeten davon und bitte Ihn, dass Er dich darin besser macht. Versuche, diese Eigenschaft gezielt in deinem Alltag zu üben. Du wirst merken, dass du mit der Hilfe Jesu und des Heiligen Geistes in manchen Dingen ein wenig besser werden kannst. Vielleicht hilft dir das, dich als Frau weiblicher zu fühlen und als Mann männlicher. Vergiss eines nicht: Gott wollte dich mit diesem deinem Geschlecht. Du bist ein einzigartiger Mann, eine einzigartige Frau!

4.4 Frausein und Mannsein – was bedeutet das konkret?

Ja, was bedeutet das konkret? Wenn Gott uns als Mann und Frau geschaffen hat, mit all den Unterschieden und den Eigenschaften, in denen wir uns ergänzen, hat Er uns dann auch bestimmte Rollen zugedacht? Die Antwort lautet: „Ja." Ja, das hat Er.

Mannsein

Den Mann beruft Gott dazu, ein Kämpfer zu sein, ein Abenteurer und Krieger, der auch die eine oder andere Schlacht schlägt. John Eldredge spricht davon ausführlich in seinem Buch *Der ungezähmte Mann*. Das mit dem Krieger und den Schlachten ist natürlich nicht wörtlich zu nehmen. Damit gemeint ist, dass ihr Burschen und Männer euch den Herausforderungen des Lebens stellen und sie mit Mut und Entschiedenheit in Angriff nehmen sollt. Das können die verschiedensten Dinge sein, wo eine klare Entscheidung und zielgerichtetes Arbeiten gefordert sind.

Michael erzählt: ***„Ich hatte im Maturajahr aufgrund verschiedener Umstände Probleme in der Schule und brach die Schule während des laufenden Schuljahres ab, weil ich gemerkt hatte, dass ich das Jahr unmöglich positiv abschließen würde. Ich wollte zwar unbedingt Lehrer werden, aber ich merkte, dass ich dieses letzte Jahr nicht schaffen würde. Um die Zeit sinnvoll zu nützen, machte ich dann einen Kurs, und weil ich merkte, dass ich in einigen Fächern Hilfe brauchte, nahm ich im Sommer gezielt Nachhilfeunterricht. Als ich die letzte Klasse dann wiederholte, streberte ich wie nie zuvor in meinem Leben und bekam dadurch auch bessere Noten. Ich tat das, weil ich unbedingt Musiklehrer werden wollte, und am Ende bestand ich die Matura. Ich konnte dann wirklich auf die Uni gehen und schloss mein Studium erfolgreich ab.“***

Michael brach in seiner Verzweiflung die Schule ab, nachdem er nur schlechte Noten erhielt. Aber er hatte Stärke und Kampfeswillen und schloss die Schule doch noch ab. Er gewann die Schlacht gegen die schlechten Noten, nachdem er sich dafür entschieden hatte, den Kampf wieder aufzunehmen und noch intensiver zu kämpfen als bisher. Das ist es, was Gott von euch Männern will. Ihr Burschen und Männer seid keine Weichlinge, sondern steht auf und kämpft! Kämpfe gegen deine Faulheit, kämpfe gegen deine Angst vor Entscheidungen! Lass nicht immer alle anderen für dich denken und handeln, sondern finde deinen eigenen Weg, deine eigenen Interessen! Steh zu deinem Glauben an Jesus Christus, auch wenn du dafür so manche negative

Bemerkung einstecken wirst! Kämpfe gegen die schlechten Gewohnheiten wie die Masturbation und den Pornokonsum! Stelle dich dem Kampf, bitte Gott, dir Kraft zu geben, immer wieder aufzustehen, wenn du gefallen bist! Stelle dich auch dem Kampf um deine Berufung und weiche dieser Frage nicht ständig aus!
Nicht immer müssen das so große Dinge sein wie die Schullaufbahn, das Studium oder die Berufsentscheidung. Manchmal sind es auch kleinere „Schlachten". Wenn dich deine Freunde ständig versetzen oder zu spät kommen, wenn ihr euch verabredet habt, dann sag ihnen das ruhig. Teile ihnen mit, dass dich das stört. Oder es gibt am Arbeitsplatz Dinge, wo du gefragt bist, deinen Mann zu stehen. Einmal hat mir jemand erzählt, dass ein ca. 18-jähriger Bursche die Ausbildung zum Krankenpfleger machte. An einem seiner Praktikumsplätze schimpfte die Vorgesetzte mit ihm, weil er etwas falsch gemacht hatte: „Warum wissen Sie das denn nicht??" Er antwortete: „Weil ich erst den zweiten Tag auf dieser Station arbeite." Da hat dieser junge Mann Stärke bewiesen. Er stand zu seinem Fehler, aber nach so kurzer Zeit an einem Arbeitsplatz kann man auch unmöglich alles wissen, und das hat er seiner Vorgesetzten zu verstehen gegeben. Höflich, aber bestimmt.

Die Leiterrolle des Mannes

Zu dieser Kämpfernatur des Mannes gehört auch die Führungs- oder Leiterrolle, die Gott für den Mann gedacht hat, besonders wenn es um das Thema Beziehung und Familie geht. Im Epheserbrief steht: „Der Mann ist das Haupt der Frau, wie auch Christus das Haupt der Kirche ist." (Eph 5, 23) Es geht hier natürlich nicht darum, dass der Mann von oben herab sagt, was Sache ist und was nun getan werden muss. Es geht viel mehr darum, dass es der Mann sein sollte, der an gewissen Punkten einen Impuls setzt und die Richtung vorgibt, und nicht die Frau.
„Mein Freund Mike war total schockiert, als ihm eine fromme Frau, mit der er gut befreundet war, aus heiterem Himmel einen Antrag machte.
‚Du weißt doch, dass ich dich heiraten werde, oder?‘, sagte sie eines Tages geradeheraus. ‚Willst du? Schau

mal, ich würde sogar die Ringe kaufen, wenn es das leichter für dich macht.'
Mike schüttelte ungläubig den Kopf, als er mir die Story erzählte. ‚Sie meinte es wirklich ernst! Aber ... aber Frauen sollten so was doch nicht tun, oder?'[124]

Mike spürte innerlich, dass der Mann derjenige sein sollte, der einer Frau einen Heiratsantrag macht, und es irritierte ihn sichtlich, als diese Freundin ihm sagte, dass sie ihn heiraten würde. Leider herrscht darüber viel Verwirrung und des Öfteren sind die Frauen diejenigen, die schneller aktiv werden, was das Thema Beziehungen angeht. So manche Männer sind vielleicht froh darüber, dass sie das nicht machen müssen, aber ich glaube, Gott will, dass ihr Männer das tut, dass ihr diejenigen seid, die gewisse Schritte setzen, auch wenn es nicht immer einfach ist und man sich richtig überwinden muss. Joshua Harris erzählt in seinem Buch *Frosch trifft Prinzessin,* wie es ihm dabei erging, als er seine spätere Frau fragte, ob sie eine engere Beziehung anfangen könnten.

„Meine Hände schienen noch nie eine Telefonnummer gewählt zu haben. Ich umklammerte den Hörer, als wäre er ein wildes Tier, das mir zu entkommen versuchte. Du kannst das!, versicherte ich mir immer wieder selbst."
Seine Auserwählte hob leider nicht ab, also hinterließ er ihr eine Nachricht: „‚Hey Shannon, hier ist Josh ... äh, Joshua Harris. (...) Ähm ... vielleicht kannst du mich ja mal zurückrufen, wenn es dir passt? Danke! Ciao!' Ich legte auf und fühlte mich wie ein Vollidiot.
Anschließend musste ich 64 qualvolle Minuten lang analysieren, ob meine Nachricht wohl cool und locker geklungen hatte oder nicht. Dann klingelte das Telefon. Ich atmete tief durch und ging dran.
Es war Shannon.
,Hey, schön, dass du zurückrufst. Wie läuft's?'
Wir plauderten ein paar Minuten lang über ihren Tag und gaben uns die größte Mühe, eine ganz natürliche kleine Unterhaltung zu führen. Obwohl uns beiden sonnenklar war, dass es völlig unnatürlich war, dass ich sie angerufen hatte. Endlich kam ich zum Punkt und

---

[124] Joshua Harris, *Frosch trifft Prinzessin*, Asslar 2009, S. 107.

fragte sie, ob sie mich am nächste Tag im ,Einstein's' treffen wollte, einem angesagten Café in der Nähe. Sie stimmte zu.

Bevor wir auflegten, gab ich noch eine lahme Erklärung für dieses Treffen ab: ,Ich muss mit dir über ... über einen Typen reden, der an dir interessiert ist.'"

So ging es dann am nächsten Abend weiter: „Ich suchte mir einen abgelegenen Tisch in der hintersten Ecke aus. Er war etwas schmutzig, daher bat ich die Bedienung, ihn abzuwischen. Alles sollte perfekt sein. Dann eilte ich ins Bad, um meine Frisur zu überprüfen.

,Ach, was soll's', seufzte ich schließlich entnervt.

Zurück am Tisch rutschte ich unruhig auf meinem Stuhl hin und her. (...) Jede Menge Adrenalin kreiste durch meine Adern, während ich mir im Geiste das Gespräch vorstellte, das gleich beginnen würde.

Shannon kam genau pünktlich durch die Tür und wirkte ganz relaxt. Ich begrüßte sie und anschließend vertieften wir uns erst einmal in die Karte. Allerdings lag gerade kaum etwas ferner in meinen Gedanken als Essen!

,Hast du Hunger?', fragte ich sie.

,Ach, nicht so richtig.'

,Ich auch nicht. Willst du was trinken?'

,Gerne.'

Wir bestellten uns beide ein Sprite.

Jetzt gab es keinen Aufschub mehr. Ich musste sagen, was ich mir vorgenommen hatte.

,Du ... du hast es dir wahrscheinlich schon gedacht', fing ich an, ,aber der Typ, über den ich mit dir reden wollte ... also der, der an dir interessiert ist ... das bin ich!'"[125]

Wie man sieht, war Joshua nicht allzu locker drauf, als er sich mit Shannon verabredete, um mit ihr über eine mögliche Beziehung zu sprechen. Er war sogar ziemlich nervös. Aber das macht nichts, er hat seine Rolle als Mann gut wahrgenommen und den ersten Schritt gesetzt. Später stellte sich heraus, dass Shannon die Wochen vor diesem Gespräch ziemlich fertig gewesen war, weil sie gemerkt hatte, dass sie in ihn verliebt war, aber er (noch) nicht mit ihr

---

[125] Harris, *Frosch trifft Prinzessin*, S. 14–24.

darüber redete. Sie handelte völlig richtig, indem sich nach außen hin nichts tat. Sie übte sich in Geduld und betete und gab ihm somit die Zeit, die er brauchte, bis er sich zu diesem Schritt aufraffen konnte.

Das heißt natürlich nicht, dass es immer der Mann sein muss, der den ersten Schritt setzt. Manche Männer brauchen schon mal einen sehr deutlichen Wink mit dem Zaunpfahl, weshalb es manchmal die Frau sein muss, die als Erste ein diesbezügliches Gespräch sucht oder dem Mann einen vorsichtigen Hinweis gibt. Oder der Mann hat von einer Frau einen Korb bekommen und einige Zeit später denkt sich diese Frau, dass da vielleicht doch was sein kann. Da muss dann wohl auch die Frau einen kleinen Schritt setzen, denn welcher Mann bekommt schon gerne zwei Abfuhren von derselben Frau? Aber grundsätzlich sollte der Mann derjenige sein, der diesen Schritt setzt.

Wie ich schon weiter oben angedeutet habe, geht es bei der Leiterrolle des Mannes nicht darum, dass der Mann der Boss ist und die Frau gehorchen muss, egal was er verlangt. Nein, denn im Epheserbrief heißt es weiter: „Ihr Männer, liebt eure Frauen, wie auch Christus die Kirche geliebt hat und sich für sie hingegeben hat (...) Darum sind die Männer verpflichtet, ihre Frauen so zu lieben wie ihren eigenen Leib. Wer seine Frau liebt, liebt sich selbst." (Eph 5, 25–28) Christus hat sein Leben für die Kirche gegeben und im Notfall sollte auch der Mann bereit sein, sein Leben für seine Geliebte zu geben. Gott sei Dank kommt es in den meisten Fällen nicht so weit, aber der Mann sollte bereit sein, Opfer zu bringen, wenn er seine Frau liebt oder eine Beziehung führt. Du als Bursche liebst deinen Leib, du pflegst ihn, indem du dich regelmäßig wäschst, du rasierst dich bzw. schneidest deinen Bart zurück, um gut auszusehen. Und du sorgst dafür, dass dein Körper genug Nahrung bekommt, damit es dir gut geht. Das ist genau das, wozu uns der Epheserbrief hier aufruft. Der Mann soll für seine Frau sorgen, so wie er für seinen Körper sorgt, damit es ihr gut geht, auch wenn das manchmal mit Opfern verbunden ist. Und im Evangelium steht: „Da rief Jesus sie zu sich und sagte: Ihr wisst, dass die, die als Herrscher gelten, ihre Völker unterdrücken und ihre Großen ihre Macht gegen sie gebrauchen. Bei euch aber soll es nicht so sein, sondern wer bei euch groß sein will, der soll euer Diener sein, und wer bei euch der Erste sein will, soll der Sklave aller sein." (Mk 10,

42–44). Der Mann soll also nicht aggressiv sein und auch nicht aufdringlich. Joshua Harris bringt es auf den Punkt: „Ich habe dir (...) von einem Buch erzählt, das Männer dazu anhielt, gegenüber Frauen passiv zu sein. Dem Autor zufolge ist die einzige Alternative zur Passivität aggressive Aufdringlichkeit. Traurigerweise fahren tatsächlich viele Männer einen dieser beiden Kurse. Aber sie sind beide nicht in Gottes Sinne. Biblische Maskulinität ist weder passiv noch aggressiv. Gott beruft uns Männer dazu, demütige Initiatoren zu sein – Leiter, die dienen. Wir sollen Beschützer sein, keine Verführer."[126] Es soll also ein dienendes Leiten sein und in einer Beziehung sollte der Mann derjenige sein, der die Initiative übernimmt, die Beziehung aktiv in eine bestimmte Richtung lenkt. Bis dahin, dass er dann der Frau einen Heiratsantrag macht, wenn die Zeit dafür reif ist. Das ist genau das, was ich mir schon immer gedacht hatte: „Der Mann muss Manns genug sein und den ersten Schritt setzen."

Frausein

Als Gott den Mann geschaffen hatte, so steht es im Buch Genesis, sagte Er: „Es ist nicht gut, dass der Mensch allein ist. Ich will ihm eine Hilfe machen, die ihm ebenbürtig ist." (Gen 2, 18) Das ist die Frau! Wir Frauen sind aufgrund unserer Empathiefähigkeit, unserer Sozialkompetenz und des assoziativen Denkens die perfekten Helfer der Männer. Wir können und sollen sie unterstützen und teilhaben an ihren Abenteuern und Kämpfen. Wir können ihnen beistehen, sie anfeuern und ihnen Mut geben. Das brauchen sie.
Unsere typisch weiblichen Fähigkeiten machen uns zu perfekten Müttern. Raphael Bonelli nennt das in seinem Buch *Frauen brauchen Männer* „Lebenssinn". Nicht nur weil wir körperlich in der Lage sind, Leben zu schenken, sondern auch weil wir das Bedürfnis haben, uns um andere Lebewesen zu kümmern. Seien es Tiere, andere Menschen oder auch kleine Kinder. Es reicht doch schon, dass wir auf der Straße jemanden mit kleinen Kindern oder einem Baby vorbeigehen sehen. Als Frau erlebt man den inneren Drang, da hinzusehen, um eventuell einen Blick in das Innere des

---

[126] Harris, *Frosch trifft Prinzessin,* S. 113.

Kinderwagens werfen zu können. Sie sind ja soooo lieb! Aber auch im täglichen Leben sehen wir, dass sich mehr Frauen als Männer um andere kümmern: Ich habe noch nicht viele männliche Babysitter gesehen und auch Au-pairs sind im Normalfall weiblich. Ebenso gibt es in den Pflegeberufen weit mehr Frauen als Männer. Das Sich-um-andere-Kümmern kann man schon bei Kindern beobachten oder auch, wenn du selber kleinere Geschwister hast: Wenn es ältere Geschwister gibt, sind fast immer die Mädchen diejenigen, die sich um die Kleineren kümmern. Buben machen andere Dinge, sie kommen irgendwie gar nicht so auf die Idee, den Babysitter zu spielen. Joshua Harris berichtet in seinem Buch von einem Seelsorger, der auf einem großen College arbeitete. Er berichtete ihm, dass der Großteil der Studentinnen davon träumt, zu heiraten und Kinder zu bekommen, nur leider trauen sie sich nicht, das zuzugeben.[127] Ich glaube das sofort, denn oft habe ich den Eindruck, dass ein sehr großer Druck auf den Mädels lastet: Es ist sehr wichtig, eine gute Berufsausbildung zu haben und danach einen guten Arbeitsplatz. Letzteren wegen der Kinder (eine Zeit lang) aufzugeben, ist nicht einfach. Unsere kleine Tochter sagt das (noch) ganz offen. Ihre Brüder wollen Astronauten, Polizisten und Feuerwehrmänner werden und sie will einmal eine Mama sein. Wenn sie spielt, ist sie nie die Prinzessin, sondern immer die Königin, weil sie die Mama ist, die Prinzessinnen sind ja die Töchter, und wenn sie eine Mama sein will, geht das nicht. Also muss sie die Königin sein. Ich glaube, Gott hat uns Frauen das Muttersein als eine der zentralen Rollen anvertraut, weil er uns mit allen dafür notwendigen Eigenschaften ausgestattet hat. Versuche, es als Geschenk Gottes zu sehen, dass er dich als Frau mit der Fähigkeit zum Muttersein ausgestattet hat. Möge der Wunsch nach Kindern in deinem Herzen nicht erlöschen!

Wir Frauen sind das schöne Geschlecht, auch Raphael Bonelli bezeichnet die Schönheit als wesentliches Merkmal auf körperlicher Ebene. Gott hat uns Frauen die Schönheit geschenkt und wenn Er das gemacht hat, dann dürfen wir auch so sein. Stacy und John Eldredge haben ein Buch für Frauen geschrieben. Es heißt *Weißt du nicht, wie schön du bist?*. Sie schreiben viel über die Schönheit der Frau: „Eine Frau wird schön, wenn sie weiß, dass sie

---

[127] Vgl. Harris, *Frosch trifft Prinzessin*, S. 119f.

geliebt wird."[128] Ich habe es bei manchen Frauen gesehen: Als sie verliebt waren, strahlten sie plötzlich eine ganz neue Schönheit aus. Aber auch wenn du single bist, hast du jemanden, der dich über alles liebt: Gott. Er liebt dich und Er will dir jeden Tag aufs Neue Seine Liebe schenken! Lass dich von Ihm lieben und du wirst noch schöner werden, als du jetzt schon bist. Bete jeden Tag, besuche Jesus in der Kirche oder geh in die Messe, dann wird Er deine innere Schönheit zum Leuchten bringen. Und im Petrusbrief heißt es: „Nicht auf äußeren Schmuck sollt ihr Wert legen, auf Haartracht, Goldschmuck und prächtige Kleider, sondern was im Herzen verborgen ist, das sei euer unvergänglicher Schmuck: Ein sanftes und ruhiges Wesen." (1 Petr 3, 3–4) Das, was in deinem Herzen verborgen ist, ist das Geheimnis, das du in dir trägst: Dein Charakter, dein Wunsch, ein reines und keusches Leben zu führen, deine guten Werke, deine Verbundenheit mit Jesus Christus. Alles das bringt deine Schönheit zum Leuchten. Als ich Jason Everts Buch *If You Really Loved Me* las, war ich wirklich überrascht, denn er schreibt an mehreren Stellen darüber und er zitiert auch andere Männer, dass es für Männer total anziehend ist, wenn eine Frau ihr Geheimnis für sich bewahrt. Wenn sie sich nicht allzu sexy gibt (da meint er auch das Verhalten, nicht nur die Kleidung) und wenn sie nicht gleich über ihre Gefühle spricht. Wenn sie jemand ist, der authentisch und sie selbst ist, und wenn sie nicht flirtet: „Ich spreche für alle Männer, wenn ich sage, dass wir Frauen anziehend finden, die von einem gewissen Geheimnis umgeben sind. Wenn wir uns fragen müssen, was ihr denkt, wir müssen das Gefühl haben, dass es ein Risiko ist, mit euch auszugehen. Wenn du alle deine Gefühle offenlegst, dann fühlt sich der Bursche im ersten Moment vielleicht geschmeichelt, aber dann wird er merken, dass ihm der Thrill fehlt, dich erobert zu haben.
Teenagerzeitschriften mögen vielleicht finden, dass so ein Ratschlag sexistisch ist, aber das ändert nichts an der Tatsache, dass Männer den Kick der Eroberung mögen, und die Frauen sind dieses Streben wert."[129] Das ist genau das, was John Eldredge in seinem Buch *Der ungezähmte Mann* sagt: Männer müssen ihre

---

[128] Stacy und John Eldredge, *Weißt du nicht, wie schön du bist?*, Gießen 2007, S. 152.

[129] Evert, *If You Really Loved Me*, S. 67.

Schlachten schlagen, ihre Abenteuer erleben und eine Prinzessin erobern. Die Männer brauchen das und wir Frauen sollen ihnen dabei helfen, ihrer Rolle gerecht zu werden, indem wir unsere Schönheit mit einem gewissen Geheimnis umgeben und uns erobern lassen.

Das heißt jetzt aber nicht, dass wir uns nicht modisch kleiden dürfen: Joshua Harris zitiert seine Frau, die oft sagt: „Es ist ein großer Unterschied, ob man sich gut anzieht oder ob man sich anzieht, um (körperlich, Anm.) anziehend zu sein!"[130] Sich modisch und hübsch zu kleiden, ist nichts Schlechtes. Zieh dich also ruhig gut an, finde deinen ganz persönlichen Kleidungsstil. Aber kleide dich so, dass dein Geheimnis und deine Würde gewahrt bleiben und die Männer dadurch den Wunsch bekommen, dieses Geheimnis zu entdecken und dich als Person kennenzulernen.

4.5 Unsere Wunden

Wenn du dich erinnerst, Raphael Bonelli schreibt in seinem Buch, dass es sich bei den männlichen bzw. weiblichen Eigenschaften um Talente und Begabungen handelt, die man fördern kann. Wenn sie nicht gefördert werden oder aufgrund verschiedener Umstände nicht gefördert werden können und sich daher nicht richtig entwickeln, dann kann das die verschiedensten Folgen haben im Leben. John Eldredge berichtet: *„[Ich wurde ein] unerträglicher Teenager. Ich wurde von der Schule verwiesen, war bald polizeibekannt." (...) Später wurde er zum Perfektionisten. „Ich stand immer unter Strom, war ein fast zwanghaft auf Unabhängigkeit bedachter Mann, ein harter Knochen. (...) was an meinem Weg zurückblieb, war eine Reihe von Opfern – Menschen, die ich verletzt oder abgeschrieben hatte, meinen Vater eingeschlossen. Um ein Haar wäre meine Ehe gescheitert, und ganz sicher war mein Herz kurz davor, ebenfalls zum Opfer meiner Zwänge zu werden. (...) Wenn Sie meine Frau während der ersten zehn Jahre*

---

130 Evert, *If You Really Loved Me*, S. 120.

unserer Ehe gefragt hätten, ob es eine gute Ehe ist, dann hätte sie vermutlich ja gesagt. Aber wenn sie gefragt hätten, ob ihr irgendetwas in dieser Beziehung fehlt, dann hätte sie[,] ohne zu überlegen[,] geantwortet: Er braucht mich nicht."

In gewisser Weise war John Eldredge bewusst, dass er sich nicht richtig verhielt, da er seine Männlichkeit auf falsche Art und Weise lebte, bis er herausfand, was die Ursache dafür war. Er erzählt: *„Mein Vater war in vielerlei Hinsicht ein guter Mann. Er hat mich mit dem rauen Westen bekannt gemacht, hat mir Angeln und Zelten beigebracht. (...) Auf der Ranch seines Vaters habe ich jeden Sommer gearbeitet, und wir haben zusammen viel vom Westen gesehen (...) Aber wie so viele Männer seiner Generation hat mein Vater sich nie richtig mit Verletzungen in seinem eigenen Inneren auseinandergesetzt. Als es in seinem Leben nicht mehr bergauf ging, begann er zu trinken. Ich muss damals elf oder zwölf gewesen sein – ein kritisches Alter in der Entwicklung vom Jungen zum Mann. (...) just in dem Moment meldete sich mein Vater ab und verstummte. Er hatte eine kleine Werkstatt, hinten an die Garage angebaut, und dort vergrub er sich mit seinen Büchern, mit seinen Kreuzworträtseln und mit dem Alkohol. Das hat mich tief getroffen."*[131]

John Eldredge ist klar geworden, dass sein schlechtes Verhalten in der Teenagerzeit und später sein Perfektionismus hauptsächlich durch die Abwesenheit seines Vaters zustande kamen. Er hätte die Hilfe und Anwesenheit seines Vaters gebraucht, damit er als Mann gut heranreifen hätte können. Er beschreibt sehr eingehend, dass jeder junge Bursche seinen Vater braucht, um als Mann heranreifen zu können und seine männlichen Eigenschaften gut entwickeln zu können. In dem Buch, das er mit seiner Frau geschrieben hat, *Weißt du nicht, wie schön du bist?,* beschreiben sie die verschiedensten Dinge, die uns während unserer Kindheit verletzen können. Sehr oft sind es die eigenen Eltern, die zwar die besten Absichten haben, aber trotzdem manche Dinge falsch machen. So tragen die Kinder

---

[131] John Eldredge, *Der ungezähmte Mann,* Gießen 2008, S. 100–104.

so manche Verletzungen davon, mit denen sie sich teilweise ihr ganzes Leben lang herumschlagen.

Seine Frau Stacy erzählt: *„Mein Vater war die meiste Zeit meiner Kindheit über abwesend. Er war dazu erzogen worden, ein guter und starker Mann zu sein. In seiner Generation bedeutete das: Ein Mann hatte seine Familie ordentlich zu versorgen. Aber das hieß für meinen Vater wie für so viele andere Männer, dass er endlos Überstunden machte, damit wir gut über die Runden kamen. Dabei hat er uns das vorenthalten, was wir am meisten brauchten: ihn selbst. Mein Vater war Vertreter. Er war oft zwei Wochen am Stück unterwegs, kam für ein Wochenende heim und machte sich dann wieder auf den Weg. Er war Alkoholiker. Oft hat er sich in der örtlichen Kneipe oder bei einem Nachbarn einige Drinks genehmigt, bevor er nach Hause kam. Wenn er körperlich da war, war er emotional abwesend. Oft zog er das Fernsehen oder ein Glas Scotch unserer Gesellschaft vor. Er kannte mich eigentlich gar nicht. Weil er es nicht wollte, wie ich schloss. (...) Meine Mutter war eine einsame und geschäftige Frau. Als ich noch ein Kind war, musste ich mich schon krank stellen, um ein wenig Aufmerksamkeit von ihr zu bekommen. Ich erinnere mich, dass ich als kleines Mädchen am Küchentisch saß und ihr beim Kochen zusah, als sie mir zum ersten – aber nicht zum letzten – Mal erzählte, wie niedergeschlagen sie gewesen war, als sie erfuhr, dass sie mit mir schwanger war. Ich war das jüngste von vier Kindern, alle altersmäßig sehr nah beieinander, und sie hatte geweint, als man ihr sagte, dass sie, die überarbeitete Frau eines ständig abwesenden Mannes, schon wieder ein Kind bekam. Sie können sich vorstellen, was das im Herzen eines kleinen Mädchens auslöst.“*[132] Stacy hatte das Gefühl, nicht erwünscht zu sein, eine Enttäuschung. Ihr Vater war Alkoholiker und ihre Eltern hatten immer wieder heftige Auseinandersetzungen. Stacy reagierte mit Rückzug: Sie versuchte, nicht aufzufallen, und lernte

---

[132] Eldredge, *Weißt du nicht, wie schön du bist?*, S. 96–97.

fleißig für die Schule, um ja keine Schwierigkeiten zu verursachen. Zu Hause versteckte sie sich oft im Badezimmer, einfach um allen aus dem Weg zu gehen. In der Teenagerzeit suchte sie die Liebe, die ihr zu Hause fehlte, bei den Männern. Sie hatte oft wechselnde Beziehungen. Sie probierte auch Alkohol und Drogen.

Die Eltern

Damit sich Kinder gut entwickeln und später ihre Weiblichkeit bzw. ihre Männlichkeit in gesunder Weise leben können, ist die Anwesenheit beider Elternteile gleichermaßen wichtig. Die Fürsorge und Zärtlichkeit der Mutter und ebenso der Vater, der das Kind aus der anfänglichen engen Bindung an die Mutter herausnimmt, mit ihm Abenteuer erlebt und ihm vor allem Anerkennung schenkt. Die Anerkennung durch den Vater ist sehr wichtig, sowohl für die Mädchen als auch für die Buben.

Wenn einer der beiden Elternteile nicht da ist, z. B. aufgrund von Trennung, Scheidung, Tod, Arbeit oder Überstunden, sehr vielen Freizeitaktivitäten in Vereinen, NGOs usw., fehlen manchmal wichtige Elemente in der Entwicklung des Kindes, und das kann Wunden im Herzen der Kinder entstehen lassen. So war es im Fall von Stacy Eldredge und auch bei ihrem Mann John. Sie sind in ihrer Kindheit in keiner Weise schlecht behandelt worden, aber trotzdem hat etwas Wichtiges gefehlt, nämlich ihr Vater, der nicht nur körperlich anwesend hätte sein sollen, sondern sich auch mit ihnen beschäftigen und ihnen Anerkennung schenken. Bei Stacy kam noch dazu, dass sie aufgrund der Erzählung ihrer Mutter das Gefühl hatte, nicht erwünscht zu sein.

Wunden können auch dann entstehen, wenn sich ein oder beide Elternteile falsch verhalten. Das kann eine klammernde und überbesorgte Mutter sein, die ihre Kinder nicht allein zur Schule gehen lässt, obwohl diese schon alt genug sind, oder wenn die Kinder schon älter sind, ständig nachfragt, wo sie waren, alles ganz genau wissen will, die Kinder ständig anruft, sich in ihre Angelegenheiten mischt, auch wenn sie schon erwachsen sind.

Es soll auch vorkommen, dass manche Kinder nicht das „richtige" Geschlecht haben: Die Eltern würden sich nach drei Buben endlich ein Mädchen wünschen oder umgekehrt, aber es kündigt sich der vierte Bub an (oder das vierte Mädchen). Wenn sie dem Kind dann immer wieder zu verstehen geben, dass sie sich statt eines Buben eigentlich ein Mädchen wünschten, dass er doch eigentlich ein Mädchen sein sollte usw., dann kann das auch sehr verletzend sein und negative Auswirkungen auf das Kind haben.

Oder wenn ein Elternteil den eigenen Partner gegen das Kind ausspielt: *„Christine (...) liebte Pferde, hatte ein natürliches Talent für den Umgang mit den Tieren, und ihr Vater war darauf sehr stolz. Er freute sich an ihren Reitkünsten und ermutigte sie, ihre Fähigkeiten auszubauen. Er hatte Zeit für sie und unterstützte sie, er freute sich ungemein an ihr, und sie wusste das. Und ihre Mutter war neidisch. Sie erzählte Christine, dass ihr Vater sie nur ,benutzen' würde. Sie versuchte ihr einzureden, dass ihr Vater selbstsüchtig und gemein war und seine Aufmerksamkeit nur gespielt. Die Mutter hatte auch keinerlei Verständnis für Christines Liebe zu Pferden. Sie kam nie zu einer Vorführung oder zu einem Turnier, und sie behauptete, Christine sehe in ihren Reithosen unattraktiv und männlich aus.“*[133]

Auch Aggression (verbal oder physisch) kann verletzen, nicht nur körperlich, sondern auch seelisch. Manchmal sind es „nur" negative Bemerkungen, die dem Kind oder Teenager schaden. John Eldredge erzählt von einem Jungen namens Charles, der sehr gern Klavier spielte. Seine Brüder und sein Vater waren begeisterte Sportler, was Charles weniger interessierte. Von seinem Vater bekam er keine Anerkennung bezüglich seiner musikalischen Leistungen. Eines Tages kamen sein Vater und seine Brüder vom Sportplatz nach Hause und sein Vater machte eine derart respektlose und herabwürdigende Bemerkung, dass Charles nie wieder eine Taste anrührte. Diese Bemerkung verletzte und verunsicherte ihn zutiefst. Später, mit Ende zwanzig, wusste er immer noch nicht, was er mit dem Leben anfangen sollte, und er traute sich auch nicht, mit der Frau seiner Träume über seine Gefühle zu ihr zu sprechen.[134]

Die verbale Gewalt beinhaltet auch negative Bemerkungen, Schlechtmachen der erbrachten Leistung, pauschale Verurteilung,

---

[133] Eldredge, *Weißt du nicht, wie schön du bist?*, S. 97f.
[134] Vgl. Eldredge, *Der ungezähmte Mann*, S. 99 und 105.

sich lustig machen usw. Körperliche Gewalt wie z. B. Schläge, Wegsperren, sexueller Missbrauch ... lässt leider auch seelische Wunden entstehen.

Eine sehr tiefe Wunde entsteht zweifellos, wenn sich die Eltern trennen oder scheiden lassen. Auch wenn es erst passiert, wenn die Kinder schon (fast) erwachsen sind, hinterlässt das meist eine tiefe Wunde im Herzen. In manchen Fällen hat das Kind Schuldgefühle, es meint, dass die Eltern sich wegen ihm getrennt haben, wegen seines schlechten Verhaltens, weil es eine zu große Last ist für die Eltern usw. Dann kommt noch dazu, dass man zwischen den Eltern steht oder stehen muss, vor allem wenn man noch minderjährig ist und noch nicht selbst entscheiden darf, zu wem man (mehr) Kontakt haben will. In manchen Familien soll es auch vorkommen, dass die Verwandten des einen Ex-Partners nur schlechte Worte über den anderen finden. Das Kind hört diese Dinge dann und kann dadurch mehr oder weniger in dieser einseitigen Meinung beeinflusst werden. Ich will hier nicht näher darauf eingehen, obwohl man ganze Bücher füllen könnte mit Beispielen und komplizierten Situationen, die durch Scheidung und Trennung entstehen können. Ganz zu schweigen, wenn einer der Eltern oder beide einen neuen Partner haben und vielleicht auch Halbgeschwister dazukommen.

Wie schon gesagt, die meisten Eltern handeln mit den besten Absichten, aber trotzdem machen sie nicht alles richtig, denn leider sind sie nicht perfekt, so wie auch wir nicht perfekt sind. Vielleicht sind sie überfordert, überarbeitet oder sie handeln so, wie sie es bei ihren Eltern gesehen haben. Oder sie haben selbst auch negative Erfahrungen gemacht, die sie nicht aufgearbeitet haben. Aber nicht immer sind es die Eltern, genauso können uns unsere Großeltern, ältere Geschwister, andere Verwandte, Lehrer, Freunde oder wer auch immer Verletzungen zufügen, uns so behandeln, dass wir als (junge) Erwachsene unsere Weiblichkeit bzw. Männlichkeit nicht gut leben können. Manchmal ist es vielleicht auch eine Vielzahl von komplexen Ereignissen und Umständen, die uns verwundet hat. Jeder von uns hat seine ganz persönliche Geschichte erlebt und ist während seiner Kindheit auf irgendeine Weise verletzt worden, wir alle tragen mehr oder weniger tiefe Wunden in uns. Das lässt sich nicht vermeiden und gehört (leider) zum Leben.

Aber: Es geht hier nicht darum, die Schuld dafür, dass es mir schlecht geht, meinen Eltern oder jemandem anderen zu geben. „Mein Vater ist schuld, dass es mir so dreckig geht." „Meine Mutter trägt die alleinige Verantwortung dafür, dass ich ..." „Meine Eltern sind schuld, weil sie sich scheiden haben lassen." Es geht auch nicht darum, unsere Wunden als Entschuldigung dafür zu benützen, dass wir so sind, wie wir sind. „Ich bin zutiefst verletzt und deshalb geht es mir so schlecht. Daran kann sich auch gar nichts ändern, denn die Wunde werde ich immer haben."
Wir als Christen haben zwei „Waffen", die uns dabei helfen können, dass unsere Wunden heilen können: Erstens Jesus Christus, also Gott selbst, der uns heilen will, und zweitens die Vergebung.

Vergebung

Zum Ersten: Gott selbst will uns helfen, Er will unsere Wunden heilen. Dafür hat Er Jesus Christus in die Welt gesandt und Er sagt: „Nicht die gesunden brauchen den Arzt, sondern die Kranken." (Mt 9, 12) Und bei Jesaja steht: „Er hat unsere Krankheit getragen und unsere Schmerzen auf sich geladen. (...) durch seine Wunden sind wir geheilt." (Jes 53, 4–5) Bete zu Jesus und erzähle Ihm dabei von deinen Wunden. Erzähle Ihm alle Ereignisse oder Umstände, wo du verletzt worden bist. Leg Ihm deine Wunden hin und bitte Ihn um Heilung. Bitte Ihn auch, dir zu zeigen, wo du verwundet worden bist, denn nicht immer ist es einfach, das zu sehen. Er wird es dir zeigen und Er wird dich heilen. Vielleicht geht das nicht von heute auf morgen, aber Jesus hört unsere Gebete und Er will nicht, dass wir mit offenen Wunden durch unser Leben gehen. Er will dein Arzt sein und wird dich heilen. Wenn du glaubst, dass es dir helfen kann, dann sprich mit einem Priester und frage ihn, ob du das Sakrament der Krankensalbung erhalten kannst.
Wenn du eine von den Personen bist, die bittere Erfahrungen machen mussten, wenn dein Vater weg ist und du ihn nie wieder sehen wirst, oder deine Mutter, oder du hast einen Elternteil überhaupt nie kennengelernt. Wenn dir diese wichtige Person fehlt im Leben, dann sei gewiss: Gott bietet sich an, Er will dein Vater sein, der dir die Anerkennung schenkt, die du verdient hast. Die Muttergottes will deine liebevolle und fürsorgliche Mutter sein, die immer für dich da ist und vor ihrem Sohn Jesus für dich eintritt.

Bitte sie darum, für dich das zu sein, was du bei den Menschen in deiner Umgebung nicht finden kannst.

In manchen Fällen wird das nicht ohne die Hilfe von außen gehen. Zögere nicht, dir einen guten Psychotherapeuten zu suchen, wenn du merkst, dass es notwendig ist. Denn nicht immer wissen wir, was uns in unserem Leben verwundet hat, und nicht jeder kann sich an schwerwiegende Dinge erinnern.

Unsere zweite Waffe ist die Vergebung. Wir sind eingeladen, den Menschen ihre Vergehen, die Verletzungen, die sie uns zugefügt haben, zu verzeihen. Denn „Bitterkeit und Unversöhnlichkeit senken ihre Wurzeln tief in unser Herz und nisten sich dort ein. Sie sind Ketten"[135], die uns an die uns zugefügten Verletzungen fesseln. So werden und bleiben wir unfrei, Gefangene in uns selbst. Jesus lädt uns ein, großzügig zu sein und immer wieder zu vergeben.

„Da trat Petrus zu ihm und fragte: Herr, wie oft muss ich meinem Bruder vergeben, wenn er gegen mich sündigt? Bis zu siebenmal? Jesus sagte zu ihm: Ich sage dir nicht: Bis zu siebenmal, sondern bis zu siebzigmal siebenmal." (Mt 18, 21–22)

Jesus will damit sagen, dass wir einander immer vergeben sollen, auch wenn wir im Recht sind, auch wenn der andere wirklich schwer gesündigt hat. Und wir sollen nicht darauf warten, dass der andere um Verzeihung bittet oder dass uns danach ist, dem anderen zu vergeben. Es geht hier nicht um Gefühle. Wenn du dich entscheidest zu vergeben, wird am Anfang kein positives Gefühl da sein. Vielleicht musst du dir selbst und Gott tausend Mal sagen, dass du deiner Mutter dieses oder jenes vergibst oder deinem Vater, ohne dass irgendwelche positiven, freudvollen Gefühle auftauchen. Aber irgendwann wird der Friede kommen, du wirst Frieden im Herzen haben und dich frei fühlen. Ich kenne den Fall einer Frau, die vergewaltigt wurde und später beschloss, diesem Mann dieses Vergehen zu verzeihen. Es war nicht einfach und oft musste sie Gott bitten, ihr zu helfen, damit sie ihm wirklich aus ganzem Herzen vergeben konnte. Es hat viele Jahre gedauert, bis sie wahren Frieden im Herzen hatte.

Wenn deine Eltern geschieden sind, so entscheide dich bewusst dafür, ihnen zu verzeihen, dass sie das getan haben. Eines darfst du dabei nicht vergessen: Du trägst keine Schuld daran, dass sie sich

---

[135] Eldredge, *Weißt du nicht, wie schön du bist?*, S. 141.

getrennt haben. Deine Eltern sind erwachsene Personen und sie tragen die alleinige Verantwortung für das, was sie getan haben. Du bist nicht schuld und es liegt auch nicht an dir, zu beurteilen, wer von deinen Eltern der Schuldige ist, auch wenn manche Personen in deiner Umgebung nicht müde werden, den einen ständig schlecht zu machen und ihm die Verantwortung für die Scheidung zuzuschieben. Verurteile nicht, wie Jesus sagt (vgl. Mt 7, 1). Vergib ihnen, dass sie das getan haben, dass sie dir und deinen Geschwistern das angetan haben. Brich zu niemandem von beiden den Kontakt ganz ab. Ich erinnere mich an eine Frau, die selbst schon verheiratet war und Kinder hatte, als sich ihre Eltern scheiden ließen. Ich bin mir sicher, dass sie sich gewünscht hätte, dass es nie so weit gekommen wäre und dass ihre Eltern immer eine gesunde Beziehung zueinander gehabt hätten. Aber als ihr Vater von daheim auszog, besuchte sie ihn am Anfang sehr oft und brachte ihm das Kochen, Wäschewaschen usw. bei. Sie sagte: „Er ist ja trotzdem mein Vater. Wie kann ich ihn da im Stich lassen?" Es war schmerzhaft für sie und trotzdem pflegte sie den Kontakt zu beiden und half ihrem Vater am Anfang bei der Hausarbeit. Das beeindruckte mich sehr.

Entscheide dich also, deinen Eltern und den Personen, die dich verletzt haben, zu verzeihen. So wirst du Frieden und Freude finden und es wird dir leichterfallen, deine Weiblichkeit bzw. Männlichkeit in ihrem ganzen Glanz zu leben.

Fünf. Die Berufung finden

Wenn wir Katholiken das Wort *Berufung* hören, dann kommt es sehr oft vor, dass wir zuerst einmal an die Berufung zum Priester oder zur Ordensfrau denken. Aber es geht um mehr. Die folgende Frage sollte sich jeder irgendwann in seinem Leben stellen. Ist Gottes Wille für mein Leben die Ehelosigkeit oder die Ehe? Ja, auch die Ehe ist eine Berufung. Sie ist nicht nur für die, die nicht zum Priester bzw. zum Ordensberuf gerufen sind, sondern sie ist genauso eine Berufung. Aber diese Berufung muss geklärt werden. Möglichst bevor man eine Beziehung mit jemandem anfängt. Ich will hier jetzt keinen Druck aufbauen, denn nicht jeder ist mit 15 oder 16 dazu bereit, sich mit so großen Fragen auseinanderzusetzen.

Ich durfte die Liebe Jesu mit 16 Jahren entdecken und bin von da an immer wieder zu diversen Jugendtreffen und anderen christlichen Veranstaltungen gefahren. Gleichzeitig habe ich auch immer davon geträumt, einen Freund zu haben. Da ich aber sehr schüchtern war, habe ich es nie gewagt, aktiv zu versuchen, eine Beziehung anzufangen. Und da mir auch kein Bursche gesagt hat, dass er Interesse an mir hat, war die Sache sehr einfach: Ich blieb single.

Mit 18 Jahren habe ich ein Jahr für Jesus gemacht. Als sich dieses Jahr zu Ende neigte, stellte sich in mir die Frage, was ich nun weiter machen solle, ich musste mich für ein Studium oder eine Berufsausbildung entscheiden. In all diesen Jahren, also von 16 bis 19, stellte sich bei mir nie die Frage, ob ich vielleicht zur Ehelosigkeit oder zum Ordensleben berufen sei.

Mit 19 begann ich die Ausbildung zur Volksschullehrerin und erst am Ende dieses Studiums tauchte diese Frage in mir auf. Sie arbeitete eineinhalb bis zwei Jahre in mir, und am Ende spürte ich den Wunsch nach einer Familie immer deutlicher, weshalb ich mich dann dafür entschied. In all diesen Jahren war ich single und ich denke, das war auch gut so, denn so konnte dieser Ruf in Ruhe in mir reifen.

Das ist jetzt nur ein Beispiel von unzähligen. Ich durfte Personen kennenlernen, die sich schon sehr zeitig sicher waren, mit acht oder zwölf Jahren, dass Gott sie zum Ordensleben bzw. zum Priester berufen hatte. Wieder andere setzen sich wahrscheinlich nicht so lange wie ich mit dieser Frage auseinander, bis sie Klarheit haben, vielleicht einige Wochen oder ein paar Monate. Ich kenne auch einen Priester, dem Jesus in einem einzigen Augenblick klarmachte, dass er zum Priester berufen ist. Danach war ihm sonnenklar, dass das sein Weg war, und er hatte eine große Freude und Frieden dabei.

Jeder von uns ist einzigartig und Gott führt jeden auf einem anderen besonderen Weg. Es gibt hier keine Patentrezepte, wie lange, wo und wann man Klarheit bekommt. Wichtig ist zu versuchen, ein offenes Herz zu haben. Wenn du betest oder zur Messe gehst, dann bitte Jesus, Er möge dir Seinen Weg für dich zeigen. Lies regelmäßig in der Bibel, denn auch da spricht Jesus zu dir. Sprich auch mit einem Priester darüber, zu dem du vertrauen hast. Es ist auf alle Fälle ratsam, in dieser Zeit, in der die Berufungsfrage noch nicht geklärt ist, keine Beziehung anzufangen. Eine Bekannte, Christina, hat mir einmal erzählt, dass sie sich auf einem christlichen Online-Partnersuchportal registriert hatte und sich dann mit einem jungen Mann traf. Dieser erklärte ihr bald, dass er eigentlich nicht genau wisse, ob er zum Priester berufen sei oder zur Ehe. Als Christina das hörte, fiel sie aus allen Wolken, denn mit so etwas hatte sie wirklich nicht gerechnet. Für sie war klar, dass sich auf so einem Portal nur Personen registrierten, die diese grundsätzliche Frage geklärt hatten. Lieber junger Mann, liebe junge Frau: Versuche nicht, eine Beziehung mit jemandem anzufangen, wenn du diese grundsätzliche Frage noch nicht geklärt hast. Einerseits kann das sehr verletzend sein für den Partner und andererseits betrügst du dich nur selbst damit, denn in einer Beziehung ist man nicht so frei, wie wenn man single ist. Aber es braucht Freiheit, um eine ehrliche Entscheidung treffen zu können. Eine ernsthafte Beziehung nimmt uns sehr in Anspruch, sie kostet Zeit, aber auch Gefühle, sie nimmt uns sehr ein. Da bleibt nicht viel Zeit und Kraft, um sich mit der Berufungsfrage ehrlich auseinanderzusetzen.

Mein Appell an alle Männer unter euch: Sei kein Feigling, sondern ein Mann, und stelle dich dem Kampf deiner Berufung. Sei mutig und stark und blicke auf Jesus, Er wird dir zeigen, wohin dein Weg führt und wo Er dich braucht. Und Er wird dir Kraft geben, den Kampf bis zum Ende zu kämpfen.

Mein Appell an alle Frauen unter euch: Suche die Liebe und Nähe Jesu im Gebet und in der heiligen Messe. Versuche dein Herz zu öffnen für Seinen Willen. Hab keine Angst, dich dieser Frage zu stellen, Gott wird dich glücklich machen, was auch immer Sein Plan für dich ist.

Einmal hat ein Priester sinngemäß etwa das gesagt: „Der Großteil der Menschen ist zur Ehe berufen, die Priester und Ordensleute sind nur der kleinere Teil." Und wenn deine Sehnsucht im Herzen in Richtung Ehe und Familie geht, dann wird Gott nicht gegen diesen Wunsch „arbeiten". Gottes Wille offenbart sich nämlich auch in unseren Wünschen und Sehnsüchten.

Ein anderer Priester, den ich kenne, hatte eine Freundin, als die Frage nach seiner Berufung in ihm zu arbeiten begann. Irgendwann wurde ihm plötzlich bewusst, dass er seine Freundin eigentlich gar nicht heiraten wollte. Das war für ihn eine wichtige Erkenntnis und er beendete dann die Beziehung.

Das ist für uns Christen ein sehr wichtiger Punkt: Wenn ich mir nicht vorstellen kann, meinen Freund oder meine Freundin zu heiraten und Kinder mit ihm oder ihr zu bekommen, dann sollte ich die Beziehung beenden, egal ob ich meine grundsätzliche Berufungsfrage schon geklärt habe oder nicht.

Wenn du merkst, dass du dich mit der Frage nach deiner Berufung auseinandersetzen sollst, dann schiebe es nicht vor dir her. Vergiss nie: Gott hat einen wunderbaren Plan für dich!

Sechs. In der Berufung wachsen

6.1 In der Berufung wachsen und reifen

Als ich 25 Jahre alt war, lernte ich meinen damaligen Freund kennen. Wir waren sehr verliebt ineinander und er respektierte meine christlichen Ansichten. Auch ich respektierte ihn. Mit der Zeit stellte sich aber heraus, dass er damit überfordert war, dass ich einen starken Wunsch hatte, irgendwann eine Familie zu gründen. Natürlich nicht sofort, aber mit der Beziehung war es mir ernst, ich wollte nicht nur eine coole Zeit mit ihm haben und mich vergnügen. Ich glaube, er war innerlich noch nicht bereit, sich mit so ernsthaften Dingen auseinanderzusetzen. Das war in gewisser Weise verständlich, denn er war zwei Jahre jünger als ich und hatte sein Studium noch nicht abgeschlossen und somit kein fixes Einkommen. Ich dagegen arbeitete zu dem Zeitpunkt schon seit mehr als einem Jahr als Lehrerin. Er war wahrscheinlich noch nicht reif für eine wirklich ernsthafte Beziehung. Deshalb beendeten wir sie, obwohl es mir sehr schwerfiel, und ich glaube, ihm auch.

Das ist gemeint mit „reifen und wachsen in der Berufung": Nicht nur ob du einmal heiraten willst, sondern auch ob du zum jetzigen Zeitpunkt deines Lebens schon so etwas Ernsthaftes in Angriff nehmen kannst oder willst. Wenn nicht, dann bleib lieber noch single.

Als ich so 20 Jahre alt war, kamen die Bücher von Joshua Harris auf den Markt: *Ungeküsst und doch kein Frosch* und *Frosch trifft Prinzessin*. Natürlich habe ich sie auch gelesen, aber seine Ansichten fand ich ziemlich durchgeknallt und teilweise übertrieben. Im Nachhinein finde ich, dass er in vielen Punkten

recht hatte, vielleicht nicht in allem, aber großteils schon. Er erzählt in seinem ersten Buch von seiner Zeit als Teenager: Als er 13 war, entschied er sich ernsthaft für Jesus und mit 15 lernte er Kelly kennen. *„Kelly war meine erste ‚richtige' Freundin. In der [christlichen, Anm.] Jugendgruppe akzeptierten uns alle als Paar. Wir feierten jeden Monat Jubiläum. Kelly kannte mich besser als alle anderen. Täglich quatschten wir stundenlang am Telefon, oft bis spät in die Nacht. Wir sprachen über alles und nichts. Wir dachten, Gott habe uns füreinander geschaffen. Wir planten, eines Tages zu heiraten, und ich versprach ihr, sie immer zu lieben.*
Aber wie viele andere Jugendlieben war auch unsere etwas vorschnell. Zu viel, zu früh. Wir wussten, dass wir uns körperlich nicht so nahe sein konnten und durften, wie wir es gefühlsmäßig waren. Das führte zu anhaltender Spannung, die uns fertigmachte. Schließlich wurde es zu krass.
‚Wir müssen uns trennen', sagte ich ihr eines Abends nach einem Film. Wir wussten beide, dass es notwendig war.
‚Gibt es für uns später noch einmal eine Chance?', fragte sie.
‚Nein.' Ich versuchte, resolut zu klingen. ‚Nein, es ist vorbei, für immer.'
Damit beendeten wir unsere zweijährige Beziehung."[136]
Für Joshua Harris war zwar klar, dass seine Berufung die Ehe war, aber er merkte, dass er die Beziehung mit Kelly beenden musste. Er erzählt dann, dass er eine völlig falsche Vorstellung von Liebe hatte und dass er in seinen Beziehungen eher egoistisch als aus Liebe handelte. Und er merkte, dass das Körperliche viel zu wichtig war in seinen Beziehungen, auch wenn er dabei rein technisch gesehen Jungfrau blieb. Er hatte zwar seine Berufung gefunden, aber diese musste noch reifen. Er beschloss: „Solange ich mir nicht vorstellen kann, mit einem Mädchen den Rest meines Lebens zu verbringen, habe ich **kein Recht darauf, dass sie mir ihr Herz schenkt. Denn sonst würde ich sie wieder nur zur Befriedigung**

---

[136] Joshua Harris, *Ungeküsst und doch kein Frosch*, Asslar 2010, S. 19.

meiner Bedürfnisse benutzen – ihre Wünsche wären mir dabei egal."[137] Oder anders ausgedrückt: „Wenn du für eine Ehe noch nicht bereit bist, dann stürz dich auch nicht in eine Beziehung, nur weil es so romantisch ist."[138]

Vorerst keine Beziehung

Er fasste daher den ziemlich radikalen Beschluss, in der nächsten Zeit überhaupt keine Beziehung einzugehen, weil Gott ihm gezeigt hatte, dass er ein völlig falsches Bild hatte von Liebe und Beziehungen. Er merkte, dass er beim leichtesten Verknalltheitsgefühl beschloss, mit dem jeweiligen Mädchen eine Beziehung anzufangen, und er stellte auch fest, dass Film und Fernsehen einen großen Einfluss hatten und dass in gewisser Weise ein großer sozialer Druck herrschte: Wer single ist, dem fehlt etwas Entscheidendes. Gott wollte, dass er dieses falsche Bild korrigierte und dass er gleichzeitig als Person reifen sollte, bevor er wieder eine Beziehung mit einem Mädchen anfing.

Das erinnert mich an eine Frage, die sich Daniel Ange gestellt hat: „Warum geschieht das Erwachen der Geschlechtlichkeit so früh in der Pubertät (...)?"[139]Ja, warum setzt die Geschlechtsreife, das Interesse für das andere Geschlecht und der Wunsch nach einer Freundin/einem Freund schon mit zwölf, 13 oder 15 Jahren ein, wenn man doch erst frühestens mit 18 heiraten kann? Und selbst mit 18 fühlen sich die wenigsten innerlich bereit, vor den Traualtar zu treten. Zumindest ich hätte die Panik bekommen, wenn ich mit 18 schon einen Heiratsantrag bekommen hätte. Und wenn du ehrlich zu dir selber bist, dann musst du dir eingestehen, dass es dir genauso geht. Mit 18 sind die wenigsten so weit, dass sie schon heiraten würden. Nicht nur weil viele in diesem Alter die Berufsausbildung noch nicht abgeschlossen haben, sondern auch innerlich: Man ist irgendwie noch nicht so weit.

---

[137] Harris, *Ungeküsst und doch kein Frosch*, S. 22.
[138] Harris, *Frosch trifft Prinzessin*, S. 17.
[139] Ange, *Dein Leib*, S. 170.

Zeit zum Reifen

Das erinnert mich an den Brotbackofen meiner Mutter. Sie hat nicht nur ein normales Backrohr, sondern auch einen Backofen, der mit Feuer geheizt wird: Unten wird Feuer gemacht mit Holz und oben kommt das Brot hinein. Die Brote, die meine Mutter dann herausholt, schmecken wirklich lecker. Aber eines muss man wissen: Man kann die Brote nicht gleich nach dem Feuermachen hineinschieben. Der Ofen braucht Zeit, damit er überall gleichmäßig heiß wird. Da muss man am Anfang viel Holz einlegen, damit ein ordentliches Feuer zustande kommt. Dann muss man es eine Weile brennen lassen, noch einmal nachlegen, warten. Erst wenn der Garraum gleichmäßig heiß ist und nur noch die Glut unten ist, kommt das Brot in den Ofen.

So ist es auch bei uns. Wenn wir dieser Ofen sind, dann kommt irgendwann jemand und zündet unsere Geschlechtshormone an. Das Feuer brennt hell und lichterloh. Wir bekommen 1000 Pickel, unser Körper verändert sich und wir können gar nicht anders, als immer an Personen des anderen Geschlechts zu denken ... Ein Thema, das ständig präsent ist. Aber es dauert ein paar Jahre, bis unser Ofen eine gleichmäßige Hitze entwickelt hat, die Burschen weniger Pickel haben und die Mädchen einen halbwegs regelmäßigen Monatszyklus. Das sind aber nur die rein äußeren Zeichen. Auch innerlich spielt sich in dieser Zeit einiges ab, das teilweise sogar noch länger dauert.

„Studien zeigen, dass der Bereich des Gehirns, der für logisches Denken und Urteilsvermögen zuständig ist, nicht vollständig entwickelt ist, bis die Person in den frühen Zwanzigern ist."[140]

Um es zusammenzufassen: „Der Hormonspiegel der geschlechtsprägenden Hormone Testosteron (männlich) und Östrogen (weiblich) steigt in den ersten ein bis zwei Monaten nach der Geburt an und fällt dann auf ein konstant niedriges Niveau bis zur Pubertät ab. Erst in der Pubertät steigt der Hormonspiegel wieder steil an und erreicht nach einigen Jahren das relativ konstante Erwachsenenniveau. Jugendliche wachsen also auch auf der physischen Ebene erst allmählich in die sexuelle Reife hinein. Die

---

[140] Evert, *If You Really Loved Me*, S. 52.

Erlangung der *psychischen* Reife ist ein noch längerer Prozess."[141]
Ich habe schon oft davon gehört, dass Teenagerbeziehungen meist
nicht ein Leben lang halten; sehr oft gehen sie auseinander, bevor
die Betroffenen 20 Jahre alt sind. Und wenn ich an die Ehepaare
denke, die ich kenne, sind es nur sehr wenige, die schon als
Teenager zusammen waren. Der Großteil von ihnen war schon
älter, als sie sich kennenlernten bzw. eine Beziehung anfingen. Und
umgekehrt kenne ich viele Leute, die als Teenager mit jemandem
zusammen waren, und die Beziehung war dann irgendwann aus.
Ihr jetziger Ehepartner ist jemand anderer. Vielleicht ist das der
Grund, warum der Großteil dieser Beziehungen in die Brüche geht:
Weil wir in diesem Alter manche Dinge noch nicht so beurteilen
können wie mit 20, 23 oder 27 Jahren. Wir sind noch nicht reif
genug für eine dauerhafte Beziehung, weder körperlich-sexuell
noch innerlich (also psychisch). Joshua Harris hat das erkannt und
deshalb mit 17 beschlossen, dass er in den nächsten Jahren single
bleiben würde.

Isabelle (22 Jahre) berichtet: ***„Als ich noch sehr jung war,
haben mich meine Eltern im Namen der Freiheit der Frau
dazu gedrängt, ganz freizügig zu leben. Sie haben mir
eine Menge Bücher zur Information in die Hand gedrückt
und gesagt: ‚Es ist dein Leben, mach damit, was du
willst.‘ Aber in mir war etwas, das ‚nein‘ sagte. Ich
glaube, daß ich in dieser Hinsicht wirklich beschützt
worden bin. Ich habe mich auch immer geweigert, am
Abend mit Burschen wegzugehen. Einem nach dem
andern habe ich abgesagt, denn ich dachte: ‚Wenn du
eines Tages heiratest, so kannst du deinem Mann nicht
sagen: ‚Ich liebe dich!‘, wenn du es vorher schon oft zu
anderen Burschen gesagt hast. ‚Ich liebe dich!‘ wäre
dann ein verbrauchtes Wort.‘"* Schon in der Schule war
ich isoliert, da natürlich alle wußten, daß ich nie mit
einem Burschen zusammen war. Nach der Matura bin
ich dann auf die Uni gegangen und fühlte mich viel zu
jung, um jemanden zu lieben. Ich dachte: ‚Für mich
verpflichtet es für das ganze Leben, wenn ich jemanden*

---

141 Kuby, *Die globale sexuelle Revolution*, S. 375.

liebe.' Ich wollte etwas anderes als so eine Liebe ohne Zukunft, und deshalb blieb ich alleine. (...)
Ich möchte euch schon sagen, daß es nicht leicht ist, so zu leben, denn ich will unbedingt rein bleiben, damit es etwas Solides ist, wenn ich eines Tages heirate. Aber ich war schon oft das Ziel von Spott und Angriffen, und eines Abends haben mich die Mädchen auf meinem Zimmer besucht, um mir zu beweisen, daß ich anormal sei, weil ich es nicht so mache wie sie. Aber im Grunde merkte ich, daß es da so etwas wie einen Aufschrei in ihnen gab. Sie waren im Grunde unglücklich und ich sah ihre Traurigkeit."[142]

Veronique (16 Jahre) hat ähnliche Erfahrungen gemacht: „Wenn man klein ist, hat man eine sehr schöne und sehr reine Vision von der Liebe. – Es sind die anderen, die das korrumpieren. Ich persönlich habe[,] seit ich klein bin, diese Berufung zur Ehe gespürt und dachte, daß der Bursche, den ich einmal küssen würde, mein zukünftiger Mann sei. Aber als ich dann sah, wie meine eigene Schwester mit Burschen zusammen war, als ob das das Allernormalste wäre, genauso wie so viele Jugendliche in meiner Umgebung, da habe ich begonnen, mich zu fragen, ob ich normal sei, weil ich mit 15 Jahren noch keine Erfahrung in Sachen Liebe hatte. In Paray habe ich (...) die Antwort darauf erhalten, als Du [Daniel Ange, Anm.] über die Keuschheit gesprochen hast. An diesem Tag habe ich mich radikal zur Reinheit bekehrt, und nachdem ich dein Buch (...) gelesen hatte, habe ich mich entschlossen, mich den Provokationen der Unreinheit zu widersetzen. Koste es, was es wolle. Wenn du wüßtest, was mich das kostet! Die Welt drängt mich zum Leichtnehmen, zum schnellen Konsumieren der Liebe, und ich habe die Herausforderung gewählt. Die Welt drängt mich, mit der Liebe zu spielen, zu flirten, und ich spiele die Karte der Anspruchsvollen aus. (...) Es ist hart, im Widerspruch mit den anderen zu sein.

---

[142] Ange, *Dein Leib*, S. 238f.

Oft liefert mich auch die Versuchung einem harten Kampf aus, es doch genauso zu machen wie die anderen. Jedes Mal mußte ich 20–25jährigen Burschen, die mit mir gehen wollten und die mir obendrein auch noch sehr gefielen, mit aller Kraft widerstehen[ ]... Herr, wie schwer ist es doch, den Verlockungen des Fleisches nicht nachzugeben! Denn ich weiß ja sehr wohl, daß diese Burschen (aber ich auch) nur das Vergnügen suchen."[143]

Vorerst keine Beziehung?

Es ist sicher nicht einfach, so eine radikale Entscheidung zu treffen, aber ich glaube, es lohnt sich. Im Nachhinein bin ich froh, dass ich erst mit 25 meinen ersten Freund hatte, auch wenn ich mich nicht bewusst dafür entschieden hatte, bis zu einem gewissen Alter keine Beziehung anzufangen. Wenn du jünger bist als 20 und Single, dann brauchst du überhaupt nicht besorgt zu sein. Für die Mehrheit ist es vielleicht nicht normal, single zu sein, aber für uns Christen stellt sich nicht die Frage, was die Mehrheit tut, sondern was das Beste für uns ist und was Gott gefällt. Darüber müssen wir uns Gedanken machen. Sei mutig und folge dem Beispiel dieser Jugendlichen! Verzichte auf eine Beziehung, bis du zumindest 18 Jahre alt bist. Ja, es stimmt, der Druck ist riesengroß. Wer keinen Freund oder keine Freundin hat, ist schon etwas komisch in den Augen mancher Leute. Aber wir als Christen sind zur Heiligkeit, sprich zum ewigen Glück, berufen und nicht zum schnellen oder kurzfristigen Vergnügen. Die christliche Liebe ist mehr als das, was uns so oft gezeigt wird und was viele Jugendliche leben. Hab keine Angst, etwas zu versäumen oder zum Außenseiter zu werden. Versuche, das Singlesein in der Teenagerzeit als Chance zu sehen und nicht als vergeudete Zeit. Gott wird es dir reichlich vergelten. Jesus sagt: „Jeder, der um meinetwillen und um des Evangeliums willen Haus oder Brüder, Schwestern, Mutter, Vater, Kinder oder Äcker verlassen hat, wird das Hundertfache dafür empfangen. Jetzt in dieser Zeit wird er Häuser und Brüder, Schwestern und Mütter, Kinder und Äcker erhalten (...) und in der kommenden Welt das ewige Leben." (Mk 10, 29–30)

---

[143] Ange, *Dein Leib*, S. 253f.

Wenn Jesus heute leben würde, dann würde er vielleicht Folgendes sagen: „Wer um meinetwillen in der Teenagerzeit auf Liebesbeziehungen verzichtet, der wird dafür das Hundertfache erhalten. Jetzt, in dieser Zeit, wird er einen guten Ehepartner, Kinder, Häuser und Äcker erhalten und in der kommenden Welt das ewige Leben."

Es ist sicher kein einfacher Weg, aber mit Sicherheit der, der dich am glücklichsten macht, der, der deinen Glauben an die Liebe am Leben erhält.

Veronique, von der ich eben erzählt habe, will sich ganz für ihren späteren Mann aufheben, sie will ihn nicht verraten, indem sie irgendwelche Burschen küsst, ohne zu wissen, wen sie später einmal heiraten will. Sie berichtet, dass viele Jugendliche, die sie kennt, verwundet sind von den Beziehungen, die sie schon hatten. *„Selbst wenn man nicht bis zu einer sexuellen Beziehung geht. Ich kenne viele Jugendliche, die nicht so weit gegangen sind, aber die schon ganz abgestumpft sind und nicht mehr an die Liebe glauben."*[144]

Und du musst damit rechnen, dass sich so mancher über dich lustig machen wird oder zumindest blöde Fragen stellt. Aber auch wenn jemand nach außen hin aggressiv reagiert, kann es sein, dass diese Aggression nur zur Ablenkung dient. So wie Isabelle sagt: Sie fand, dass die, die sie herausforderten, im Grunde unglücklich waren.

Wenn jemand nach deinem Beziehungsstatus fragt, kann ein freundliches „Ich bin momentan single" ausreichend sein, ohne weitere Erklärungen. Du musst dich vor niemandem rechtfertigen oder erklären, dass du momentan überhaupt nicht vorhast, eine Beziehung anzufangen. Das ist eine ganz persönliche Angelegenheit; du brauchst es niemandem zu erzählen, wenn du nicht willst.

Dating und Courtship

Im Zusammenhang mit all diesen Beziehungssachen und unserer Berufung zur Liebe und Ehe habe ich etwas sehr Interessantes festgestellt: Jason Evert unterscheidet zwischen Dating (mit jemandem (aus)gehen) und Courtship (werben, jemandem den Hof

---

[144] Ange, *Dein Leib*, S. 254.

machen). Er ist aus den USA und dort gibt es eine viel ausgeprägtere Dating-Kultur als hier in Europa, wir kennen das aus diversen Highschool-Filmen und -Serien. Aber trotzdem zählt er einige Unterschiede auf, die wir als Christen nicht ignorieren dürfen. Beim Daten geht es darum, eine coole Zeit mit jemandem zu verbringen. Man ist ein Paar und denkt nicht allzu viel über die Zukunft nach, schon gar nicht ans Heiraten. Oftmals ist man vielleicht gar nicht richtig verliebt in den anderen, sondern eher verknallt. Diese Art, eine Beziehung zu leben, ist relativ jung. Es gibt sie erst, seit es Autos gibt und die junge Generation mobiler geworden ist, seit auch die Frauen eine Berufsausbildung machen und wir zum Studieren oder für die Ausbildung in anderen Städten wohnen statt zu Hause. Die 68er-Revolution und die Erfindung der Verhütungsmittel haben es noch einfacher gemacht, jemanden zu daten, ohne irgendwelche Verpflichtungen eingehen zu müssen. Es ist also eine relativ junge Art, Beziehungen zu leben. Früher war das anders. Wenn sich ein Mann und eine Frau kennenlernten, dann immer mit der Frage im Hintergrund, ob man in nicht allzu ferner Zukunft heiraten sollte. Das erste Kennenlernen fand immer im Rahmen der Familie statt und auf körperlicher Ebene lief gar nichts.

Natürlich ist es in der heutigen Zeit total unrealistisch und überholt, sich zuerst im Rahmen der Familie kennenzulernen. Aber einen wichtigen Aspekt sollten wir immer im Auge behalten, wenn wir jemanden kennenlernen, mit dem wir gerne eine Beziehung anfangen würden: Bin ich schon bereit dafür, ernsthaft über das Thema Ehe und Heiraten nachzudenken? Und: Kann ich mir vorstellen, diese Person einmal zu heiraten?

Als Christen sind wir dazu berufen, ehrlich und aufrichtig zu leben. Die Liebe sollte kein Spiel für uns sein, sie ist mehr als nur ein schnelles Gefühl, weil der andere gut aussieht oder wir ihn oder sie nett finden. Wir sollten daher nur dann eine Beziehung mit jemandem anfangen, wenn wir bereit sind, eine Ehe einzugehen, und uns vorstellen können, dass wir die andere Person einmal heiraten werden. Und wenn ich eine Beziehung mit jemandem führe und ich stelle im Lauf der Zeit fest, dass ich meinen Partner bzw. meine Partnerin nicht heiraten will, aus diesem oder jenem Grund oder weil er/sie eine Meinung zu einem Thema hat, die ich beim besten Willen nicht teilen kann, dann muss ich Schluss machen, auch wenn es mir schwerfällt.

6.2 Nütze die Zeit als Single

Wir müssen die Jugendzeit nützen, um unsere Talente zu entdecken, um herauszufinden, welchen Beruf wir einmal erlernen wollen, wer wir sind und was wir wollen im Leben und, und, und ... Jason Evert hat vollkommen recht, wenn er sagt: „Die Highschool-Jahre sind nicht für Beziehungen da, die so intensiv sind, dass man am Ende meint, ohne den anderen nicht leben zu können. Es ist viel mehr die Zeit, in der man herausfindet, wer man ist, in der man die Welt entdeckt und das Leben in eine bestimmte Richtung lenkt."[145] Und manchmal dauert das sogar noch länger, dieser Prozess ist nicht immer mit 18 oder 19 abgeschlossen. Ich musste ganze 25 Jahre alt werden, um festzustellen, dass ich ein Talent für das Erlernen von Fremdsprachen habe. Und so manche Leute fangen auf der Uni eine Studienrichtung an und nach einem Jahr stellen sie fest, dass das überhaupt nichts für sie ist, und machen dann etwas anderes. Nütze also deine Jugendzeit, um dich selber besser kennenzulernen und herauszufinden, welche Talente, Begabungen und Stärken du hast.

Aber nicht nur das. In der Ehe sind verschiedene Eigenschaften gefragt, die du am besten schon jetzt einübst: Demut, Respekt, Beständigkeit, Reinheit, Ehrlichkeit, Treue usw. Du stellst fest, dass du ein talentierter Klavierspieler bist? Sei beständig und übe jeden Tag, auch wenn es nur zehn Minuten sind. Du hast einige sehr gute Freunde? Sei immer respektvoll im Umgang mit ihnen. In deiner Familie gibt es Schwierigkeiten? Sei deinen Eltern treu und brich den Kontakt nicht ganz mit ihnen ab. Halte Kontakt zu ihnen, auch wenn er minimal ist.

Entdecke und pflege deine Talente

Jeder von uns hat Talente von Gott geschenkt bekommen. Manche sind auf den ersten Blick sichtbar und andere nicht. Manchmal sind

---

[145] Evert, *If You Really Loved Me*, S. 42f.

es vielleicht nur Anlagen und man muss sie pflegen, damit sie sich entfalten können.

Wenn du nicht genau weißt, wo deine Talente liegen, dann denke nach, in welchen Schulgegenständen du gut bist bzw. warst oder welche Fächer du gern hast oder hattest. Als ich die Ausbildung zur Volksschullehrerin machte, stellte ich fest, dass mir das Fach „Textiles Werken" großen Spaß machte. Ich tat das wirklich gern und noch heute häkle ich sehr gern. Was hat dir gefallen in der Schule? Vielleicht solltest du den einen oder anderen Gegenstand wiederbeleben. So habe ich es gemacht. Eine Zeit lang habe ich nichts gehäkelt, aber irgendwann habe ich wieder damit angefangen und es macht mir wirklich Freude.

Wie schon erwähnt, habe ich mit 25 Jahren angefangen, Spanisch zu lernen, und ich habe festgestellt, dass es mir nicht sehr schwerfiel. Vielleicht willst auch du eine neue Sprache erlernen oder deine schon vorhandenen Sprachkenntnisse verbessern. Als ich 28 war, habe ich beschlossen, ein Jahr nach Spanien zu gehen. Ich war zu der Zeit etwas frustriert, weil ich single war, aber andererseits habe ich mir gedacht: „Wenn ich einmal vergeben bin, dann will ich sicher nicht ein Jahr ins Ausland gehen. Also mache ich es jetzt!" Es muss ja nicht bei jedem gleich ein Jahr sein, es kann auch ein Semester sein oder ein Monat in den Sommerferien.

Vielleicht spielst du schon seit einigen Jahren ein Musikinstrument und es macht dir großen Spaß zu musizieren. Dann mach weiter damit. Wenn du nicht gern allein spielst, dann schau, ob du wo eine Band findest oder eine andere Musikgruppe, wo gemeinsam musiziert wird.

Jemand anderer hat wahrscheinlich Talent im Umgang mit Tieren, beim Malen und Zeichnen, in Mathematik. Oder du interessierst dich für das Produzieren von Videos, kennst entsprechende Computerprogramme und hast auch schon das eine oder andere Video gemacht. Oder du wagst dich an die Nähmaschine heran oder du versuchst dich als Koch oder Zuckerbäcker.

Andere Menschen haben wahrscheinlich Talent im Umgang mit anderen Leuten.

Was auch immer es ist: Auch hier kannst du Gott und den Heiligen Geist um Licht bitten, damit du erkennen kannst, wo deine Talente und Begabungen liegen, und vor allem damit du erkennst, welche du ausbauen und pflegen sollst und welche du einsetzen kannst für den Aufbau des Reiches Gottes. Es kann durchaus vorkommen, dass du erkennst, dass du etwas ganz Neues probieren sollst. Wenn du insgeheim davon geträumt hast, statt Trompete lieber Bassflügelhorn zu spielen, dann versuche es. Oder wenn du gerne nähen würdest, dann versuche es zu lernen. Eine Freundin von mir hat mit der Imkerei angefangen, als sie schon über dreißig war. Sei mutig!

Pflege wahre Freundschaften

Wahre Freundschaften habe ich hier als Titel gewählt. Ich meine damit nicht die 1.953 Freunde, die manche Leute auf Facebook haben, sondern ich meine damit diejenigen, mit denen wir auch persönlichen Kontakt haben. Und selbst hier gibt es noch einen Unterschied zwischen Freunden und wirklich guten Freunden. Als ich Teenager war, war es üblich, dass man am Samstagabend auf irgendwelchen Partys unterwegs war. Dort ging es immer laut und feuchtfröhlich zu. Und am nächsten oder übernächsten Tag hat man sich dann oft über die Leute lustig gemacht, die am tiefsten ins Glas geschaut und in ihrem Rausch den größten Blödsinn gemacht hatten. Natürlich trinken nicht alle über ihren Durst und nicht alle machen mit, wenn sich einige über die fleißigsten Trinker lustig machen, aber ich habe mir schon die Frage gestellt, ob sich so „wahre Freunde" verhalten. Ich fand das immer total abstoßend.
Aber was sind wahre Freunde? Was unterscheidet Freunde von anderen Personen, die wir kennen? Die meisten Freundschaften entstehen aufgrund eines gemeinsamen „Projekts". Das kann Sport sein, Musik oder einfach die Tatsache, dass man jeden Tag im gleichen Klassenzimmer sitzt oder dieselbe Studienrichtung absolviert. Oder man ist in derselben Jugend- oder Gebetsgruppe. Dort trifft man sich dann regelmäßig. Manche Leute findet man sympathischer und manche weniger sympathisch. Die Gespräche drehen sich meistens um Dinge, die sich auf das „Projekt" beziehen. Um die Schularbeiten, die Prüfungen, die Mitschriften, das nächste Konzert, das nächste Match usw. Mit manchen Personen versteht man sich dann so gut, dass man sich auch über persönliche Dinge austauscht und über die persönlichen Probleme spricht. Ein „wahrer Freund" zeichnet sich dadurch aus, dass er diese persönlichen Sorgen und Probleme nicht weitererzählt und sich

auch nicht darüber lustig macht. Auch wenn man die eine oder andere Diskussion hat, weil es Meinungsverschiedenheiten gibt, wird man die Freundschaft nicht gleich beenden. Ein wahrer Freund akzeptiert die Meinung des anderen und nimmt sie an, auch wenn er selber anders darüber denkt.

Freundschaft oder Beziehung?

So eine Freundschaft, wo auf der körperlich-sexuellen Ebene nichts läuft, nennt man „platonische Freundschaft". Wenn in einer solchen platonischen Freundschaft zwischen einem Burschen und einem Mädchen das äußere Projekt wegfällt, kann „mehr" daraus werden. Wenn es nur noch um die Person geht, dann kann aus einer normalen Freundschaft eine Beziehung werden. Das kann gut und okay sein, wenn es für beide Betroffenen passt. Wenn man sich aber vorgenommen hat, eine Zeit lang single zu sein, dann muss man sich gut überlegen, wie man sich in gewissen Situationen verhält. Joshua Harris erzählt, wie er Chelsea kennengelernt hat. Das war im Sommer vor seinem letzten Highschool-Jahr, also nachdem er sich vorgenommen hatte, vorerst keine Beziehungen einzugehen:

„Chelsea nahm, ebenso wie ich, an einem Leiterschaftsseminar teil, und wir trafen uns zufällig zwischen zwei Seminareinheiten. Sie hatte braune Haare, eine lebenslustige Ausstrahlung und nahm ihren Glauben sehr ernst. Sie stammte aus einer intakten Familie und war sportlich und abenteuerlustig. Bei uns beiden war es ‚Sympathie' auf den ersten Blick.
Während des Seminars lernten wir uns besser kennen. Wir quatschten in der Warteschlange fürs Mittagessen, spielten zusammen Tennis, und langsam kamen wir uns näher. Während einer Wanderung mit anderen Teilnehmern erzählte sie mir von sich und der kleinen Stadt, in der ihr Vater als Anwalt arbeitete. Ich plauderte über mein Zuhause und war glücklich, endlich ein Mädchen gefunden zu haben, mit dem ich ‚gefahrlos' Zeit verbringen konnte, ohne gleich kleben zu bleiben.
Leider war mein Vorsatz weniger stark als die Gewohnheit, mit Mädchen umzugehen. Ich fühlte mich zu Chelsea hingezogen. Anstatt mit unserer wachsenden

Freundschaft zufrieden zu sein und unsere Treffen auf die Gruppe zu beschränken, lud ich sie zum Essen in ein Restaurant ein. Sie sagte zu, und am vorletzten Seminartag fuhren wir mit dem Bus nach Colorado Springs. Nach dem Essen schlenderten wir durch die Stadt, und in einem Laden kauften wir uns Ketten, die uns aneinander erinnern sollten. (...)
Am nächsten Tag schrieb ich Chelsea, ich könne nicht ertragen, dass das Ende des Seminars auch das Ende für unsere Freundschaft wäre. Könnten wir nicht weiterhin in Kontakt bleiben, auch über die Entfernung? Sie war einverstanden."[146]

Chelsea und Joshua hatten ein gemeinsames „Projekt": das Seminar, das sie besuchten. Nach dem Seminar blieben sie in Kontakt, aber das Projekt war weggefallen und sie konzentrierten sich nur noch auf sich selber, als wären sie ein Paar. Oder vielleicht waren sie sogar eines, auch wenn auf körperlicher Ebene nichts lief. Chelsea zum Essen einzuladen, sich Ketten zu kaufen und dann auch noch ein Briefchen zu schreiben, sind eindeutig Dinge, die man nur als Paar oder als potenzielles Paar macht.

Wenn du single sein möchtest, dann versuche, diese Grenzen zwischen Freundschaft und Liebesbeziehung nicht zu überschreiten, und vermeide Situationen, in denen es brenzlig werden könnte. Wenn eine Gruppe von Freunden beschließt, ins Kino zu gehen oder ins Schwimmbad, und dann alle bis auf dich und eine Person des anderen Geschlechts absagen, dann bleibt lieber alle zu Hause. Oder zu zweit essen zu gehen, wie es Joshua Harris gemacht hat, solltest du auch vermeiden. Sehr persönliche Dinge wie Sorgen, Probleme, Liebeskummer usw. solltest du mit einem gleichgeschlechtlichen Freund besprechen oder mit einem Priester. Sonst wird die Gefahr zu groß, dass man durch das Austauschen intimer Inhalte nur auf die andere Person konzentriert ist und dann doch eine Beziehung anfängt. Oder der andere vermutet, dass da mehr ist als nur eine normale Freundschaft.

Ich kenne den Fall eines Priesters, der in gewissen pastoralen Situationen wusste, dass sie für ihn „gefährlich" waren. Gefährlich

---

[146] Harris, *Ungeküsst und doch kein Frosch,* S. 114f.

in dem Sinn, dass er in Versuchung kam, das Zölibat zu verletzen. Wenn eine Frau große Probleme hatte oder getrennt war von ihrem Mann oder sehr traurig war, bat er immer die Frauen einer Schwesterngemeinschaft, den Kontakt mit der jeweiligen Frau zu suchen und ihr zu helfen. So wurde dann den betroffenen Frauen geholfen und der Priester kam nicht in die Versuchung, etwas zu machen, das nicht mit dem Zölibat vereinbar war.

Natürlich kann man auch Freunden des anderen Geschlechts seine Sorgen mitteilen, aber es sollten dabei mehrere Personen anwesend sein, weil es sonst, wie schon gesagt, zu Missverständnissen oder Missinterpretationen kommen kann. Im Rahmen einer Gebetsgruppe oder wenn einfach so mehrere Freunde beisammen sind, ist das überhaupt kein Problem. Wenn du weißt, dass alle mit Respekt und Verständnis reagieren und du auch den Rat einer Person des anderen Geschlechts hören willst, dann tu es ruhig, denn das kann sehr bereichernd sein.

Ein guter Freund sein

Gute und wahre Freunde zu finden, ist nicht immer einfach. Sei du als Erster den anderen ein guter Freund. Behandle sie mit Respekt, mach nicht mit, wenn andere sich über jemanden lustig machen. Wenn dir jemand seine Probleme anvertraut, dann erzähle sie nicht leichtfertig weiter. Bring dich ein und mach Vorschläge, was ihr als Gruppe unternehmen könnt.

Vielleicht fragst du dich, warum ich hier so lang und breit über das Thema Freundschaft schreibe. Das hat zwei Gründe: Wenn du einmal eine Beziehung hast oder verheiratet bist, wird zwischen deinem Partner und dir auch sehr viel auf freundschaftlicher Ebene ablaufen (müssen). Ich muss mit meinem Mann die Pläne fürs Wochenende besprechen oder wer wann welches Kind zur Musikschule bringt bzw. abholt. Wir müssen uns einig werden, wenn es Konflikte gibt, und die Meinung des anderen respektieren, ohne uns lustig zu machen oder beleidigend zu werden. Auch vor anderen den Partner zu kritisieren ist total unangebracht. Das ist nicht immer einfach. Deshalb ist es gut, diese Dinge schon in der Zeit als Single zu üben. Außerdem ist eine gute Freundschaft das beste Fundament für eine zukünftige Beziehung.

Einer der größten Fehler in unserer Zeit, und da sind Film und Fernsehen keine guten Vorbilder, ist der, dass die Phase der platonischen Freundschaft übersprungen wird. Man lernt sich kennen, es funkt und sofort wird man ein Paar und liegt sich küssend in den Armen. Dabei ist die Phase der platonischen Freundschaft so wichtig! Man kann sich ohne Druck und in Freiheit kennenlernen, den anderen beobachten, herausfinden, welche Eigenschaften er hat. Als mein Mann und ich uns kennenlernten, waren wir schon nach wenigen Wochen verliebt ineinander, aber trotzdem möchte ich die ersten Monate, wo wir „nur" Freunde waren, nicht missen.

Gute Freunde zu haben und selbst ein guter Freund zu sein, sind Dinge, die du jeden Tag üben kannst. Auch in deiner Familie. Sei deinen Geschwistern ein Freund und versuche auch, die Beziehung zu deinen Eltern zu pflegen. Erzähle ihnen, was dich beschäftigt, wie es in der Schule, auf der Uni, in der Ausbildung, in der Arbeit läuft. Schließe sie in dein Leben ein und lass dich auch von ihnen einschließen. Hilf im Haus und im Garten, wenn es Arbeit gibt, geh mit zu den wichtigsten Familienfeiern. Ich bin sehr dankbar für meine Herkunftsfamilie. Wir Geschwister haben zwar oft gestritten und uns kritisiert und auch meine Eltern haben unter mancher meiner Entscheidungen gelitten, aber wir haben trotzdem immer zusammengehalten und noch heute zählen meine Geschwister zu meinen besten Freunden.

„Einer guten Freundin von mir war klar, dass sie ihren Eltern gegenüber ein ganz schlechtes Verhalten an den Tag legte. Immer, wenn sie mit ihr reden wollten, machte sie dicht und ließ sie nicht an sie ran. ‚Dann habe ich es irgendwann gerafft', erzählte sie mir. ‚Wenn ich jetzt die Menschen, die mir am nächsten stehen, nicht an meinem Leben teilhaben lasse, werde ich eines Tages mit meinem Ehemann genauso umgehen.' Sie beschloss, dieses Verhalten zu ändern[,] und bemüht sich jetzt um eine tiefe, ehrliche Freundschaft mit ihren Eltern. Sie zieht sich nicht sofort nach dem Abendessen in ihr Zimmer zurück, sondern bleibt im Wohnzimmer und quatscht mit ihnen. Anstatt sie aus ihrem Leben auszugrenzen, lädt sie ihre Eltern jetzt ein, daran teilzuhaben. Das durchzuziehen war anfangs nicht leicht, aber langsam

bauen die drei eine richtige Beziehung auf, und sie lernt jetzt, was sie später braucht, um eine gute Ehepartnerin zu sein."[147]

Das heißt jetzt nicht, dass du deinen Eltern ALLES erzählen musst. Es wird immer Dinge geben, die du mit deinen Eltern nicht besprechen willst, sondern lieber mit jemand anderem. Solche Dinge kannst du gern für dich behalten. Aber es gibt auch genug andere Erlebnisse, die du deinen Eltern erzählen kannst.

Nütze die Zeit

„Na, dann nütze ich eben die Zeit, solange ich noch ungebunden bin und mache ..." Das habe ich mir oft gedacht, besonders als ich nach meiner ersten Beziehung wieder single war. Einerseits sehnte ich mich nach einem Partner, andererseits ergab sich keine Beziehung. Also habe ich neben meiner Arbeit ein bisschen studiert. Es hat mir sogar großen Spaß gemacht und weil im zweiten Studienjahr immer noch keine Beziehung in Aussicht war, beschloss ich, ein Jahr nach Spanien zu gehen.

Wenn du unzufrieden bist und merkst, dass du einen Tapetenwechsel brauchst, dann unternimm etwas! Es muss ja nicht immer gleich das Ausland sein. Ich kenne jemanden, der hat während des Studiums die Uni gewechselt und das Studium dann in einer anderen Stadt abgeschlossen. Jemand anders hat die ersten Arbeitsjahre in einem Ort in den Bergen verbracht, weil man dort andere Sportarten betreiben konnte als zu Hause (Schifahren, Snowboarden, Wandern). Vielleicht brauchst du einen Wechsel von einer Kleinstadt in die Großstadt oder umgekehrt? In Europa ist es sehr einfach, ein Semester oder ein Studienjahr im Ausland zu verbringen, und nicht immer ist es notwendig, die jeweilige Landessprache zu beherrschen, um die Lehrveranstaltungen bestehen zu können.

Eine Freundin von mir hat ein soziales Jahr gemacht, eine Art Volontariat, wo man ein bisschen Geld dafür bekommt. Für uns als Christen gibt es auch die Möglichkeit, als Jugendliche ein Jahr für Jesus zu machen. Es gibt verschiedene Gemeinschaften oder Bewegungen, die so etwas anbieten. Es gibt internationale

---

[147] Harris, *Ungeküsst und doch kein Frosch*, S. 160.

Missionsschulen, die Möglichkeit, weit weg in die Mission zu gehen, oder einfachere Projekte, die nicht allzu viel Geld kosten. Ich war 18, als ich diesen Schritt wagte und Jesus ein Jahr meines Lebens schenkte. Ich habe da einige Erfahrungen gesammelt, die mir sehr geholfen haben, als Christ zu reifen und zu wachsen. Ich war damals sehr jung, aber ich kenne auch einige Leute, die schon knapp 30 waren oder darüber, als sie so ein Jahr für Jesus gemacht haben.

Es muss nicht immer ein Ortswechsel sein, es kann auch eine zusätzliche Ausbildung sein, die man nebenher macht, oder ein zeitintensives Hobby, wo man evtl. auch einige Kurse machen muss. Eine Freundin von mir hat vor einiger Zeit mit der Imkerei begonnen. Es kann auch einfach nur eine zusätzliche Fremdsprache sein.

Der positive Nebeneffekt bei all diesen möglichen Projekten ist, dass man dadurch neue Leute kennenlernt und wertvolle Erfahrungen sammeln kann. Aber Vorsicht! Mach nichts aus falschen Motiven! Mach es nicht nur deshalb, damit du vielleicht endlich jemanden kennenlernst. Mach nur etwas, das dich wirklich interessiert oder dir gefällt, und frag auch Jesus im Gebet, ob dein Plan Seinem Willen entspricht.

Übe für das Eheleben[148]

Ein guter Ehepartner wird man nicht aufgrund des Segens, den man in der Kirche bei der Hochzeit erhält. Es gibt Dinge, die man lernen kann, und bei einigen ist es von großem Vorteil, wenn man sie schon einübt, wenn noch gar kein potenzieller Ehepartner in Sichtweite ist. Wer nicht einmal weiß, wie man Nudeln kocht, sollte es schleunigst lernen. Ich glaube, dass man heutzutage nicht mehr darüber reden muss, dass man als Mann genauso wie als Frau gewisse Grundkenntnisse im Kochen haben sollte. Hast du schon einmal deine Familie bekocht? Es muss ja nicht gleich ein komplettes Mittagsmenü sein, fang vielleicht mit einem Salat fürs Abendessen an. Bitte den erfahrensten Koch deiner Familie um Hilfe, wenn du es nicht allein schaffst. Auch im Internet gibt es

---

[148] Viele der hier angeführten Tipps sind nachzulesen in Harris, *Ungeküsst und doch kein Frosch*, S. 152–165.

Zigtausende Kochtutorials. Oder du versuchst dich gemeinsam mit deiner Schwester oder deinem Bruder. Zu zweit macht es mehr Spaß und man kann gemeinsam über eventuelle Misserfolge lachen. Ihr könnt euch auch mit euren Eltern absprechen und ausmachen, dass einmal in der Woche die Kinder das Mittagessen zubereiten.

Du kannst auch deine Hilfe beim Einkaufen anbieten. Den großen Lebensmitteleinkauf für die Familie zu erledigen ist eine Herausforderung. Man muss wissen, wie viel man von welchen Lebensmitteln kaufen muss, damit nichts knapp wird, aber auch nichts verdirbt. Wenn der Einkaufswagen voll ist, versuche abzuschätzen, wie viel man dafür bezahlen muss.

Auch der Umgang mit Geld will gelernt sein. Egal ob du dein eigenes Geld verdienst, von der Studienbeihilfe lebst oder vom Geld, das dir deine Eltern regelmäßig geben. Schreib einen Monat lang auf, wofür du dein Geld ausgegeben hast! Mach wöchentliche Zwischensummen! Was stellst du fest? Wofür gibst du am meisten Geld aus? Gibt es vielleicht einen Bereich, wo du sparsamer sein solltest? Stell dir vor, du hättest schon eine Familie. Müsstest du etwas ändern oder andere Prioritäten setzen? Auch wenn du (noch) kein Schwerverdiener bist, überlege dir, ob du einen Teil deines Geldes sparen willst, z. B. für dein späteres Haus. Denke auch darüber nach, ob du einen gewissen monatlichen Betrag an die Kirche oder eine kirchliche Gemeinschaft spenden möchtest.

Wenn du einmal heiratest, wirst du ziemlich wahrscheinlich irgendwann Kinder bekommen. Auch wenn der Gedanke an eigene Kinder bei dir momentan noch Panikattacken auslöst und kalte Füße verursacht, so sind sie doch ein wunderbares Geschenk Gottes an uns. Ich denke, du solltest die Jugendzeit nützen, um den Umgang mit Babys oder Kindern zu üben. Wer jüngere Geschwister hat, genießt einen Vorteil und weiß vielleicht schon, wie man Windeln wechselt und Babys anzieht. Wer keine oder nur ältere Geschwister hat, kennt vielleicht jemanden in der Verwandtschaft oder im Bekanntenkreis. Biete deine Hilfe als Babysitter an oder suche dir einen Job in einem Feriencamp für Kinder! Ich habe zwei Sommer als Au-pair verbracht und muss zugeben, dass ich da echt viel gelernt habe. Ich habe mir auch immer wieder die Frage gestellt, ob ich meine Kinder so erziehen würde, wie es die Eltern dieser Familie gemacht hatten. So manchen Kniff habe ich mir abgeschaut und gemerkt, andere Dinge wollte ich auf keinen Fall so machen wie diese Eltern. Auch wenn du keinen Babysitterjob hast, kannst du versuchen, andere Eltern zu beobachten, um zu sehen, wie sie in bestimmten Situationen reagieren, ob und wie sie ihre Kinder bestrafen usw. Stell dir dabei immer wieder die Frage, wie du in so einer Situation reagieren würdest.

Den Haushalt zu führen, ist auch etwas, das du später als Ehefrau oder Ehemann machen musst. Sei also dankbar, wenn dich deine Eltern zu regelmäßiger Hausarbeit verdonnern, und hilf zu Hause beim Aufräumen, Putzen, Wäschewaschen, bei der Gartenarbeit oder wenn etwas repariert oder neu gestrichen werden muss usw.! Versuche, das Hotel Mama zumindest zeitweise zu verlassen, bevor du heiratest, damit du es lernen musst, selbst den Haushalt zu managen, und damit du nicht nur dann im Haus arbeitest, wenn die Eltern es sagen! Vielleicht stellst du dabei fest, dass du manches anders machen willst als deine Eltern. Finde deinen eigenen Putzrhythmus und die für dich beste Methode beim Fensterputzen, Wäschewaschen, Bügeln usw.! Wenn du noch zu Hause wohnst, versuche aufmerksam zu sein und zu schauen, was gemacht werden muss! Biete an, dieses oder jenes zu erledigen, noch bevor dich jemand darum bittet!

Sieben. Als Single fruchtbar werden

*Mein Vater wird
dadurch verherrlicht,
dass ihr reiche Frucht bringt
und meine Jünger werdet.*
(Joh 15, 8)

Einmal hat mir jemand gesagt (eine Frau, die schon älter war als 35 und noch single): „Weißt du, man kann auch als Single Frucht bringen." Das beeindruckte mich sehr, denn ich weiß, wie sehr manche oder viele darunter leiden, wenn sie mit 25, 30 oder sogar 35 noch keinen Partner fürs Leben haben. Du hast eine große Sehnsucht, nicht allein zu sein, aber gleichzeitig ist der oder die Richtige noch nicht aufgetaucht (oder du hast sie/ihn noch nicht erkannt). Du willst heiraten und Kinder bekommen, aber noch ist es nicht so weit. Die Kinder, die wir haben, sind die Frucht der Liebe zwischen Mann und Frau, sie sind die Frucht, die bleibt.

Diese Frau hatte recht, wenn sie sagte, dass man auch als Single Frucht bringen kann. Das bezieht sich natürlich nicht aufs Kinderbekommen. Es sind Früchte anderer Art, als wenn man verheiratet ist. Denn Singles haben den Verheirateten mit Kindern gegenüber einen riesigen Vorteil: Sie haben Zeit, viel Zeit. Singles gehen vormittags zur Schule / auf die Uni / in die Arbeit und am Abend haben sie einmal pro Woche Gebetsgruppe, einmal trifft man sich mit Freunden zum Sport, einmal hat man Band-, Chor- oder sonst eine Musikprobe und wenn man einmal ausnahmsweise einen Abend frei hat, dann übt man mit dem Instrument, geht zur hl. Messe, zur Anbetung usw. An den Wochenenden hat man einen Auftritt bzw. ein Konzert, Jugendwochenende, einen Missionseinsatz oder was auch immer. Manche engagieren sich ehrenamtlich beim Lebensschutz, bei Radio Maria, bei der Feuerwehr usw. Die Liste der Möglichkeiten ist sehr lang.

Aus eigener Erfahrung und aus der Erfahrung mancher Freunde muss ich sagen: Wenn man einmal Kinder hat, muss man manche oder viele Dinge dieser Liste streichen, denn Babys brauchen sehr viel Zeit und Nähe und wenn sie einmal größer werden, brauchen sie auch viel Aufmerksamkeit. Irgendwann kommt die Zeit, wo man sie jeden Nachmittag herumchauffiert: zur Erstkommunionsvorbereitung, zur Musikschule, zum Fußballtraining, zur Tanzschule usw. Auch hier ist die Liste der Möglichkeiten ziemlich lang. Und am Abend muss man rechtzeitig zu Hause sein, weil Kinder mehr Schlaf brauchen als wir Erwachsenen. Natürlich gibt es auch Babysitter, Omas und Opas, die gerne helfen. Aber trotzdem hat man nicht mehr so viel Zeit wie als Single.

Diese Zeit, die man als Single hat, sollte man nützen, um Frucht zu bringen, die bleibt. Das meinte auch die Frau, von der ich am Anfang dieses Kapitels erzählt habe. Sie sprach davon, dass sie ihre Zeit Gott zur Verfügung stellte in der Mission und anderen Menschen, die ihre Hilfe brauchten. Nütze auch du deine Zeit und hilf mit, das Reich Gottes aufzubauen. Das kannst du auf verschiedenste Art und Weise tun:

7.1 Bete

Nimm dir Zeit zu beten und bete besonders für die, die die Liebe Gottes noch nicht erfahren haben, für die, denen es schlecht geht, für die Frauen, die überlegen, ob sie abtreiben sollen, für Frieden und Freiheit in der ganzen Welt. Es gibt unendlich viele Anliegen und genauso viele Möglichkeiten, wie und was wir beten können. Egal, ob es eine Zeit vor dem ausgesetzten Allerheiligsten, in der Kirche beim Tabernakel oder zu Hause ist, ob du Loblieder singst, den Rosenkranz, eine Litanei betest oder einfach nur in Stille bei Jesus bist. Ob du die Hl. Schrift liest oder sonst eine geistige Literatur. All das hört Gott und Er schenkt dadurch seine Gnade. Sehr oft wissen wir nicht, ob oder was unsere Gebete bewirken, aber Gott lässt kein Gebet ungehört verhallen.

7.2 Engagiere dich in der Mission

Das Wort „Mission" klingt ein bisschen nach „in Afrika sein", aber das ist damit nicht gemeint. Auch hier vor Ort gibt es viele Menschen, die nicht an Jesus glauben, und infolgedessen gibt es missionarische Projekte, wo die Hilfe von jungen Christen gerne angenommen wird. Jesus braucht auch dich! Es gibt Gemeinschaften, Bewegungen und Vereine, in denen sich (junge) Christen engagieren können, damit viele Menschen die Liebe Gottes erfahren können. Das kann aber auch deine eigene Pfarre sein. Von meiner Heimatpfarre in Österreich weiß ich, dass dort junge Christen in Zusammenarbeit mit dem Pfarrer verschiedene Projekte durchgeführt haben. Wenn es auch in deiner Pfarre mehrere Jugendliche gibt, dann redet euch zusammen und bietet eure Hilfe an: Ihr könnt regelmäßig eine Anbetungsstunde gestalten mit schönen Liedern, Texten usw. oder ihr organisiert einen Abend der Barmherzigkeit. Ihr könnt auch euren Pfarrer fragen, was ihr tun könntet.

Heutzutage gibt es auch viele Gemeinschaften, Bewegungen und Vereine, in denen man sich engagieren kann. Egal ob es die Gemeinschaft Emmanuel, die Loretto-Gemeinschaft, die Legio Mariens, das Neokatechumenat, die Schönstatt-Bewegung, die KGI, die Jüngergemeinschaft, Jugend für das Leben, Radio Maria oder etwas ganz anderes ist. Jede Gemeinschaft bzw. Bewegung hat ihr eigenes Charisma und bei vielen beinhaltet das Engagement einen sehr konkreten Kompromiss. Dadurch wächst man selbst im Glauben und lernt, in der Hingabe für andere zu leben. Das können Missionseinsätze sein, wo man direkt auf der Straße mit Leuten redet, die vielleicht gar nicht an Gott glauben, ein Missionseinsatz in einer Pfarre, der mehrere Tage dauert, das Vorbereiten von Materialien oder Glaubensschriften, die später verschickt werden, das Moderieren einer Sendung usw. Frag Gott, wo du dich engagieren kannst, damit Sein Reich hier auf Erden wachsen kann. Eine besondere Möglichkeit, im Glauben, im Gebet und in der Evangelisation fruchtbar zu werden, ist, ein Jahr für Jesus zu leben. Es gibt viele katholische Gemeinschaften, Bewegungen oder kirchliche Organisationen, die so etwas anbieten. Manche verlangen, dafür ins Ausland zu gehen, andere bieten es direkt vor Ort an. In dieser Zeit hat man einerseits die Möglichkeit, im Gebet zu wachsen, weil sehr oft tägliche Gebetszeiten vorgesehen sind, andererseits wird man missionarisch tätig bei verschiedenen Missionsprojekten. Bei manchen dieser Angebote bekommt man auch Unterricht und kann so ein gewisses Grundwissen über die Bibel, den Katechismus, die Lehre der Kirche usw. erwerben. Je nach Anbieter gibt es verschiedene Schwerpunkte. Auch die Kosten, die die Teilnehmer aufbringen müssen, sind teilweise sehr unterschiedlich. Wenn du merkst, dass du so etwas gerne machen willst, dann bitte Jesus, dir zu zeigen, wo und wann es gut ist für dich. Er wird es dir zeigen.

Ich habe als Teenager die Jüngergemeinschaft und die KGI Wien kennengelernt. Dort wurde auch ein Jahr für Jesus angeboten, das „Apostolische Jahr". Als ich 18 war und kurz vor der Matura stand, hatte ich überhaupt keine Ahnung, was ich ausbildungsmäßig weiter machen sollte. Außerdem durfte ich zwei Jahre zuvor die Liebe Jesu erfahren, weshalb ich die Idee des Apostolischen Jahres sehr interessant und anziehend fand. Ich entschied mich dann, es zu machen, und ich muss sagen, dass ich es nie bereut habe. Im Tagesprogramm gab es einige Fixpunkte, die Zeiten der Anbetung, des Rosenkranzes und die tägliche heilige Messe. So konnte ich Jesus viel besser kennenlernen und mich in Seiner Liebe versenken. Auch die Bibel wurde mir in diesem Jahr ein sehr guter Freund, weil ich durch die ausgiebigen Gebetszeiten viel mehr Zeit zum Lesen hatte als zu Hause. Wir hatten Unterricht und konnten so unser Wissen über die Bibel und den katholischen Glauben vertiefen. In den verschiedenen Missionseinsätzen lernte ich, über meine Erfahrungen im Glauben zu sprechen und von der Liebe Gottes Zeugnis zu geben. In dem Haus, in dem wir wohnten, wurden jedem gewisse (Putz-)Dienste zugeteilt, und auch das Miteinander mit den anderen, die das Apostolische Jahr zugleich mit mir absolvierten, war eine wertvolle Erfahrung. Wir hatten es wirklich sehr lustig miteinander und manchmal lachten wir, bis uns die Tränen kamen. So sind einige Freundschaften entstanden, die bis heute anhalten. Wir „Apostelschüler" wurden auch geistig begleitet und gegen Ende des Jahres, als sich die Frage stellte, wie es danach weitergehen sollte, wurde ich gut begleitet und ich durfte wertvolle Hilfe erfahren, damit ich frei und in Freude entscheiden konnte, welche Ausbildung ich danach machen würde.

Wenn du merkst, dass dich so ein Jahr für Jesus interessiert und du so etwas eventuell gerne machen würdest, dann erkundige dich, welche Angebote es gibt.

Neben den Gemeinschaften, die so ähnliche Dinge anbieten, wie ich gemacht habe, gibt es auch Gemeinschaften und Organisationen, die mehr auf die Mission ausgerichtet sind. Da geht man dann tatsächlich nach Afrika oder in ein anderes Land außerhalb Europas. Finde heraus, was du am liebsten machen willst.

7.3 Sei aufmerksam

Nicht für jeden ist es möglich, ein Jahr für Jesus zu machen. Aber auch in unserem Alltag sind wir gerufen, ganz für Ihn da zu sein. „Was ihr für einen meiner geringsten Brüder getan habt, das habt ihr mir getan", sagt Jesus. (Mt 25, 40) Das heißt, egal wo du gerade stehst im Leben, du bist gerufen, Jesus in deinen Mitmenschen zu sehen und aufmerksam ihnen gegenüber zu sein, falls jemand Hilfe braucht. Ich kann mich daran erinnern, dass einmal eine Frau erzählt hat, dass sie schwanger wurde und überlegte, ob sie das Kind abtreiben solle. Viele ihrer Freunde rieten ihr, es zu tun. Als sie letztendlich abgetrieben hatte, ging es ihr sehr schlecht, aber alle Freunde, die sie zur Abtreibung ermutigt hatten, waren plötzlich weg. Nur die Christen unter ihren Freunden standen ihr in dieser schwierigen Zeit bei. Das machte mich sehr betroffen. Ich glaube, Jesus ruft uns Christen dazu, Freunde zu sein, die nicht weglaufen oder wegschauen, wenn es jemandem schlecht geht oder wenn jemand eine Entscheidung trifft, die viele vor den Kopf stößt. Oft wissen wir vielleicht genauso wenig wie Nichtchristen, wie wir den anderen helfen können, aber Gott weiß, dass wir keine Meister sind in Lebenshilfe oder Krisenbewältigung. Jesus selbst wird dir zeigen, wie du helfen und was du sagen kannst, wenn jemand große Probleme hat. Oft ist es auch genug, wenn man einfach nur zuhört und dem betroffenen Freund sagt, dass man für ihn beten wird. Wenn es sich um wirklich große Probleme handelt wie eine ungeplante Schwangerschaft oder eine unerträgliche Situation in der Familie, dann erkundige dich und versuche, Hilfe von außen zu finden.

Nicht immer müssen es riesige Probleme sein, bei denen du helfen kannst. Ich kenne jemanden, der sich einmal vorgenommen hat, regelmäßig verschiedene Freunde anzurufen, zu denen er zu dieser Zeit wenig Kontakt hatte. Einfach nur, um auch diese Freundschaften zu pflegen und den Betroffenen damit eine kleine Freude zu bereiten.

Versuche aufmerksam zu sein, falls es jemanden gibt, der auf der Suche nach dem Sinn des Lebens oder nach Gott ist!

Als ich auf die Uni ging, lernte ich viele neue Leute kennen. Mit manchen Studienkolleginnen kam ich öfter ins Gespräch. Einmal lud ich eine dieser jungen Frauen zu einem Jugendtreffen ein und sie fuhr mit mir dorthin. Ich ging kurz danach nach Spanien und der Kontakt zu ihr brach dadurch ab, weshalb ich lange nicht wusste, was weiter passiert war. Erst nach Jahren erzählte mir eine Freundin, die viele der Jugendlichen begleitet, die dort zu diesen Jugendtreffen fahren, dass diese Studienkollegin zum Glauben an Jesus Christus gefunden hatte und nun in einer anderen Bewegung ihren Weg gefunden hat. Als ich das hörte, war ich sehr froh, dass sie durch mein bescheidenes Wirken zu Jesus finden konnte.

Wenn wir versuchen, anderen gegenüber aufmerksam zu sein, ihnen zu helfen, wenn sie Hilfe brauchen, ihnen ein Freund zu sein, wenn andere Freunde nicht da sind, ihnen Jesus zu zeigen, wenn sie auf der Suche nach Ihm sind, dann wird unser Leben fruchtbar, auf wunderbare Weise, und diese Frucht wird bleiben, genauso wie die Kinder in einer Ehe.

Acht. Einen Partner suchen. Einen Partner suchen?

„Ich glaube fest, dass die besten Ehen die sind, wo beide, der Mann und die Frau, vor der Hochzeit das Geschenk des Singleseins umarmt haben."[149] Bevor wir uns überlegen, ob und wie man einen Partner suchen kann, müssen wir einen Schritt zurückgehen und uns klarmachen, dass die Zeit als Single keine „Übergangsphase" ist zwischen Kindheit und Verheiratetsein, die möglichst kurz sein soll und die man so schnell wie möglich hinter sich bringen muss. Die Singlezeit ist ein Geschenk! Nimm dieses Geschenk an und mach das Beste daraus, ohne ständig und überall potenzielle zukünftige Ehemänner bzw. Ehefrauen zu sehen. Leb die jetzige Phase hundertprozentig. Mach das, was du heute machen musst, mit so viel Liebe, als ob es kein Morgen gäbe. Im Buch Genesis, im Kapitel 24, wird beschrieben, wie ein Knecht Abrahams sich auf die Suche nach einer Frau für Isaak macht. Als er an sein Ziel kommt, bleibt er am Brunnen vor der Stadt stehen und betet. „Das Mädchen, zu dem ich dann sage: Reich mir doch deinen Krug zum Trinken! Und das antwortet: Trink nur, auch deine Kamele will ich tränken!, sie soll es sein, die du für deinen Knecht Isaak bestimmt hast. Daran werde ich erkennen, dass du meinem Herrn Huld erweist." (Gen 24, 14)

Genau das geschieht dann auch. Rebekka tat nichts Außergewöhnliches. Aber das, was sie tat, das machte sie mit viel Liebe und Hingabe. Und es machte ihr nichts aus, auch für die Kamele Wasser

---

[149] Evert, *If You Really Loved Me*, S. 46f.

zu schöpfen. Sie tat es mit 100 % Liebe, auch wenn es ihr mehr Zeit kostete, als ursprünglich geplant.

Der Richtige werden

Jason Evert bringt es auf den Punkt, wenn er sagt: „Um den Richtigen zu finden, muss man selbst der Richtige werden."[150] Pflege deine Gebetszeit und bitte Gott, dir zu helfen, deine Fehler zu korrigieren und deine Schwächen zu bekämpfen. Versuche auch, die Dinge umzusetzen, die ich in den vorigen Kapiteln angesprochen habe.

Natürlich wird es immer wieder Momente oder Phasen geben, in denen du deprimiert bist, weil du immer noch allein bist. Das ist völlig normal. Aber versuch immer wieder aufs Neue, den jetzigen Zustand anzunehmen und Gott dankbar zu sein für das Geschenk der Unabhängigkeit des Singleseins.

Ihr Mädels: Zufriedenheit macht schön. Versucht wirklich, die Zeit als Single als Geschenk anzusehen! Dann werdet ihr zufriedener und Zufriedenheit macht schön. Auch Liebe macht schön, darüber haben wir schon in Kapitel vier gesprochen. Es ist eine innere Schönheit, ein Geheimnis. Pflege diese deine innere Schönheit! Wenn du jetzt aber keinen Freund hast, dann lass dich von Gott lieben. Suche jeden Tag Seine Gegenwart im Gebet, in der hl. Messe, in der Anbetung. Lass dich von Seiner Liebe durchdringen, so wird auch deine innere Schönheit stärker nach außen strahlen.

Und was die Burschen oder Männer angeht: Legt die Latte ruhig hoch! Seid anspruchsvoll und nicht leicht zu haben! Haltet euch zurück, wenn potenzielle Partner anwesend sind, und gebt den Männern dadurch Zeit und Raum, damit sie die Initiative ergreifen können!

Ihr Burschen: Lernt es, ein Mann zu sein, seid entschlossen, egal was ihr tut! Wenn du merkst, dass du ein Jahr für Jesus leben sollst, dann zögere nicht! Tu es, denn Er braucht dich! Das hilft dir, als Mann zu reifen. Sei den Mädels gegenüber immer höflich, ein Gentleman! Habe keine Angst davor, die Initiative zu ergreifen, wenn du merkst, dass dich ein Mädel interessiert!

---

[150] Evert, *If You Really Loved Me,* S. 51.

Das ist also der erste Schritt: Versuche, die Zeit als Single als Geschenk zu sehen und lebe sie voll aus, nütze die Zeit!

Einen Partner suchen?

Aber kann man denn nun einen Partner suchen? Diese Frage kann man nicht mit einem eindeutigen Ja oder Nein beantworten. Wie schon gesagt, wer verbissen ist und in jeder neuen Bekanntschaft einen potenziellen Heiratskandidaten sieht, wird nicht glücklich sein und verpasst vielleicht so manches interessante Erlebnis. Man kann einen Partner nicht suchen wie eine Münze, die auf den Boden gefallen und irgendwo hingerollt ist. Du solltest aber schon Schritte setzen, damit du immer wieder einmal neue Leute kennenlernen und neue Freundschaften schließen kannst. Versuche, dich in christlichen Kreisen zu bewegen, vor allem wenn es dir wichtig ist, dass dein(e) Zukünftige(r) auch Christ ist. Dort gibt es, Gott sei Dank, immer wieder Jugendwochenenden, Sommerforen, Sommerfestivals usw., wo viele Jugendliche zusammenkommen. Und in deiner näheren Umgebung gibt es vielleicht einen Jugendgebetskreis oder eine Gebetsgruppe. Wenn du in einer Gebetsgruppe bist, dann könnt ihr ab und zu gemeinsam etwas unternehmen, zum Beispiel eine Wanderung oder einen Spieleabend, zu dem ihr auch andere Freunde einladen könnt.

Die geeignete Umgebung

Kannst du dich noch an Lea erinnern? Sie ging oft am Samstagabend aus und wenn schon eine gewisse Menge an Alkohol geflossen war, dann kam sie so manchem Burschen körperlich näher. Später sagte sie einmal zu mir: „Weißt du, ich glaube, diese Partys mit lauter Musik und Alkohol sind nicht der geeignete Ort, um jemanden kennenzulernen." Da stimmte ich ihr voll und ganz zu. Schon allein wegen der lauten Musik ist es fast unmöglich, mit jemandem ein sinnvolles Gespräch zu führen. Wenn du mit deinen Freunden ausgehst, dann sucht euch Lokale, in denen der Lärmpegel erträglich ist und Alkohol (und Drogen) keine allzu große Rolle spielen. Denn bei hohem Lärm kann man nicht gut miteinander reden und der Alkohol ist kein guter Freund, wenn es darum geht, jemanden ehrlich und in Freiheit kennenzulernen.

Singletreffs und Internet

An manchen Orten werden auch immer wieder christliche Singleabende, Singletreffs oder auch Wochenenden für Singles angeboten. Solche Angebote kann man auch gerne nützen, obwohl ein bisschen ein Druck entstehen könnte, dass man dort jetzt unbedingt jemanden kennenlernen muss. Um dem Ganzen ein bisschen die Spannung zu nehmen, kannst du mit einem Freund/einer Freundin deines Geschlechts hingehen – unter dem Motto: Wir zwei werden eine nette Zeit verbringen, egal ob wir jemanden kennenlernen oder nicht.

Dann stellt sich immer wieder die Frage, ob man Internetplattformen zur Partnersuche nutzen kann oder soll, denn es gibt sie ja auch von und für Christen. Das ist kein einfaches Thema, denn das Internet birgt auch Gefahren. Man teilt nur das, was man teilen will, und es ist relativ einfach, die eigenen Schwächen oder Fehler zu verbergen. Wenn man jünger als 25 ist und/oder viele Möglichkeiten hat, neue Leute kennenzulernen, würde ich eher abraten davon und versuchen, auf persönlicher Ebene möglichst viele neue Kontakte zu knüpfen. Wenn man schon etwas älter ist und man das Gefühl hat, dass man schon lange keine neuen Freunde mehr gefunden hat, kann das Nutzen so einer Internetplattform eine Hilfe sein. Ich kenne einige Ehepaare, die sich auf so einer Plattform kennengelernt haben. Ich kenne aber auch Personen, die einige Zeit registriert waren und dann ihr Konto wieder gelöscht haben, weil sie das Gefühl hatten, nicht am richtigen Ort zu sein. Oder sie hatten eine negative Erfahrung mit einem anderen Nutzer. Da musst du für dich selbst herausfinden, ob du es auf so einer Plattform versuchen willst oder nicht. Wenn du dich dafür entscheidest und mit jemandem in Kontakt kommst, solltest du versuchen, bald ein persönliches Treffen zu vereinbaren, denn, wie schon gesagt, online ist es schwer, die Person als Ganzes wahrzunehmen, mit allen ihren Stärken und Schwächen, ihre Art zu reden, die Gesten, ihr Verhalten in einem sozialen Umfeld usw.

Wenn du gerne Sport machst, versuche einen Verein zu finden, wo deine Lieblingssportart betrieben wird. Wenn du ein Instrument spielst und gerne musizierst, dann versuche, in einer Band, einem Orchester oder einer Blaskapelle mitzuspielen. Wenn du gerne singst, versuche einen Chor zu finden, wo du mitsingen kannst.

Vielleicht gibt es auf deiner Uni bzw. Fachhochschule ein Orchester, einen Chor oder die Möglichkeit, sich sportlich mit anderen Studenten zu betätigen.

Ortswechsel

In manchen Fällen, wenn es beruflich gesehen nicht allzu kompliziert ist, kann auch ein Ortswechsel hilfreich sein, damit man neue Bekanntschaften schließen kann. Es muss ja nicht gleich das Ausland sein, aber vielleicht ein anderes Bundesland, eine größere Stadt oder ein Ort, der dir schon immer gut gefallen hat.

Ein christlicher Partner oder nicht?

Ich habe mir im Zusammenhang mit der „Suche" nach einem Partner immer wieder die Frage gestellt, ob und wie wichtig es ist, dass der zukünftige Ehepartner Christ sein sollte so wie ich. In christlichen Kreisen hört man immer wieder, dass man auf keinen Fall eine Beziehung mit jemandem anfangen sollte, der mit der Kirche nichts am Hut hat, also jemandem, der z. B. nie in zur hl. Messe geht. Ich finde, dass man diese Frage nicht so einfach beantworten kann. Es gibt Leute, die zwar nie oder fast nie in die Kirche gehen, aber trotzdem eine gesunde, fast christliche Lebenseinstellung haben. Mein erster Freund damals war so jemand. Er respektierte meine christliche Einstellung und es war für ihn kein Problem, dass mir der Messebesuch wichtig war. Auch meine Einstellung zur Sexualität respektierte er, obwohl er sie wahrscheinlich nicht verstand und es nicht einfach für ihn war, das zu akzeptieren. Mir war aber schon klar, dass ich manche Situationen nicht so leben hätte können wie mit einem christlichen Partner und dass ich so manches kleinere oder größere Opfer hätte bringen müssen, wenn wir geheiratet hätten, denn es fehlt schon ein großer „gemeinsamer" Teil im Leben, wenn der andere die christliche Einstellung nicht oder nur teilweise teilt. Das heißt aber nicht, dass so eine Ehe automatisch zum Scheitern verurteilt ist. Ich kenne einige Ehen, wo ein Partner Christ ist und sich sehr in der Nachfolge Jesu engagiert und der andere fast nie in die Kirche geht, und ich habe das Gefühl, dass diese Ehen gut verlaufen und beide Partner glücklich sind.

Meine Antwort auf diese Frage lautete damals: „Wenn Gott will, dann wird Er mir einen christlichen Partner schenken, und wenn Er will, dass ich jemand anderen heirate, dann werde ich auch Frieden dabei haben."

Bete

Das Allerwichtigste bei all diesen Dingen, die man tun kann, um neue Freundschaften zu schließen und eventuell einen Partner zu finden, ist sicher das Gebet. Bete schon jetzt für deine(n) Zukünftige(n), bitte Gott, dass Er deine Schritte lenken möge, damit ihr euch dann kennenlernen könnt, wenn es am besten für euch beide passt. Es gibt auch einige Heilige, die besondere Fürsprecher sind bezüglich der Partnersuche: der hl. Josef und der hl. Antonius von Padua. Bete eine Novene zu einem der beiden oder mach eine Wallfahrt nach Padua. Auch die Muttergottes ist eine machtvolle Fürsprecherin. Bete den Rosenkranz öfter in diesem Anliegen oder mach eine (Fuß-)Wallfahrt zu einer Muttergotteskirche.

Als ich um die 25 war, habe ich gehört oder gelesen, dass der hl. Josef in manchen Anliegen will, dass wir sehr konkret sind, und dass manche Leute auch einen Brief an ihn geschrieben haben, wo sie einige Eigenschaften aufzählten, die ihr(e) zukünftige(r) Ehemann/Ehefrau haben sollte. Hier geht es nicht darum, äußere Dinge wie „1,80 groß, dunkle Haare, Waschbrettbauch" oder „langes, volles Haar, Kleidergröße 36, Brustumfang mindestens XX" usw. zu schreiben, sondern um andere Eigenschaften. Ich habe so einen Brief dann auch geschrieben und auch eine Wallfahrt zu einer Josefskirche gemacht. An alle Details kann ich mich nicht mehr erinnern, aber eines weiß ich noch: dass mein Zukünftiger nicht mehr im Elternhaus wohnen sollte. Für mich war es wichtig, dass mein Mann ein wenig Ahnung hat von Hausarbeit und Kochen und davon, was alles getan werden muss, wenn man allein einen Haushalt führt. Dies traf auf meinen Mann Gott sei Dank zu, und auch die meisten anderen Dinge, um die ich gebeten hatte, soweit ich mich erinnern kann. Kleines Detail am Rande: Ich hatte vergessen, den hl. Josef zu bitten, dass mein Mann immer warme Füße haben sollte, damit ich meine kalten Füße am Abend im Bett

bei ihm aufwärmen könnte. Dummerweise neigt mein Mann auch zu kalten Füßen ... Darüber haben wir schon oft gelacht.
Sei gewiss: Gott hört deine Gebete und lässt dich nicht allein. Er kennt deine Sehnsucht, Er weiß um deinen Wunsch, nicht allein zu sein. Er sorgt für dich und wird deine Gebete erhören. Deine Zukunft ist in Seiner Hand, Er wird dich nicht im Stich lassen.

TEIL 3
IN EINER BEZIEHUNG LEBEN

Und der Mensch sprach:
Das endlich ist Bein von meinem Bein
und Fleisch von meinem Fleisch.
Gen 2, 23

Einführung Teil 3

Du hast ein Auge auf eine bestimmte Person geworfen und überlegst, ob ihr eine Beziehung anfangen sollt. Oder ihr seid schon länger ein Paar.

Manchmal sehnt man sich danach, sich gute Ratschläge zu holen für die Beziehung. Aber wo findet man sie? Film, Fernsehen und (Online-)Jugendzeitschriften bleiben allzu oft nur an der Oberfläche. Es geht darum, dass man sich verliebt oder verknallt in jemanden, und deshalb fängt man eine Beziehung an. Aber wenn du als Christ beschlossen hast, ein keusches Leben zu führen, ist das nicht genug. Du hast Fragen, die dort nicht beantwortet werden:

Wann und wie kann ich den ersten Schritt setzen? Was ist wichtig in einer christlichen Beziehung? Wie können wir uns besser kennenlernen? Wie steht es um die Romantik? Was können wir machen, wenn Meinungsverschiedenheiten auftauchen? Welche Rolle spielt Gott bei alldem?

Um all das soll es in diesem letzten Teil des Buches gehen. Und natürlich auch um die große Frage, die sich viele Christen stellen: Wie können wir die sexuelle Enthaltsamkeit vor der Ehe leben? Denn eine einfache Aufgabe ist das nicht, wenn man verliebt ist und sich auch körperlich hingezogen fühlt zu seiner Freundin, zu seinem Freund ...

Am Ende werden wir noch einige Punkte und Fragen beleuchten, die wichtig sind, wenn ihr vor der Entscheidung steht, ob ihr den nächsten großen Schritt setzen sollt, nämlich euch zu verloben.

So viel ist sicher: Egal, wie sehr ihr verliebt seid, wie lange ihr schon zusammen seid oder wie oft ihr schon gestritten habt: In diesem Teil des Buches gibt es wertvolle Ratschläge für viele Bereiche, die eure Beziehung betreffen.

Neun. Eine Beziehung beginnen

Der Geduldige hält aus
bis zur rechten Zeit,
doch zuletzt wird ihn
Freude beschenken.
Sir 2, 23

Manchmal denke ich zurück an die Zeit, als mein Mann und ich uns kennenlernten. Das ist eine besondere Zeit, wenn man jemanden trifft, mit dem man sich sehr gut versteht und sogar noch mehr … Jedes Paar hat da seine eigene, individuelle Geschichte und jede für sich liest sich wie ein Liebesroman. Aber eines unterscheidet die wahren Geschichten von den Liebesromanen oder Liebesfilmen: die Zeit der platonischen Freundschaft. Ich habe schon in Kapitel 6.2 erwähnt, dass dies in Film und Fernsehen sehr oft übersprungen wird. Aber sie ist wichtig, ja, sogar sehr wichtig, weil man da den anderen ganz ungezwungen kennenlernen kann, ohne irgendeinen Druck und in Freiheit.

Sich Zeit lassen

Joshua Harris erzählt, dass er seine Frau Shannon schon seit ca. einem Jahr kannte, als sie eine Beziehung anfingen. In den ersten Monaten war Joshua an einer anderen Frau interessiert, aber daraus wurde nichts. Später stellte er fest, dass er Shannon sehr nett fand und sie ihm nicht aus dem Kopf ging und dass er sich auf jede Gelegenheit, mit ihr zu sprechen, freute. Trotzdem vergingen noch einige Monate, bis er sich dazu entschloss, Shannon zu fragen, ob sie eine Beziehung beginnen könnten. Jemand gab ihm den Rat: „Lass dich nicht von Ungeduld hinreißen. Sei ihr Freund, aber sag nichts von deinen Gefühlen, bis du dich nicht in der Lage fühlst, eine klar auf die Ehe ausgerichtete Beziehung zu beginnen. Spiel nicht mit ihrem Herzen!"[151] Das ist ein sehr guter Ratschlag. Sei nicht ungeduldig, wenn du jemanden kennst, der dir nicht aus dem Kopf geht, auch wenn es schwer ist.

Ich kenne den Fall eines Ehepaares, die Arbeitskollegen waren, als sie sich kennenlernten. Sie gingen lange Zeit hindurch nach der Arbeit auf ein Bier, ohne dass sonst etwas lief. So konnten sie sich in Freiheit näher kennenlernen. Das beeindruckte mich sehr.

In einem anderen Fall handelte es sich auch um Arbeitskollegen. Johannes und Maria sind Lehrer und lernten sich bei einer Veranstaltung ihrer Schule kennen. Johannes erkundigte sich bei einem Kollegen nach Maria, ob sie denn einen Freund habe ... Dieser Arbeitskollege irrte sich jedoch und glaubte, dass Johannes von einer anderen Kollegin redete, die sehr wohl einen Freund hatte, und teilte ihm mit, dass sie vergeben sei. Somit war die Sache für Johannes erledigt. Wenn sie sich sahen, übte er sich in höflicher Zurückhaltung und Maria fragte sich, ob er denn überhaupt kein Interesse habe ... Aber auch sie übte sich in Geduld und unternahm nichts. So vergingen ganze drei Jahre. Bis sich herausstellte, dass sich der besagte Arbeitskollege geirrt hatte, denn bei einem gemeinsamen Essen, zu dem sich nur die Alleinstehenden verabredet hatten, fragte jener Arbeitskollege Johannes, warum er denn so viel mit Maria rede ... Da antwortete ihm Johannes: „Aber du hast mir doch damals gesagt, dass sie vergeben ist!" Da wurde seinem Kollegen klar, dass er sich damals geirrt hatte, und er erklärte Johannes, dass Maria Single sei. So musste Johannes aufgrund eines Missverständnisses ganze drei Jahre warten. Drei Jahre. Das ist ganz schön lang. Die Geschichte von Maria und Johannes ging dann so weiter, dass er, nachdem er wusste, dass Maria single war, den Kontakt zu ihr intensivierte, und so vergingen einige Monate, wo sie sich öfter im Kreis anderer Freunde trafen, miteinander redeten und sich so besser kennenlernten. *„Dann fingen wir an, uns allein zu verabreden[,] und eines Tages sagte ich zu Maria: ‚Mit jedem Tag fällt es mir schwerer, mich von dir zu verabschieden. Ich denke, wir sollten ehrlich über unsere Vorstellungen reden.' Von da an fingen wir an, die Muttergottes um Hilfe zu bitten, um zu erkennen, was sie von uns wollte und ob das vor Gott*

---

[151] Harris, *Frosch trifft Prinzessin*, S. 23.

recht wäre. Denn beide wollten wir das Richtige tun, zum wohl des anderen.

Also beteten wir zur Muttergottes und baten den Heiligen Geist um Licht und dann erkannten wir, mit viel Frieden im Herzen, dass wir zusammen sein sollten. Wir gingen in einem Park spazieren, wir nahmen uns an der Hand und begannen lächelnd unsere Zeit als Paar."

Wann setze ich den ersten Schritt?

Kennst du jemanden, der dir nicht mehr aus dem Kopf geht? Freust du dich auf jede Gelegenheit, bei der du mit besagter Person sprechen kannst? Dann nimm dir den Ratschlag von Joshua Harris zu Herzen: Sei geduldig und sei ein Freund, ohne ihr/ihm gleich von deinen Gefühlen zu erzählen. Nütze diese Zeit der Freundschaft auch, um den anderen ein wenig zu beobachten. Welche Charaktereigenschaften erkennst du, die dir gefallen? Wie verhält er/sie sich in konkreten Situationen (wenn er/sie zurechtgewiesen wird, wenn er/sie sich ungerecht behandelt fühlt usw.)? Wer sind ihre/seine Freunde und was unternehmen sie gemeinsam? Das oder zumindest ein Teil davon ist meistens relativ leicht umzusetzen. Besonders wenn ihr euch beide regelmäßig trefft, ohne euch verabreden zu müssen: auf der Uni, in der Ausbildung, in der Arbeit, in einer Gebetsgruppe, in der Jugendgruppe deines Wohnortes, in der Musikgruppe, in der ihr beide spielt, usw.

Komplizierter ist es, wenn man weit voneinander entfernt wohnt und sich nur alle paar Monate sieht. Anders ist es auch, wenn man jemanden bei einer mehrtägigen Veranstaltung kennenlernt, wo man davon ausgehen muss, dass man sich danach nie wiedersehen wird. Da wird man zumindest die Telefonnummern austauschen müssen, damit man in Kontakt bleiben kann. In manchen Fällen wird man schon am Ende dieser Veranstaltung ein klärendes Gespräch führen, weil man sich im Klaren darüber ist, dass da vielleicht mehr ist als eine normale Freundschaft.

Bei meinem Mann und mir war es so: Mein Plan war es, ein Schuljahr in Spanien zu verbringen und dann wieder zurück nach Österreich zu gehen. Das heißt, mein Aufenthalt dort hatte in gewisser Weise ein Ablaufdatum. Da war es gut, dass mein Mann mich schon nach drei Monaten Freundschaft fragte, ob wir eine

Beziehung anfangen könnten. Gott sei Dank hat er mich nicht früher gefragt. Mir war nämlich nicht von Anfang an bewusst, dass da vielleicht mehr war als nur eine Freundschaft. Erst nach gut zwei Monaten wurde ich durch die Kommentare einer Freundin bzw. meiner Schwester „wachgerüttelt" und stellte fest, dass ich in ihn verliebt war. Da brauchte ich noch ein paar Wochen, um das Ganze innerlich zu verarbeiten und mich darauf einzustellen, dass wir eventuell eine Beziehung anfangen würden.

Es gibt, wie so oft im Leben, kein Patentrezept, wie lange man „nur so" befreundet sein soll, bevor man eine Beziehung beginnt. Letztendlich muss jedes Paar seinen eigenen Weg finden. Manche kennen sich vielleicht schon seit Jahren, aber plötzlich verlieben sie sich ineinander. Auch das Alter spielt hier eine Rolle. Je jünger man ist, desto mehr Zeit kann man sich nehmen. Sind beide älter als 35, dann bringen sie schon eine Menge Lebenserfahrung und Reife mit, was die Freundschaftszeit verkürzen wird. Du bist noch jung? Dann lass dir Zeit, auch wenn die andere Person weiter weg wohnt und ihr euch nicht so oft sehen könnt. Stelle dir bei all dem Gefühlswirrwarr einige ehrliche Fragen: Bin ich an ihr/ihm als PERSON interessiert oder lasse ich mich durch Dinge wie die äußere Schönheit oder durch anderes blenden, wie zum Beispiel die Tatsache, dass er/sie sehr beliebt ist oder sehr erfolgreich in dem, was sie/er tut?

Den Hof machen

Geduld zu haben und nichts zu überstürzen ist deshalb so wichtig, weil es uns Christen ja nicht in erster Linie darum geht, nicht mehr allein zu sein. Wenn wir eine Beziehung anfangen, dann haben wir von Anfang an die Frage vor Augen, ob wir den Partner/die Partnerin heiraten wollen. Und wie ich schon in Kapitel 6.2 erwähnt habe, geht es nicht ums Daten an sich, sondern ums Umwerben. Als Joshua Harris und Shannon ein Paar wurden, sagt Joshua über sich selbst: „Der Typ, der sich vom Flirten verabschiedet hatte, war jetzt dabei, zum Umwerben einer Frau Hallo zu sagen."[152] „Ich mag den Begriff ‚werben' oder auch ‚den Hof machen'. Klar, das klingt altmodisch, aber auch romantisch und

---

[152] Harris, *Frosch trifft Prinzessin*, S. 18.

irgendwie ritterlich, oder?"[153] Das Wort *umwerben* oder *den Hof machen* beinhaltet Respekt, Würde und Ernsthaftigkeit. Deshalb ist es so wichtig, geduldig zu sein und nichts zu überstürzen. Schließlich wollen wir den anderen respektieren und eine Beziehung in Ernsthaftigkeit leben. Bete und bitte Gott um Hilfe, dass Er dir zeigen möge, wann du einen Schritt setzen sollst. Und ob du einen Schritt setzen sollst. Ich habe in Kapitel 4.4 schon ausführlich darüber geschrieben, dass es die Aufgabe des Mannes sein sollte, die Initiative zu ergreifen und den ersten Schritt zu setzen, und ich denke, vielen ist das instinktiv klar, auch wenn ich das gar nicht erwähnen würde. An euch Mädels und Frauen: Seid geduldig, lasst die Männer initiativ werden. Sie schaffen das!

Aber auch das ist keine fixe Regel. Manchen Männern war es eine große Hilfe, dass ihnen die Frau einen mehr oder weniger unauffälligen Wink mit dem Zaunpfahl gegeben hat, um sich klar zu werden, dass da eventuell mehr ist als nur eine normale Freundschaft. Es könnte auch sein, dass ein Mann und eine Frau gefühlt schon ein Paar sind und dann in einem Gespräch abklären, dass sie nun offiziell ein Paar sind. Wer dann die Initiative in dem Gespräch ergreift, ist wahrscheinlich nicht immer ganz klar.

Wenn deine Gefühle mit dir Hochschaubahn fahren, dir eine gewisse Person nicht aus dem Kopf geht und du überhaupt nicht weißt, was du machen sollst, ob du in irgendeiner Weise initiativ werden sollst oder lieber nicht, dann sprich mit einer Person des Vertrauens (und deines Geschlechts) darüber oder mit einem Priester. Sicher haben sie einen Rat für dich. Mein Mann sprach damals mit seinem geistlichen Begleiter über mich und für ihn waren seine Ratschläge eine große Hilfe. Er riet ihm, mit mir darüber zu reden und mir vorzuschlagen, eine engere Beziehung anzufangen.

Ein klärendes Gespräch

Ich weiß von sehr vielen Paaren, dass am Anfang ihrer Beziehung ein klärendes Gespräch stattfand und dass sie nach diesem Gespräch „offiziell" ein Paar waren. Da sieht man, dass die Realität wenig mit dem zu tun hat, was wir aus den Medien kennen. Dort

---

[153] Harris, *Frosch trifft Prinzessin,* S. 29.

läuft die Sache so ab: Zwei Personen lernen sich kennen und nach einiger Zeit weiß der aufmerksame Zuseher, dass die beiden demnächst ein Paar werden. Und dann kommt endlich die Szene, wo sich die beiden tief in die Augen schauen und sich küssen. Juhu, jetzt sind sie ein Paar! Im realen Leben, und besonders bei uns Christen, sollte das nicht so sein, wir sollten dem Gespräch den Vorzug geben. Natürlich ist ein Gespräch immer etwas, das Überwindung kostet und Mut, aber andererseits zeugt es auch davon, dass man es ernst meint und nicht nur etwas Oberflächliches sucht.

Was genau man dann bei diesem Gespräch sagt, hängt von der jeweiligen individuellen Situation ab. Ehrlich gesagt kann ich mich gar nicht mehr erinnern, was genau mir mein Mann damals gesagt hat.

Joshua Harris berichtet: *„Ich erzählte ihr [Shannon], dass ich sie mochte und respektierte. Außerdem wusste ich nicht, ob wir ‚die Richtigen' füreinander waren, aber ich wollte es gerne herausfinden. Deshalb bat ich sie, sich zu überlegen, ob sie den nächsten Schritt gehen und eine engere Beziehung mit mir eingehen wollte. Das Ziel dieser Zeit sollte sein, unsere Freundschaft zu vertiefen und festzustellen, ob wir uns eine Ehe miteinander vorstellen konnten. Natürlich brachte ich das alles nicht so eloquent rüber. Ich stammelte, brach immer wieder in nervöses Lachen aus und machte insgesamt keinen sehr coolen Eindruck."*[154]

Shannon machte ihre Aufgabe sehr gut. Sie hörte Joshua aufmerksam zu, unterbrach ihn nicht und gab ihm am Ende eine sehr klare Antwort. Sie sagte, dass sie es gerne mit ihm versuchen würde, denn sie hatte auch schon über ihn nachgedacht und dafür gebetet.

Wenn ich jetzt noch einmal über die damalige Situation nachdenke, in der mein Mann mit mir dieses Gespräch führte … Ich glaube, er stammelte auch ein bisschen. Aber das ist völlig verständlich. Ich war auch nervös, obwohl ich im ersten Teil des Gesprächs „nur" zuhören musste, denn ich hatte schon eine Vermutung, was da jetzt kommen würde. Wichtig ist hier jedenfalls, dass man dem Mann

---

[154] Harris, *Frosch trifft Prinzessin*, S. 24.

den Respekt erweist, in Ruhe auszureden, auch wenn man schon nach dem ersten Satz erahnt, worauf er hinauswill. Und dann eine klare Antwort geben. Das Wort „Ehe" hat mein Mann nicht verwendet, Joshua hingegen schon. Ich bin mir auch nicht ganz sicher, ob das unbedingt notwendig wäre in dieser Situation ... Das muss jeder für sich selber herausfinden.

Der erste Kuss?

Als mein Mann und ich später über diese Situation sprachen, erwähnte er eine Sache, die ihn damals sehr beschäftigt hatte: „Muss ich sie jetzt küssen?" Wie schon erwähnt: Wir kennen das sehr gut aus den Medien, wir haben es wirklich verinnerlicht: Wenn man ein Paar ist, dann küsst man sich. Trotzdem beschloss mein Mann an jenem Abend, mich nicht zu küssen. Noch nicht. In Kapitel elf werden wir uns näher mit dem Thema Sexualität und der körperlichen Dimension einer Beziehung beschäftigen. Aber eines sei gesagt: Es störte mich überhaupt nicht, dass er mir zum Abschied „nur" eine einfache, kurze Umarmung gab. Ich bin auch nicht der Typ Frau, der sich gleich an jeden Mann ranschmeißt und körperliche Nähe sucht. Also blieb es bei dieser Umarmung und wir gingen zufrieden nach Hause. Vor allem jetzt, im Nachhinein gesehen, finde ich das wirklich gut. Wir Christen beginnen ja nur dann eine Beziehung, wenn wir herausfinden wollen, ob wir heiraten wollen oder nicht. Das geht am besten, wenn man sich von Anfang an in Freiheit und Respekt begegnet, und diese Freiheit entsteht dort, wo das Körperliche möglichst weit im Hintergrund ist, vor allem am Anfang. Lasst euch daher nicht von dem hinreißen, was ihr überall gesehen habt, sondern habt den Mut, hier anders zu handeln.

Wenn es nicht ganz glatt läuft

Bis jetzt haben wir vom Idealfall gesprochen: Zwei Personen lernen sich kennen. Sie haben das Gefühl, dass da mehr ist als eine normale Freundschaft, und sind auch verliebt ineinander. Daraufhin führen sie ein klärendes Gespräch und beschließen, eine Beziehung zu beginnen. Leider ist es nicht immer so einfach. So manch einer wird vielleicht den einen oder anderen Korb bekommen. Das ist hart, denn die Gefühle verschwinden ja nicht

einfach so, nur weil der andere sie nicht erwidert. In manchen
Fällen ist es vielleicht kein endgültiges „Nein". Ich kenne einige
Paare, wo der Mann eine Abfuhr einstecken musste, aber später
wurden sie doch noch ein Paar. Versuche, weiter auf Gott zu
vertrauen, und wenn es nicht diese Person ist, dann wird es eine
andere sein, mit der es dann passen wird. Du wirst sehen: Gott wird
auch dir einen wunderbaren Partner zuführen. Er lässt dich nicht
im Stich.

Zehn. Einander besser kennenlernen

Mein Geliebter hebt an und spricht zu mir:
Steh auf, meine Freundin,
meine Schöne, so komm doch!
Denn vorbei ist der Winter, verrauscht der Regen.
Die Blumen erscheinen im Land,
die Zeit zum Singen ist da.
Hld 2, 10–12a

Ihr habt euch also entschlossen, eine ernsthafte Beziehung zu beginnen. Das heißt, ihr seid verliebt ineinander oder gerade dabei, euch zu verlieben, und wollt ernsthaft prüfen, ob ihr später einmal heiraten wollt. Joshua Harris bezeichnet diese Zeit als eine Prüfungszeit, in der man verspricht, nicht mit den Gefühlen des anderen zu spielen oder nur deshalb mit dem anderen zusammen zu sein, weil man seinen Spaß haben will, Spaß ohne Verantwortung. Genauso wichtig ist es aber auch, nicht von Anfang an davon auszugehen, dass man sowieso irgendwann einmal heiraten wird. Man ist in einer Beziehung offen für die Ehe, was aber nicht heißt, dass man automatisch heiraten wird, nur weil man eine Beziehung anfängt. Es ist wichtig, für beide Möglichkeiten offen zu sein: Dass man einmal heiratet oder dass man die Beziehung wieder beendet, weil man merkt, dass man nicht heiraten soll. „Eine Prüfungszeit ist also eine Beziehung mit einem klaren Ziel. Es bedeutet Freundschaft plus die Möglichkeit für mehr. Es ist Romantik mit der Eskorte der Weisheit. Es bedeutet ein gewisses Risiko, aber nur so kann man das Herz des anderen schützen und herausfinden, was Gottes Wille ist."[155]
Am wichtigsten in dieser ersten Zeit der Beziehung ist es, die Freundschaft zu pflegen und immer bessere Freunde zu werden. Wir dürfen aber Gott nicht vergessen. Nützt diese Freundschaftszeit, um gemeinsam zu beten und im Glauben zu

---

[155] Harris, *Frosch trifft Prinzessin*, S. 53f.

wachsen. Und ein bisschen Romantik darf natürlich auch nicht fehlen.[156]

10.1 In der Freundschaft wachsen

Als mein Mann und ich ein Paar wurden, änderte sich nach außen hin nicht allzu viel. Nur dass wir Händchen haltend durch die Stadt spazierten und uns zum Abschied umarmten. Wir nützten die Zeit in erster Linie dafür, uns besser kennenzulernen und in der Freundschaft zueinander zu wachsen. Wir verbrachten daher mehr Zeit miteinander als vorher. Das war recht einfach, weil wir in derselben Stadt wohnten. Wir verabredeten uns zum gemeinsamen Besuch der hl. Messe und danach machten wir einen kleinen Spaziergang, oder er begleitete mich bis nach Hause. An den Wochenenden war mehr Zeit, zum Beispiel für ein gemeinsames Mittagessen oder andere Aktivitäten wie Sport oder den Besuch einer Veranstaltung. Mit anderen Worten: Wir haben das gemacht, was normale Freunde auch machen, nur dass wir es öfter allein gemacht haben, anstatt mit anderen Freunden gemeinsam. Unsere Gespräche drehten sich dabei um das, was wir in den letzten Tagen so erlebt hatten, was uns gefiel und was uns weniger gefiel. Oder anders ausgedrückt: Wir haben in der ersten Zeit als Paar darauf geachtet, uns emotional nicht zu nahezukommen, und wir haben es auch vermieden, große Zukunftspläne zu schmieden. Wir wussten ja noch nicht, ob wir einmal heiraten würden. Wir haben die Beziehung angefangen, weil wir ebendas herausfinden wollten, aber solange die Antwort noch unklar war, haben wir versucht, in erster Linie unsere Freundschaft zu pflegen.

Das klingt jetzt alles sehr berechnend, aber natürlich war es nicht nur das. Wir hatten unsere Beziehung auch deshalb angefangen, weil wir ineinander verliebt waren. Und so ist das wahrscheinlich bei vielen Paaren: Sie sind verliebt und sind deshalb zusammen. Das ist gut und richtig. Ich würde niemandem empfehlen, eine Beziehung einzugehen, wenn er nicht ehrlich verliebt ist. Aber trotz all dieser intensiven Gefühle, die sich mit der Freude darüber

---

[156] Viele der in diesem Kapitel angeführten Ideen sind dem Buch *Frosch trifft Prinzessin* von J. Harris entnommen. Vgl. S. 79–90.

vermischen, endlich jemanden gefunden zu haben, sollte man eines beachten: dass man nichts überstürzt. Geht es nicht zu schnell an. Ihr müsst nicht gleich in den ersten Monaten all eure intimsten Erfahrungen austauschen. Das führt dazu, dass man sich innerlich schon sehr nahe ist, so nahe, wie man sich äußerlich noch nicht sein kann.

Vermeidet es auch, allzu schnell Pläne für die Zukunft zu schmieden: Das Wort „Hochzeit" oder „Zusammenziehen" solltet ihr vermeiden. Lasst euch Zeit, auch wenn einem von euch von Anfang an klar ist, dass er den oder die Richtige gefunden hat. Lass dem anderen Zeit, denn vielleicht braucht er sie. Vorschnell über so ernsthafte Dinge zu reden, könnte den Partner in Panik versetzen, denn auch wenn du davon überzeugt bist, den Partner fürs Leben gefunden zu haben, muss er oder sie nicht (jetzt schon) dasselbe empfinden.

Versucht in erster Linie, Gespräche zu führen, die euch helfen, einander besser kennenzulernen. Fragt nach euren Interessen, nach euren Vorlieben für bestimmte Dinge wie Essen, ferne Länder, Literatur, Musik, Sport usw. Erzählt euch, was ihr erlebt habt in eurer Ausbildung, in eurer Arbeit, mit eurer Familie, mit euren Freunden, was euch gerade beschäftigt, wo ihr etwas Schönes erlebt habt usw.

Folgende Dinge könnt ihr in eurer Beziehung unternehmen:

Ein gemeinsames Hobby

Findet heraus, welche Sportarten ihr beide mögt. Wenn einer von euch absolut unsportlich ist, könntet ihr mit kleineren Spaziergängen anfangen. Es gibt auch Wanderrouten, bei denen man einfach nur an einem Fluss entlanggeht, ohne Steigung, Kletterwand oder sonstige Herausforderungen. Vielleicht habt ihr die Musik als gemeinsames Hobby und ihr musiziert oder singt gerne gemeinsam. Was auch immer eure Interessen sein mögen, wenn ihr etwas findet, das ihr beide mögt, dann macht das gemeinsam.

Zeit mit der Familie verbringen

Habt keine Scheu davor, auch Zeit mit der Familie eures Partners zu verbringen. Das heißt jetzt nicht, dass ihr jedes Wochenende am

Samstag zu seinen Eltern und am Sonntag zu euren Eltern fahren sollt. Auch die Zeit allein als Paar ist wichtig. Aber trotzdem: Wenn man sieht, wie sich der Partner seinen Eltern und Geschwistern gegenüber verhält, kann man ihn besser kennenlernen. Wenn ein Mann mit seiner Mutter und seinen Schwestern total respektlos umgeht und sie oft abwertend behandelt, dann kann es sein, dass er es mit seiner Zukünftigen früher oder später auch nicht viel anders machen wird. Bei meinem Mann fiel mir damals auf, dass er das Essen seiner Mutter immer sehr lobte (sie kocht auch wirklich sehr gut) und sich jedes Mal dafür bedankte. Das fand ich sympathisch und auch heute lobt er oft mein Essen und bedankt sich für meine Mühe.

Gemeinsam arbeiten

Mein Mann und ich waren in einer Gruppe von Jugendlichen, die ab und zu Missionsveranstaltungen organisierte. Dafür mussten Materialien vorbereitet werden und ab und zu machten wir das gemeinsam: Wir schnitten Schriftstellen aus oder zerschnitten Papier in kleinere Stücke, die für das Aufschreiben der Gebetsanliegen verwendet wurden. Wenn jemand von euch einen Garten hat, dann könntet ihr dort etwas tun: Rasen mähen, Unkraut jäten oder was gerade so an Arbeit anfällt.

Verbringt Zeit miteinander, wo es sich im Alltag einplanen lässt

Das ist vor allem dann einfach, wenn man in der Nähe des anderen wohnt. Ich habe es schon erzählt: Mein Mann und ich verabredeten uns zum gemeinsamen Besuch der Messe und danach begleitete er mich oft nach Hause. So hatten wir Zeit, um ein wenig zu reden. Wenn ihr beide pendeln müsst, dann könnt ihr eventuell mit demselben Zug oder Bus fahren. Wenn ihr Studienkollegen seid, könnt ihr die eine oder andere Lehrveranstaltung gemeinsam absolvieren, oder ihr trefft euch in der Mittagspause oder ... bestimmt fällt euch etwas ein, wo ihr Zeit miteinander verbringen könnt.

10.2 Gemeinsam Gott suchen

Baut eure Beziehung auf Gott auf! Oder mit anderen Worten: Betet gemeinsam und versucht, als Paar im Glauben zu wachsen.
Für manche mag es schwierig sein, mit jemandem gemeinsam zu beten oder ein kurzes Gebet vorzuschlagen, aber habt keine Scheu davor. Es muss ja kein minutenlanges freies Gebet sein. Nehmt euch vor, beim Abschied ein Ave Maria oder ein Vaterunser zu beten. Oder singt gemeinsam ein Loblied, das euch gut gefällt. Wenn ihr gemeinsam in die Messe geht, dann könntet ihr vorher oder am Vortag gemeinsam die Lesungen und/oder das Evangelium lesen und darüber reden, was euch an diesen Schriftstellen berührt, was euch schwerfällt zu glauben oder wo ihr merkt, dass ihr etwas in eurem Leben ändern sollt. Am Ende der Messe, wenn die meisten Leute schon aus der Kirche gegangen sind, könnt ihr ein kurzes Gebet sprechen. Was auch immer ihr euch vornehmt, versucht es regelmäßig zu machen, damit Jesus Christus und der Heilige Geist einen Platz in eurer Beziehung haben und euch lenken und führen können, so wie es dem Willen des Vaters entspricht.

10.3 Romantik

Natürlich gehört in jede Beziehung auch ein gewisses Maß an Romantik. Auch wenn wir in der ersten Zeit versuchen, in erster Linie in unserer Freundschaft zueinander zu wachsen, dürfen und sollen wir trotzdem unsere Gefühle dem anderen gegenüber ausdrücken. Eine Nachricht, die den anderen wissen lässt, dass du an ihn/sie denkst, Blumen für die Dame, eine kleine Aufmerksamkeit, ein Zettel mit einer lieben Botschaft, vielleicht auch einmal eine Postkarte oder ein Brief. Überrasche deinen Partner ruhig das eine oder andere Mal mit einem romantischen Detail: Stecke ihm/ihr einen Zettel mit einer Botschaft in den Rucksack, wenn er/sie übers Wochenende wegfährt, überrasche deine Freundin mit Blumen, wenn ihr länger getrennt wart, eine selbst gemachte Torte als Überraschung zum Geburtstag ...
Bei aller Romantik ist aber eines zu beachten: Deine romantischen Handlungen sollen nicht mehr versprechen, als du eigentlich halten

kannst. Übertreibe es vor allem dann nicht, wenn es für beide noch völlig unklar ist, ob ihr einmal heiraten wollt. Dein Verhalten soll ernsthaft und ehrlich sein, es soll den anderen nicht manipulieren oder etwas vortäuschen.

Joshua Harris sagt dazu Folgendes: „Die Romantik sollte in unserer Beziehung proportional zu unserer stärker werdenden Vertrautheit und Hingabe mitwachsen. Ich wollte die Flammen unserer Gefühle nicht unnötig anfachen, solange ich noch nicht sicher war, dass wir heiraten würden. Ich wollte weder Shannon noch mich verletzen – und romantische Leidenschaft, die ohne Hingabe und Verantwortung ausgelebt wird, kann zu ganz hässlichen Verletzungen führen."[157]

Ja, hier ist Vorsicht geboten, denn wenn Romantik in erster Linie auf der körperlichen Ebene ausgelebt wird, kann es leicht einmal passieren, dass man zu weit geht, und das kann Verletzungen zur Folge haben, vor allem wenn auf freundschaftlicher Ebene das Vertrauen noch nicht genug gewachsen ist. Vermeidet daher Dinge wie ein romantisches Abendessen bei Kerzenlicht alleine zu Hause, allein einen romantischen Film zu sehen usw. Romantik in der Zeit, in der man sich besser kennenlernt, bezieht sich darauf, unsere Gefühle zueinander auf einer Ebene auszudrücken, die nicht die Keuschheit verletzt und die immer den anderen respektiert und die nicht mit den Gefühlen des anderen spielt.

Das heißt jetzt nicht, dass wir die Romantik völlig ausschließen sollen aus unserer Beziehung, nur um nichts falsch zu machen. Nein, das ist damit wirklich nicht gemeint. Aber geht es in der ersten Zeit eurer Beziehung ruhig an und wenn ihr nach einiger Zeit merkt, dass eure Freundschaft gute Fortschritte gemacht hat, dann darf auch mehr Romantik einfließen! Wir sind ja nicht aus Stein gemacht und wo romantische Gefühle vorhanden sind und man merkt, dass man auf einem guten Weg miteinander ist, dürfen diese Gefühle auch in Wort und Tat ausgedrückt werden. Lieber Mann, mache deiner Freundin den Hof mit Wort und Tat! Liebe Frau, wenn dein Freund als wahrer Gentleman um dich wirbt, dann sei auch du ein wenig romantisch und erwidere seine Zuneigung!

---

[157] Harris, *Frosch trifft Prinzessin,* S. 89.

Maria und Johannes erzählen: *„Wir lernten es, uns auf vielerlei Arten zu überraschen, obwohl es manchmal an der Logistik ein bisschen mangelte:*

Als wir uns zum ersten Mal allein verabredeten, holte mich Johannes ab und wir fuhren mit seinem Auto los. Ich stellte fest, dass er ziemlich langsam fuhr, und fragte ihn, was er denn im Sinn habe. Er antwortete: ‚Warte nur ab, ich will dich überraschen.‘ In Wirklichkeit hatte er keinen genauen Plan, aber er wollte das nicht zugeben, und am Ende kamen wir in ein sehr nettes Dorf mit einer wunderschönen Aussicht. Dort gingen wir spazieren und nutzten die Zeit zum Reden, Reden, Reden. Es war ein toller Tag für uns, weil wir an einem schönen Ort waren und merkten, wie wichtig es war, dass wir einfach Zeit zum Reden hatten.

Als mich Johannes zum ersten Mal zu einem Abendessen einlud, plante er etwas Besonderes: Wir gingen in ein argentinisches Restaurant, weil Johannes aus Argentinien stammt. Das Menü war nicht ganz billig und schmeckte uns sehr gut. Am Ende stellte sich allerdings heraus, dass Johannes seine Geldbörse zu Hause vergessen hatte und er nicht bezahlen konnte. Er kam ordentlich ins Schwitzen, als er das feststellte, und am Ende bat er mich, das Essen zu bezahlen. Ich nahm es mit Humor und bezahlte gerne für uns beide.

Wir sind beide sehr sportlich und an unserem ersten Valentinstag überraschte mich Johannes mit einem Wettlauf für (Ehe)Paare. Es fand in einem großen Park statt und in Wirklichkeit war es eher eine Schnitzeljagd als ein Wettrennen. Man musste durch den Park laufen und am Ende wurden uns Fragen über den Partner gestellt, die wir versuchten zu beantworten. Ich, Maria, fand das wirklich toll, weil es nicht das typische Geschenk ist wie zum Beispiel eine Rose oder ein Abendessen.

Zu seinem Geburtstag überraschte ich Johannes, indem ich sein Auto bis obenhin mit Luftballons füllte. Leider ging er an diesem Tag etwas spät außer Haus, um zur Arbeit zu fahren, und als er einsteigen wollte, musste er

zuerst noch das Auto von den Luftballons befreien. Im
Nachhinein ist es eine schöne und lustige Erinnerung für
uns, weil wir beide solche Überraschungen mögen.
Wir haben uns auch immer wieder Briefe geschrieben,
weil wir gemerkt haben, dass uns das sehr auf unserem
Weg geholfen hat."

10.4 Seid ehrlich zu euch selbst

Als Paar ist es sehr wichtig, Zeit allein zu verbringen, damit man sich besser kennenlernen und herausfinden kann, ob der andere der Partner fürs Leben ist. Achtet aber darauf, euch nicht ganz vom Rest der Welt abzukapseln. Vernachlässigt eure Familien und eure Freunde nicht und lasst eurem Partner seinen Freiraum.

Mein Mann war bei der Gemeinschaft Emmanuel, als wir uns kennenlernten. Außerdem war er, so wie ich, in einer Evangelisationsgruppe engagiert, weil sie zu der Zeit mit der Gemeinschaft Emmanuel zusammenarbeitete. Einmal erzählte er mir von einer Veranstaltung, die von der Gemeinschaft Emmanuel allein organisiert worden war, und ich hatte den Eindruck, dass er fast ein schlechtes Gewissen hatte, weil er mich nicht dazu eingeladen hatte. Ich sagte ihm, dass das für mich überhaupt kein Problem sei. Mir war in der damaligen Situation klar, dass ich nicht zu den Veranstaltungen der Gemeinschaft Emmanuel gehen sollte. Ich merkte, dass es für mich okay war, in der Evangelisationsgruppe zu sein, und dass ich nichts anderes suchen sollte. Es zog mich überhaupt nicht hin zur Gemeinschaft Emmanuel und ich hatte auch nicht den Wunsch dort hinzugehen, nur weil mein Freund dabei war oder damit ich mehr Zeit mit ihm verbringen konnte. Vor allem am Beginn einer Beziehung muss man nicht unbedingt alles gemeinsam machen. Genauso, wenn nur einer von euch in einer Band oder einer Blaskapelle spielt oder in einem Sportverein tätig ist. Gib dein Hobby nicht auf, nur weil dein Partner kein Instrument spielt oder sportlich nicht oder anders aktiv ist. Lasst euch euren Freiraum, vor allem wenn ihr noch nicht lange ein Paar seid.

Egal, wann und wo ihr beisammen seid: Versucht herauszufinden, was der andere mag, was ihm gefällt, was ihm nicht gefällt, was er verabscheut. Beobachte auch: Wie verhält er/sie sich seinen/ihren Eltern gegenüber, in einer Situation, wo sich jemand über euch ärgert, wo er/sie glaubt, dass ihm Unrecht geschieht.

Die Beziehung beenden

Wenn du merkst, dass es eine Eigenschaft, eine Art zu reagieren oder irgendetwas anderes gibt, das du inakzeptabel findest, oder du stellst etwas fest, was für dich ein Grund ist, die Beziehung nicht fortzusetzen, dann hab den Mut, die Beziehung zu beenden. Oder ihr stellt fest, dass eure Gefühle zueinander sehr oberflächlich sind oder auf Einbildung beruhen. Oder man findet den anderen körperlich attraktiv und fühlt sich dadurch sehr zu ihm hingezogen, aber man ist nicht richtig verliebt, es ist eher ein Verknalltsein in äußere Dinge. Oder du stellst dir einige Fragen, die du nicht alle mit „Ja" beantworten kannst: Kann ich mir vorstellen, ihn oder sie einmal zu heiraten? Ist er/sie 100-prozentig treu? Fühle ich mich als Frau sicher, geehrt und respektiert in seiner Gegenwart? Merke ich als Mann, dass ich sie als ganze Person gern habe, oder fühle ich mich nur durch ihre äußere Schönheit zu ihr hingezogen? Holt er/sie das Beste aus mir heraus? Respektiert er/sie meinen Wunsch, ein keusches Leben zu führen? Kann ich ehrlich sagen, dass unsere Beziehung auf der emotionalen, psychischen, körperlichen und spirituellen Ebene gesund ist? Bin ich durch unsere Beziehung meiner Familie und meinen Freunden nähergekommen?[158]
Was auch immer es ist, sei ehrlich zu dir selbst, setze die Beziehung nicht fort, wenn du merkst, dass etwas nicht passt. Das kann sehr schwer sein, vor allem wenn nur einer der beiden zu dem Schluss kommt, dass die Beziehung beendet werden soll. Aber dennoch: Wenn du deinen Weg ehrlich gehen willst vor Gott und den Menschen und du merkst, dass du diese Person nicht heiraten solltest, dann musst du diesen Schritt setzen. Besprich das Problem oder deine Sichtweise mit einem Priester oder mit jemandem, zu dem du Vertrauen hast, damit sie dir helfen, Klarheit zu finden, und dir beistehen in diesem Schritt.

---

[158] Vgl. Evert, *If You Really Loved Me*, S. 71.

Führe auf alle Fälle ein klärendes Gespräch, in dem du deinem Partner mitteilst, dass du die Beziehung beendest. Auch wenn es schwer ist: Sprich offen über die Gründe, die du gesehen hast, erkläre deine Sichtweise mit klaren Worten. Bitte Jesus und den Heiligen Geist um die richtigen Worte, wenn du das Gespräch führst.

Die Beziehung erfolgreich beenden

Joshua Harris erzählt, dass ihm einmal ein Freund berichtete, dass ein Paar, Wes und Jenna, beschlossen hatte, sich zu trennen. Joshua sagte darauf: „Es ist doch immer ein Jammer, wenn eine Beziehung kaputtgeht." Als er darüber nachdachte, wurde ihm aber klar, dass seine Aussage darüber nicht stimmte. Er dachte: „Es war ja überhaupt nicht so, dass die Beziehung von Wes und Jenna kaputtgegangen war. Der Zweck ihres Zusammenseins war es gewesen herauszufinden, ob sie heiraten sollten oder nicht, und allem Anschein nach hatte Gott ihnen gezeigt, dass die Antwort Nein war. Nur weil das nicht die Antwort war, die ich mir ausgesucht hätte, war deshalb noch längst nicht alles kaputt!" Zu seinem Freund sagte er dann: „Stoßen wir auf unsere guten Freunde Wes und Jenna an, deren Prüfungszeit zu einem erfolgreichen Ende gekommen ist!"[159]
Das ist eine sehr interessante Schlussfolgerung: Die Beziehung wurde „erfolgreich" beendet, sie ist nicht kaputtgegangen. Joshua erzählt nicht, wie ihre Freundschaft danach weiterging, ich kenne aber einige Personen, die ein Paar waren und sich nach einiger Zeit wieder getrennt haben, weil sie gemerkt hatten, dass ihr Weg nicht die gemeinsame Ehe ist. Sie sind heute noch Freunde und man hat nicht das Gefühl, dass da etwas wäre zwischen ihnen, das ihre Freundschaft zueinander behindern würde. Sie sind ganz normale Freunde geblieben und können sich nach wie vor in die Augen schauen.
Wenn du eine Beziehung beendest, musst du überlegen, ob du glaubst, dass es besser ist, den Kontakt völlig abzubrechen, oder ob ihr weiterhin Freunde bleibt und einen gewissen freundschaftlichen Kontakt aufrechterhaltet. Vielleicht ist es aber

---

[159] Alle Zitate dieses Absatzes in Harris, *Frosch trifft Prinzessin*, S. 79f.

in der ersten Zeit nach der Trennung besser, keinen Kontakt zu haben, damit jeder von euch seinen Weg als „neuer Single" finden kann. Wenn du dich trennst von deinem Partner, ist das nicht einfach, denn die Gefühle, die du für ihn oder sie hattest, hören nicht von einem Tag auf den anderen auf, man kann sie nicht ausschalten. Suche Zuflucht bei Gott und sei gewiss: Er lässt dich nie im Stich und eines Tages wirst du die Person kennenlernen, die du einmal heiraten wirst.

Elf. Was in einer Beziehung wichtig ist

> *Im Übrigen, Brüder und Schwestern:*
> *Was immer wahrhaft, edel, recht,*
> *was lauter, liebenswert, ansprechend ist,*
> *was Tugend heißt und lobenswert ist,*
> *darauf seid bedacht!*
> *Phil 4, 8*

Egal ob ihr erst kurz zusammen seid oder schon etwas länger, es gibt einige Dinge, die man in einer Beziehung beachten, pflegen und/oder lernen sollte, Dinge, die man als Paar besprechen sollte, damit es nicht zu Missverständnissen oder Verletzungen kommt, Dinge, die euch helfen, einander besser kennenzulernen und im Vertrauen zueinander zu wachsen. Kurz gesagt: Hilfen, mittels derer wir eine gute, christlich ausgerichtete Beziehung führen können, nicht nur jetzt, sondern auch wenn wir einmal verheiratet sind.[160]

11.1 Werdet den Rollen von Frau und Mann gerecht

Im Kapitel 4.4 habe ich darüber geschrieben, welche Rolle dem Mann bzw. der Frau zugedacht ist. Zur Erinnerung: Es geht nicht darum, dass die Frau zu Hause sitzt und kocht, putzt und die Wäsche macht und der Mann der Chef ist und sagt, wer was zu tun hat. Es geht viel mehr darum, dass wir unsere grundsätzlichen Rollen annehmen und versuchen, ihnen gerecht zu werden. Dass die Frau aufgrund ihrer Eigenschaften für den anderen sorgt. Dass

---

[160] Viele der in diesem Kapitel angeführten Ratschläge sind dem Buch *Frosch trifft Prinzessin* von J. Harris entnommen. Vgl. S. 91–168.

der Mann die Rolle des Leiters übernehmen sollte und er derjenige sein sollte, der die Beziehung in eine gewisse Richtung lenkt und gewisse Schritte setzt, wenn er meint, dass die Zeit dafür reif ist. Es soll ein dienendes und beschützendes Leiten sein, die Frau soll immer respektiert werden.

Die Rolle des Mannes

Der Mann kann in seiner Rolle wichtige Dinge in die Beziehung mit einbringen:

Drücke deinen Respekt und deine Zuneigung in kleinen Dingen aus, oder anders gesagt: Sei ein Gentleman. Das klingt jetzt wahrscheinlich furchtbar altmodisch, aber deiner Freundin die Tür aufzuhalten und sie mit einem „Ladys first" zuerst eintreten zu lassen, drückt deinen Respekt aus. Oder ihr die Jacke hinzuhalten beim Anziehen, sie bis zur Haustür zu begleiten, anstatt sie einfach aus dem Auto aussteigen zu lassen usw. Kleine Aufmerksamkeiten, nicht mehr.

Ergreife die Initiative, bring Ideen ein, was ihr unternehmen könnt. Überrasche deine Freundin ab und zu mit Blumen, einem selbst gekochten Abendessen, einem Ausflug an einen Ort, der ihr sicher gefallen wird, oder was auch immer. Wenn du merkst, dass es etwas Wichtiges gibt, das ihr besprechen sollt, dann sei du derjenige, der ein ruhiges ungestörtes Gespräch sucht und anfängt, darüber zu reden.

Hab auch keine Scheu davor, auf geistlicher Ebene initiativ zu werden. Überlege dir, welches Buch oder welchen Teil der Bibel du gerne mit deiner Freundin gemeinsam lesen würdest, und schlage ihr vor, das zu tun. Oder wann und was ihr gemeinsam beten könntet. Du könntest auch bewusst versuchen, eure Gespräche in eine bestimmte Richtung zu lenken, indem du erzählst, was dir bei der Sonntagspredigt am besten gefallen hat, oder du fragst deine Freundin, wie sie die Predigt fand (das geht besser, wenn ihr sie gemeinsam gehört habt). Mein Mann war von Anfang an derjenige, der diesbezüglich seine Rolle gut erfüllt hat. Von Anfang an war er derjenige, der öfter als ich vorgeschlagen hat, was wir beten könnten. Ich bin ihm sehr dankbar dafür.

Die Rolle der Frau

Du als Mädel, als Frau, zeichnest dich durch deine Schönheit und durch deinen Lebenssinn aus. Du bist diejenige, die sich liebevoll und auf einfühlsame Art um andere kümmert. Deshalb wirst du einmal die Mutter eurer Kinder sein, und du wirst eine gute Mutter sein, denn Gott hat dir die perfekten Eigenschaften dafür gegeben. Für deine Beziehung jetzt gilt:

Pflege deine Schönheit, richte dich schön her, ohne dabei sexy oder aufreizend zu wirken, sprich: Bewahre dein Geheimnis und sei du selbst, damit dein Freund dazu angespornt wird, dich als Person besser kennenzulernen und dein Geheimnis eines Tages zu lüften!

Kümmere dich liebevoll um deinen Freund! Backe ihm eine Torte zum Geburtstag oder koche ihm an einem besonderen Tag ein leckeres Essen!

Manchmal neigen wir Frauen dazu, die Zügel selbst in die Hand zu nehmen. Das ist nicht immer gut, vor allem wenn wir wollen, dass die Männer lernen, ihrer Rolle als Leiter gerecht zu werden. Lass deinem Freund daher Raum, damit auch er öfter die Initiative übernehmen kann. Das heißt jetzt nicht, dass du völlig passiv sein sollst. Natürlich kannst auch du Vorschläge einbringen, was ihr unternehmen könnt, und wenn dir die Ideen deines Freundes nicht gefallen, musst du ihm das sagen, damit er weiß, was dir gefällt und was nicht. Und wenn du merkst, dass es etwas Wichtiges gibt, das ihr besprechen solltet, dann such das Gespräch mit ihm, damit ihr diese Sache klären könnt.

Ich denke, dass die meisten die Rolle als Frau bzw. als Mann fast instinktiv richtig einnehmen und auch dementsprechend handeln. Deshalb will ich gar nicht mehr dazu sagen. Bitte den Heiligen Geist, dass Er dir helfen möge, ein guter Mann und Freund bzw. eine gute Frau und Freundin zu werden, damit eure Beziehung in gesunden Bahnen verlaufen kann.

11.2 Kommunikation

Das Gespräch suchen

Als Paar ist es wichtig, gemeinsam nette Aktivitäten zu planen, aber genauso wichtig ist es, sich Zeit für ein Gespräch zu nehmen. Redet nicht nur über oberflächliche Dinge, sondern auch über Sachen, die euch helfen, einander besser kennenzulernen. Als Susan und Don heirateten, stellten sie fest, dass sie vor der Hochzeit zu wenig solche Gespräche geführt hatten. Don erzählt: *„Die Ehe war wie ein gigantisches Weckerklingeln für uns! Wir kannten uns eigentlich gar nicht richtig, weil unsere Gespräche doch immer ziemlich an der Oberfläche geblieben waren."*

Susan stimmt ihm zu. *„Wir hatten uns einige blöde Dinge angewöhnt. Unsere Treffen waren meistens sehr lustig gewesen, aber wir haben nur ganz selten über unsere Gefühle oder unseren Glauben geredet. Körperlich kamen wir uns ziemlich nah und hatten deshalb den Eindruck, einander besser zu kennen, als es wirklich der Fall war. Wenn wir einen Konflikt hatten, versuchten wir ihn immer ganz schnell beizulegen, und oft bedeutete das, das Problem ungelöst zu lassen."*[161]

Nützt diese Zeit und versucht, euch wirklich gut kennenzulernen. Vielleicht hilft es euch, euch gezielt Fragen zu überlegen, die ihr dem anderen stellen wollt. Zum Beispiel Lieblingsspeisen, Lieblingsmusik, was der andere singt, wenn er so vor sich hersingt. Welche Eigenschaften deiner Eltern bewunderst du? Welcher Lehrer in der Schule / in der Ausbildung hat dich besonders geprägt? Warum? Welches Land würdest du gerne bereisen? Welches Buch aus der Bibel gefällt dir besonders gut? Hast du einen Lieblingsheiligen? Usw. Bestimmt fallen euch viele Fragen ein, die ihr einander stellen könnt. Frag aber nicht alles an einem Tag, sonst wirkt es aufgezwungen. Erzählt euch auch regelmäßig von eurem Arbeitstag (bzw. Uni oder Ausbildung), was ihr so erlebt habt, worüber ihr euch ärgert, was es Neues gibt usw.

---

[161] In: Harris, *Frosch trifft Prinzessin*, S. 98f.

„Wenn ihr eure Aktivitäten plant, nehmt euch viel Zeit einfach zum Reden. Man kann sich das vornehmen und trotzdem ganz locker dabei bleiben! Dein Gegenüber soll sich ja nicht vorkommen wie bei einem Verhör. Mach keinen Druck und erzwing keine Gespräche. Kommunikation ist ein natürlicher Teil eurer Beziehung, den ihr zwar pflegen müsst, der aber keinen Stress bedeuten sollte."[162] Beachtet bei solchen Gesprächen folgende Dinge:

Übe dich im Zuhören

Erstens: Übe dich im Zuhören. Mir passiert es manchmal, dass jemand etwas erzählt und auch wenn er noch gar nicht fertig ist mit dem Erzählen, unterbreche ich ihn schon, weil mir selber auch eine Anekdote oder sonst eine Bemerkung dazu einfällt. Da muss ich mir manchmal regelrecht auf die Zunge beißen, damit der andere ausreden kann. Manchmal fällt es mir vielleicht gar nicht auf und dann unterbreche ich meinen Gesprächspartner, was ziemlich unhöflich ist. Joshua Harris weist in seinem Buch darauf hin, „dass Gott den Menschen zwei Ohren und nur einen Mund gegeben hat, damit wir doppelt so viel zuhören wie reden"[163]. Versuche, ein aufmerksamer Zuhörer zu sein, und lass den anderen ausreden. Interessiere dich für deinen Freund/deine Freundin. Wenn du dazu neigst, gerne und viel von dir zu erzählen, dann versuche dich ab und zu zurückzunehmen, damit der andere mehr erzählen kann, oder stell gezielt Fragen und lass ihn dann auch ausreden.

Nicht alle Gespräche müssen ein Endergebnis haben

Zweitens: Nicht alle Gespräche müssen ein Ziel haben oder eine Lösung am Ende. Generell haben eher Frauen als Männer das Bedürfnis, einfach nur zu erzählen, ohne dass sie am Ende ein Ergebnis oder eine Lösung finden. Manchmal berichte ich meinem Mann von diversen Schwierigkeiten und Problemen oder von Dingen, die mir auf die Nerven gehen. Am Ende fängt er manchmal an, laut über mögliche Lösungsvorschläge nachzudenken. Da unterbreche ich ihn dann und sage, dass es mir gar nicht so darum geht, diese Schwierigkeiten aus dem Weg zu räumen. Manchmal ist

---

[162] Harris, *Frosch trifft Prinzessin*, S. 100.
[163] Harris, *Frosch trifft Prinzessin*, S. 97.

das ja auch gar nicht möglich. Ich sage ihm, dass ich es einfach erzählen wollte, weil ich das Bedürfnis hatte, mir das von der Seele zu reden. Schon das Reden über manche Dinge hilft mir, dass es mir ein bisschen besser geht. Besonders wenn du ein sehr sachbezogener Mann bist, kann so etwas unverständlich sein für dich. Aber es ist so: Manchmal reicht es, dass du deiner Freundin durch deine Antworten oder gezieltes Nachfragen zu verstehen gibst, dass du gut zugehört hast. Du musst am Ende des Gesprächs nicht unbedingt eine Lösung oder ein Ergebnis suchen, auch wenn du das Problem deutlich siehst.

Bittet Gott um Hilfe

Drittens: Bitte Gott um Hilfe, damit eure Gespräche und eure Kommunikationsfähigkeit besser werden. Wenn ihr oder einer von euch feststellt, dass das mit der Kommunikation nicht so gut läuft, dann betet bewusst und gezielt dafür, entweder nur einer von euch oder gemeinsam. Es gibt verschiedene Bereiche, wo wir Gott um Hilfe bitten können: Wenn du ein schweigsamer Mensch bist und es dir schwerfällt, von dir oder deinen Gefühlen zu erzählen. Wenn du deine Gesprächspartner oft unterbrichst, deren Sätze beendest und (zu) gern von dir selbst erzählst, sodass dein Partner kaum zu Wort kommt. Oder wenn du in deinem Tonfall zu schnell grob, laut oder respektlos wirst und das den anderen stört oder verletzt. Bitte Gott in dem Aspekt um Hilfe, wo deine Schwächen sind. Bete eine Zeit lang jeden Tag in diesem Anliegen. Bitte den Heiligen Geist, deine Zunge und deine Gedanken zu lenken, damit es besser wird. Vielleicht solltest du das eine oder andere auch in der Beichte aussprechen. Eines ist sicher: Gott wird euch helfen, damit durch eure Gespräche eure Freundschaft tiefer und euer Vertrauen zueinander größer wird.

11.3 Konflikte

Konflikte lösen

In jeder Beziehung werden früher oder später Konflikte auftreten, das lässt sich nicht vermeiden, denn jeder von uns hat seinen eigenen Charakter, seine eigene Geschichte und seine eigene Art, die Dinge zu sehen. Außerdem sind wir nicht perfekt und manchmal neigen wir zur Sünde. Das führt unweigerlich zu Problemen, Schwierigkeiten und Konflikten. Diesen auszuweichen oder sie zu verdrängen ist keine Dauerlösung.

Soeben habe ich von Susan und Don erzählt, die nach der Hochzeit feststellten, dass sie zu wenig ernsthafte Gespräche geführt hatten und dass sie ihre Konflikte zwar schnell beigelegt, aber ungelöst gelassen hatten. Gott sei Dank erkannten sie, dass es wichtig ist, miteinander zu reden und Konflikte, so gut es geht, zu lösen. Deshalb holten sie nach der Hochzeit das nach, was sie zuvor versäumt hatten. Besonders wenn es sich um ungelöste Konflikte handelt, können diese später in der Ehe zu einer unsichtbaren Riesenbombe heranwachsen, die irgendwann explodiert und im schlimmsten Fall von der Ehe nur einen großen Scherbenhaufen übrig lässt.

Wenn ihr also merkt, dass es etwas gibt, das zwischen euch immer wieder zu Spannungen führt, oder etwas, das einen von euch am anderen total stört, dann müsst ihr darüber sprechen. Genauso gut können das einmalige Vorfälle sein, die sich nicht wiederholen, aber trotzdem zu einem Konflikt oder einer spannungsgeladenen Situation führen.

Ein Konfliktgespräch richtig führen

Wenn man nun ein Gespräch führt, in dem man versucht, einen Konflikt zu lösen, dann ist es sinnvoll, gewisse Regeln einzuhalten.

Erstens: Betet! Sehr gut kann ich mich daran erinnern, dass mein Mann ein solches „Konfliktgespräch" immer mit der Frage „Können wir ein Ave Maria beten?" angefangen hat. Das tut er übrigens heute noch. Es kann natürlich auch ein anderes Gebet sein, zum Beispiel ein Vaterunser oder ein Gebet zum Hl. Geist. Wenn du derjenige bist, der merkt, dass ihr über ein bestimmtes Thema reden solltet, dann bete schon im Vorfeld für dieses Gespräch, dass der Heilige Geist eure Worte leiten möge und Er euch helfen möge, eine gute Lösung zu finden. Bitte Jesus auch: „Jesus, schenke mir Deine Liebe, die Du für meinen Partner hast.“

Zweitens: Achtet darauf, dass das Umfeld passt! Sprecht an einem Ort, an dem ihr ungestört seid, und besprecht wichtige Dinge nur dann, wenn ihr nicht (mehr) wütend seid und wenn ihr nicht allzu müde seid!

Drittens: Verwendet Ich-Botschaften statt Du-Botschaften! Ich-Botschaften fangen an mit: „Ich finde, dass ...“, „Ich habe den Eindruck, dass ...“, „Meiner Meinung nach ...“ usw. Du-Botschaften beginnen mit „Du bist ...“, „Du machst ...“ usw. Während Ich-Botschaften das vermitteln, was ich erlebe und wie ich etwas wahrnehme, können Du-Botschaften viel eher als direkter Angriff verstanden werden, und auf einen Angriff reagieren wir schneller mit Gegenangriff, als wenn uns jemand mitteilt, wie er etwas erlebt oder empfindet.
Nehmen wir an, dass Julia sich oft verspätet und Franz das Gespräch zu diesem Thema sucht, weil ihn Julias Unpünktlichkeit stört. Eine Du-Botschaft würde sich in etwa so anhören: „Du bist so unpünktlich! Das geht mir total auf die Nerven.“ Eine Ich-Botschaft könnte so klingen: „Ich habe festgestellt, dass du sehr oft zu spät zu unseren Verabredungen kommst. Da muss ich dann immer warten auf dich. Das geht mir auf die Nerven.“

Viertens: Vermeidet Sarkasmus, Ironie, Verallgemeinerungen, Übertreibungen und Pauschalurteile! Begriffe wie „nie“ und „immer“ solltet ihr daher nicht verwenden. Stattdessen versucht, konkrete Beispiele zu nennen! Wenn du derjenige bist, der das Gespräch sucht, dann denk schon vorher nach, wann das passiert ist, worüber du reden willst, damit du dann einige aktuelle Beispiele nennen kannst!
Wenn wir nun bei unserem Beispiel bleiben, dann wäre die ungeeignete Aussage folgende: „Julia, du kommst immer zu spät [Verallgemeinerung]. Du bist die unpünktlichste Person der Welt [Pauschalurteil].“ Besser wäre es, zu sagen: „Ich habe festgestellt,

dass du sehr oft zu spät zu unseren Verabredungen kommst [Ich-Botschaft]. Zum Beispiel letzten Samstag. Da wollten wir ins Museum gehen und ich habe dort eine Dreiviertelstunde im Regen auf dich gewartet. Und am Sonntag, als wir nach XXX fahren wollten, habe ich 20 Minuten bei dir zu Hause gewartet. Auch vor zwei Wochen, da wollten wir ... [konkrete Beispiele]"

Fünftens: Versucht auch, eure Gefühle auszudrücken, beschreibt, was ihr in der jeweiligen Konfliktsituation empfindet! Franz würde vielleicht sagen: „Wenn ich auf dich warten muss, dann nervt mich das ungemein. Die Zeit, die ich mit Warten verbringe, ist für mich vergeudete Zeit. Ich habe meinem Vater schon öfter gesagt, dass ich ihm nicht helfen kann, weil ich mit dir verabredet war. Und dann stehe ich irgendwo und warte eine halbe Stunde. Da hätte ich noch leicht den Rasen mähen können zu Hause oder zumindest einen Teil. Anstatt zu warten, würde ich meine Zeit lieber sinnvoll nützen."

Sechstens: Redet so lange weiter, bis ihr wirklich wisst, was der andere meint! Lasst einander ausreden, unterbrecht euch nicht! Wenn nötig, stellt euch Fragen, um dem Problem auf den Grund zu gehen! Robert Wolgemuth und Mark DeVries schreiben in ihrem Buch *Was jeder Bräutigam wissen sollte* darüber, was „normal" ist. Normal ist das für uns, was wir in unserer Kindheit, in unserem Familienleben gesehen und gelernt haben.

Für Franz ist es normal, dass man zur verabredeten Zeit am verabredeten Ort erscheint, oder vielleicht sogar einige Minuten vorher. Er hat in seiner Kindheit gelernt, dass man spätestens um 7:55 Uhr startklar sein muss, wenn die Familie ausgemacht hat, dass sie um 8:00 Uhr wegfährt. Und wenn man um 7:55 Uhr noch mal schnell auf die Toilette muss, dann ist das sogleich ein Grund für eine Moralpredigt zum Thema Pünktlichkeit.

Julia hat vielleicht gelernt, dass die Abfahrtszeit nur eine ungefähre Richtzeit ist. Wenn die Eltern sagen, um 8:00 Uhr ist Abfahrt, dann beginnt man um 8.00 damit, die Schuhe anzuziehen, noch mal auf die Toilette zu gehen, noch eine Jacke zu suchen und den Feldstecher. Und so gegen 8:30 Uhr sitzen dann alle im Auto, jeder ist entspannt und gut drauf und die Fahrt kann losgehen. Beides, Franz' Verständnis von Pünktlichkeit und das von Julia, sind ganz

„normal" für die jeweiligen Familien. Das werden sie im Laufe der Zeit wahrscheinlich herausfinden.

So gibt es viele Sachen, die für den einen „normal" sind und für den anderen nicht. Oft ist uns das gar nicht bewusst. Erst wenn es zu einem Konflikt mit dem anderen kommt, kommt unser „Normal" ans Licht und wir stellen fest, dass unser „Normal" nicht so ist wie das des anderen. Manchmal muss man echt eine Weile über das Thema reden, bis man draufkommt, was für den anderen normal ist und was für mich. Deshalb ist es wichtig, nachzufragen und weiterzureden, bis man den Kern des Problems entdeckt.

Siebtens: Wenn du merkst, dass du einen Fehler gemacht hast oder den anderen verletzt hast, dann bitte möglichst bald um Entschuldigung! Sei auch bereit, dem anderen schnell zu vergeben! Tragt einander nichts nach! Vergeben und vergessen. Julia könnte sagen: „Bitte entschuldige, dass du so oft auf mich warten musst." und Franz könnte antworten: „Ich verzeihe dir. Bitte entschuldige, dass ich am Samstag so kurz angebunden war im Museum. Ich war verärgert, weil ich so lange warten musste." Julia: „Ich verzeihe dir."

Vermeidet es auch, beim Besprechen eines Konfliktes, andere oder „alte" Dinge wieder hervorzuziehen, besonders wenn ihr sie schon ausgeredet und einander um Verzeihung gebeten habt! Wenn wir Jesus in der Beichte unsere Sünden hinlegen und er uns die Vergebung schenkt, dann sind diese Sünden nicht mehr vorhanden. Sie sind weg. Für immer verschwunden. So soll es auch bei uns sein bei den Dingen, die wir schon bereinigt haben. Wir haben sie uns ein für alle Mal verziehen und deshalb haben sie nichts verloren in unserem aktuellen Konflikt, in unserer aktuellen Diskussion. So wie es in der Heiligen Schrift heißt: „Ertragt einander und vergebt einander, wenn einer dem anderen etwas vorzuwerfen hat! Wie der Herr euch vergeben hat, so vergebt auch ihr!" (Kol 3, 13)

Achtens: Wenn nötig, versucht eine Lösung zu finden für das Problem! Franz und Julia werden besprechen müssen, was ab nun für sie „normal" sein wird. Das von Franz oder das von Julia oder sie suchen eine für beide neue Art, die Pünktlichkeit zu leben. Vielleicht vereinbaren sie, dass sie sich ab jetzt jedes Mal vor einer

Verabredung anrufen, um abzuchecken, wie realistisch es ist, zur verabredeten Zeit am verabredeten Ort zu sein, und dann eventuell das Treffen 30 Minuten nach hinten zu verschieben. Julia könnte sich angewöhnen, eine Nachricht zu schicken, wenn sie merkt, dass sie sich verspätet, auch wenn es nur zehn Minuten sind. Sie könnte sich auch angewöhnen, sich jedes Mal zu entschuldigen, wenn sie zu spät kommt.

Lösungen, nicht Gewinner und Verlierer

Wichtig ist bei der Suche nach Lösungen bei Konflikten, dass es nicht darum geht, wer „gewinnt" und wer „verliert". Im Buch *Was jeder Bräutigam wissen sollte* wird von Christopher und Susan berichtet: *„Christopher war eigentlich ein erfolgreicher Rechtsanwalt. Aber an diesem Tag sah er überhaupt nicht danach aus. Seine Augen waren rot und verquollen, die Haare strubbelig und seine Kleidung sah aus, als hätte er sie direkt aus dem Wäschekorb geholt. Er berichtete mir, dass er und Susan sich vor einem Monat getrennt hatten. Zuerst war er davon ausgegangen, dass sich das wieder einrenken würde. Er hatte noch nie einen Streit mit Susan verloren und war sich sicher, dass es nur eine Frage der Zeit war, bis ‚sie wieder Vernunft annimmt'.*
Aber Christopher lag falsch und langsam wurde er nervös. (...) ‚Ich glaube, ich habe sie verloren', schloss Christopher seinen Bericht und verlor die Fassung. Tränen liefen ihm übers Gesicht. ‚Ich war so ein Idiot', räumte er ein und beschrieb mir seine nun zerstörte Ehe. Immer und immer wieder hatte er sie mit Worten niedergemacht, die Diskussionen mit herablassenden Schuldzuweisungen oder wütenden Kommentaren ‚gewonnen'. Christopher, der erstklassige Ankläger, hatte seine Fähigkeiten aus dem Gerichtssaal mit nach Hause genommen. Und am Ende den Fall verloren.
Christopher zählte mir die vertanen Chancen der Vergangenheit auf. Er erinnerte sich daran, wie Susan öfter mit Sorgenfalten im Gesicht auf ihn zugekommen war und ihr ‚Kommunikationsproblem' angehen wollte.

Christopher hatte sich über sie lustig gemacht. Und sie ignoriert. Als Susan eine Eheberatung vorgeschlagen hatte, hatte er sie mit tagelangem Schweigen bestraft. Wenn Susan vorsichtig fragte, ob sie nicht ‚einfach reden‘ könnten, hielt er mit einem sarkastischen ‚Okay, du zuerst‘ entgegen. Susan ging dann enttäuscht davon. Sie diskutierte selten. Sie wusste, dass es wenig Sinn hatte, sich mit jemandem ein Wortduell zu liefern, der damit ein stattliches Jahresgehalt verdiente. Und Christopher verbuchte diese kurzen Scharmützel auch noch als Sieg.“[164]

Es geht nicht darum, einen Streit oder eine Diskussion zu „gewinnen“, es geht darum, auf Augenhöhe mit dem anderen zu bleiben und gemeinsam eine Lösung zu finden. Obwohl Christopher aus seiner Sicht alle Diskussionen mit Susan gewonnen hatte, so hatte er sie doch verloren, weil er sie und ihre Wünsche nicht respektiert hatte. Er hatte es nicht zugelassen, dass sie gemeinsam eine Lösung suchten für die Dinge, über die sie diskutierten. Er war nicht bereit, „einfach nur so“ zu reden, obwohl das für sie wichtig war.

Wir Christen müssen versuchen, uns respektvoll zu verhalten. Ich darf nicht glauben, dass ich besser bin als der andere. Es geht darum, Lösungen zu finden, mit der beide gut leben können. Vielleicht wird man für manche Dinge nicht sofort einen Kompromiss oder eine Lösung finden, aber es darf nicht vorkommen, dass einer sich als „Sieger“ fühlt und der andere als „Verlierer“. Es soll auch kein „Unentschieden“ sein, sondern ein „Entschieden“ zur Zufriedenheit von beiden.

Diese Regeln zum Lösen von Konflikten haben keinen Anspruch auf Vollständigkeit. Vielleicht fällt euch noch etwas ein, das ihr hinzufügen wollt, oder ihr macht euch überhaupt eure eigene Liste mit euren ganz persönlichen Regeln.

---

[164] Robert Wolgemuth und Mark DeVries, *Was jeder Bräutigam wissen sollte,* Marburg an der Lahn 2015, S. 85f.

Sich entschuldigen, auch für Kleinigkeiten

Nicht immer sind die Konflikte oder Probleme so groß, dass man zur Lösung dafür ein großartig geplantes Gespräch führen muss. Oft sind es Kleinigkeiten, wo man merkt, dass man den anderen verletzt hat. Dann seid schnell bereit, einander um Vergebung zu bitten und zu verzeihen! Ich kann mich nur noch dunkel an die Predigt bei unserer Hochzeit erinnern, aber ein Satz ist hängen geblieben: „Wenn es Kleinigkeiten sind, dann Schwamm drüber. Verzeiht einander schnell und geht dann gemeinsam weiter."
„Bitte entschuldige, dass ich dich vorhin so angeschnauzt habe." – „Ich verzeihe dir."
„Du hattest mich gebeten, Brot zu kaufen, und ich habs vergessen. Entschuldigung." – „Macht nichts. Ich verzeihe dir."
„Vorhin, als wir mit unseren Freunden zusammen waren, hast du gesagt, dass ich sehr gefräßig bin. Das hat mich verletzt." – „Oh..., entschuldige, das wollte ich nicht. Ich werde versuchen, so etwas nicht mehr zu sagen."
Wie schon gesagt: Vergeben und vergessen.

Konflikten vorbeugen

Kannst du dich noch an den Anfang des Buches erinnern? In Kapitel 2.2 habe ich über die Liebe geschrieben und darüber, dass es Liebeshandlungen gibt, für die wir uns bewusst entscheiden. Diese Form der Liebe heißt Agape. Wenn wir uns auf der Ebene der Kommunikation für manche Dinge bewusst entscheiden, dann können wir manche Konflikte vermeiden oder wir bewirken dadurch, dass eine gewisse positive Atmosphäre entsteht, in der sich die Beteiligten wohlfühlen und es weniger Spannungen gibt.

Bobbie und Robert Wolgemuth haben beschlossen, sich nicht vor anderen zu kritisieren oder abwertende Bemerkungen über den anderen zu machen. Nicht vor Freunden, auch nicht vor den eigenen Eltern.[165] Ich fand das sehr gut und versuche auch, das zu vermeiden. Und wenn ich einmal Dampf ablassen muss, dann gibt es ja, Gott sei Dank, den geistlichen Begleiter oder eine Person des

---

[165] Vgl. Wolgemuth / DeVries, *Was jeder Bräutigam wissen sollte*, S. 119.

Vertrauens, die gewisse Gesprächsinhalte für sich behält. Sich vor anderen nicht zu kritisieren zeugt vom Respekt, den wir unserem Partner gegenüber haben, und den anderen zu respektieren ist ein Ausdruck der Liebe.

Sabine erzählt: *„Wir sollen unseren Partner nicht vor anderen kritisieren.' Ich kann mich ehrlich gesagt nicht erinnern, ob ich das einmal wo gehört habe oder gelesen, aber es hat mich innerlich bewegt und es ging mir nicht mehr aus dem Kopf. Also habe ich versucht, es umzusetzen, und seitdem bemühe ich mich, meinen Partner vor anderen nicht zu kritisieren. Nach einiger Zeit ist mir aufgefallen, dass ich ihn manchmal kritisiere, wenn ich mit meiner Mutter spreche. Ich rede sehr gerne mit meiner Mama, ich habe dabei das Gefühl, dass sie mich wirklich versteht, und manchmal hat sie auch den einen oder anderen guten Rat für mich. Da passiert es leicht einmal, dass ich ihr auch etwas erzähle, worüber ich mich geärgert habe oder wo ich finde, dass er etwas falsch macht oder falsch sieht. Weil mich das aber so beschäftigt hat, dass wir unseren Partner nicht vor anderen kritisieren sollen, habe ich irgendwann beschlossen, das auch einzuhalten, wenn ich mit meiner Mutter rede. Ich weiß nicht genau, warum, aber ich merkte, dass ich das nicht mehr machen sollte. Das ist nicht immer leicht und manchmal muss ich mir fast auf die Zunge beißen, aber ich merke, dass es wichtig ist. Nicht dass meine Mutter ein Tratschweib wäre und solche Sachen überall herumerzählt, das macht sie sicher nicht. Aber ich glaube, den Partner nicht zu kritisieren ist ein Ausdruck der Liebe und des Respekts ihm gegenüber. Wenn es etwas gibt zwischen uns, das ich mit jemandem besprechen will, weil ich einen Rat brauche, dann mache ich das mit einer Freundin, mit der abgemacht ist, dass sie das niemandem weitererzählt. Sie behält es für sich und betet für mich und meine Schwierigkeiten.“*

Seid einander dankbar und sagt euch nette Sachen.

„Charlie hatte sich bald nach der Hochzeit vorgenommen, seiner Frau Martha jeden Tag etwas Nettes zu sagen – ohne sich zu wiederholen. Er bedankte sich bei ihr, lobte ihr großes Herz, bewunderte ihr Gottvertrauen oder äußerte sich erstaunt über etwas, das sie getan oder gesagt hatte.
Als ich Charlie und Martha kennenlernte, waren sie schon über dreißig Jahre verheiratet. Martha erzählte mir stolz, dass Charlie nur an ganz wenigen Tagen sein Versprechen nicht hatte halten können. Sie freute sich auf sein tägliches Lob. Und sie liebte ihn wegen seiner Entschlossenheit, sich immer wieder etwas Neues einfallen zu lassen.“[166] Gewöhnt es euch an, einander dankbar zu sein, euch öfter einmal etwas Nettes zu sagen und euch zu loben. Denken wir noch einmal an unser Beispiel von Franz und Julia. Franz könnte sich bei Julia bedanken, wenn sie es schafft, sich weniger als 10 Minuten zu verspäten. Vielleicht erscheint es dir schwer oder übertrieben, deiner Freundin oder deinem Freund jeden Tag etwas Nettes zu sagen, aber genau das sind die Dinge, die eine positive Atmosphäre fördern und die Liebe am Leben erhalten.

11.4 Die sexuelle Enthaltsamkeit vor der Ehe leben

Ein keusches Leben führen zu wollen ist eine Sache, aber wenn man dann einen Freund oder eine Freundin hat, stellen sich plötzlich ganz neue Fragen. Dringende Fragen. So dringend, dass der eine oder andere gleich direkt nur dieses Kapitel lesen wird, ohne vorher den Rest dieses Buches gesehen zu haben. Das wundert mich nicht, ich hätte es auch so gemacht. Wir kennen zum Thema Sexualität eben nur das, was wir im Fernsehen, in Zeitschriften, in Online-Portalen sehen und lesen, und wir wissen, dass viele Paare nach einiger Zeit miteinander schlafen und so weiter. Das ist das „Normale“, das wir jeden Tag sehen und erleben. Das andere, ein

---

[166] Wolgemuth/DeVries, *Was jeder Bräutigam wissen sollte*, S. 88f.

Leben in Keuschheit zu führen, ist nur ein ganz kleiner Bereich in dieser Welt. Es sind nicht allzu viele, die so leben wollen, und es gibt nur sehr wenige Leute, die wirklich konkrete Aussagen zum Thema „Enthaltsamkeit vor der Ehe" gemacht haben. Der Katechismus bleibt bei dieser allgemeinen Formulierung stehen, keinen Sex vor oder außerhalb der Ehe zu haben. In der Bibel klingt es ähnlich: „Von Unzucht aber und Unreinheit jeder Art oder von Habgier soll bei euch, wie es sich für Heilige gehört, nicht einmal die Rede sein. Auch Sittenlosigkeit und albernes oder zweideutiges Geschwätz schicken sich nicht für euch." (Eph 5, 3–4)
Die Sicht der Welt auf die Sexualität hat sich erst vor sehr kurzer Zeit so radikal geändert. Erst in den letzten 50 Jahren ist es von der Gesellschaft akzeptiert worden, außerhalb der Ehe Sex zu haben, sich scheiden zu lassen, einen neuen Partner zu haben, zusammenzuleben, ohne verheiratet zu sein, überhaupt nie zu heiraten mit oft wechselnden Partnern ... Als all das gesellschaftlich noch nicht akzeptiert wurde, haben sich sicher auch nicht alle daran gehalten, aber genauere Hinweise oder „Regeln" diesbezüglich waren nicht notwendig. Wir leben jetzt in dieser Zeit und wir brauchen diese genaueren Hilfen, wie wir sexuell enthaltsam leben können mit unserem Partner, ohne die Keuschheit zu verletzen. Ich war damals sehr froh, die Bücher von Joshua Harris zu kennen, und später bin ich auf Jason Evert gestoßen, einen Katholiken, der auch sehr gute und hilfreiche Bücher über dieses Thema geschrieben hat und auch einige sehr konkrete Hinweise gibt, wie wir als Christen die Keuschheit leben können.

Jedes Paar hat seinen Weg

Bevor wir nun aber konkret werden, muss ich auf etwas Wichtiges hinweisen: Es gibt nicht den „einen, richtigen Weg", die sexuelle Enthaltsamkeit vor der Ehe zu leben. Im Endeffekt muss jedes Paar seine Art und Weise finden, das umzusetzen. Jedes Paar hat seine individuelle Geschichte, seine individuellen Stärken und Schwächen und seine individuelle Art, gewisse Dinge zu sehen. Ich würde auf jeden Fall jedem Paar davon abraten, vor dem Heiraten zusammenzuleben, aber es gibt auch welche, die erst nach Jahren des Zusammenseins erkennen, dass Gott will, dass sie heiraten und keinen Sex vor der Ehe haben. Die wenigsten dieser Paare ziehen dann bis zur Hochzeit in getrennte Wohnungen, sondern sie suchen in ihren eigenen vier Wänden nach der besten Möglichkeit, von nun an bis zur Ehe enthaltsam zu bleiben.

Aber natürlich gibt es Dinge, die sich jedes Paar überlegen sollte. Ich weiß noch, als ich das Buch *Frosch trifft Prinzessin* von Joshua Harris las, dachte ich, dass der Typ nicht ganz dicht in der Birne sein muss. Er hatte nämlich beschlossen, seine Zukünftige nicht einmal zu küssen vor der Hochzeit. Jetzt, nach mehreren Jahren und anderen Erfahrungen, die ich gemacht habe, finde ich das nicht mehr ganz so abartig, wenn man es nicht als Herausforderung sieht, um sich selber oder anderen Leuten etwas zu beweisen, sondern wenn man es deshalb macht, weil man den Partner als Person ins Zentrum stellt, eine Person, die man respektieren und kennen und lieben lernen will, eine Person, die man nicht zur Befriedigung der eigenen Lust verwenden will. „Das Motiv für unsere Zurückhaltung ist nicht Askese oder religiöse Verkrampfung, sondern der Wunsch nach echter Erfüllung."[167]

Ein konkreter Plan

Wie schon gesagt, es gibt nicht „die eine Art", sexuelle Enthaltsamkeit vor der Ehe zu leben. Jedes Paar muss für sich einen Weg finden, sie zu leben. „Die Richtlinien, die ihr für euch festlegt, sind wie der weiße Mittelstreifen auf der Straße. Der kann einen auch nicht davon abhalten, drüberzufahren (und in eurem Fall zu weit zu gehen). Der Mittelstreifen ersetzt auch keinen Führerschein oder aufmerksames Fahren. Trotzdem ist er wichtig, damit man weiß, wo die eigene Grenze der Straße verläuft und um nicht mit einem anderen Wagen zu kollidieren. Obwohl der Mittelstreifen einen Kamikaze-Fahrer nicht daran hindern könnte, die Seiten zu wechseln, hilft er doch denjenigen Fahrern, die Gefahr vermeiden wollen."[168]

Ich habe mich immer gefragt, besonders als ich mit meinem jetzigen Mann eine Beziehung anfing, wo denn nun genau diese Linie ist, die man nicht überschreiten sollte. Kein noch so gutes Buch konnte eine konkrete Antwort geben. Bis ich vor einiger Zeit

---

[167] Harris, *Frosch trifft Prinzessin*, S. 154.
[168] Harris, *Frosch trifft Prinzessin*, S. 159.

auf Jason Evert gestoßen bin. Er leitet das Chastity Project in den USA und hat einige Bücher veröffentlicht, in denen er sehr konkret seine Meinung darlegt. Im Buch *If You Really Loved Me* gibt er Antworten auf 100 Fragen, die ihm oft von Jugendlichen gestellt werden. Eine dieser Fragen lautet: „Wie weit kann man mit einem Mädchen gehen, ohne zu weit zu gehen? Sei genau."[169] Und Jason Evert wird wirklich sehr genau in seinen Ausführungen. Aber bevor er das tut, gibt er einige sehr interessante Denkanstöße[170]:

- Wir sollen Acht geben, dass wir Liebe nicht mit Vernarrtheit oder Verknalltsein, mit Einsamkeit oder mit Lust verwechseln. All das sind starke Gefühle, die den Wunsch nach sexueller Intimität wecken können. Wo die wahre Liebe in den Hintergrund gedrängt wird, weil die sexuelle Lust zu groß wird, wird auch der Egoismus größer und die andere Person wird zu einem Objekt für meine Lust. Dann respektiere ich sie nicht mehr als Person.
- Stell dir vor, du bist in einem Zimmer mit deiner Freundin bzw. mit deinem Freund und ihr kommt euch körperlich sehr nahe, ihr küsst euch usw. Stell dir vor, dass ihre (oder deine, wenn du die Frau bist) Eltern auch dabei sind. Oder dass Jesus hier sitzt und euch zusieht ...
- Stell dir vor, eine andere Person würde mit deiner zukünftigen Braut / deinem zukünftigen Bräutigam genau das machen, was du mit deiner Freundin / deinem Freund jetzt gerade machst (intensives Küssen, Petting oder was es auch immer sein mag). Wäre dir das recht? Wenn nicht, dann mach es du auch nicht, solange du nicht verheiratet bist.
- Wir dürfen nicht die Welt, also das, was der Großteil aller Paare macht, als Maßstab nehmen. Unser Maßstab muss Gottes Wille sein.
- Anstatt uns zu fragen, wie weit wir gehen dürfen, sollten wir uns fragen, was wir tun können, damit der Partner Gott näherkommen und in Heiligkeit wachsen kann.

Jason Evert hat etwas festgestellt, was auch ich bemerkt habe. Nämlich dass es immer mehr Paare gibt, die beschließen, sich erst

---

[169] Evert, *If You Really Loved Me,* S.111.
[170] Vgl. Evert, *If You Really Loved Me,* S. 99–116.

am Tag der Hochzeit auf den Mund zu küssen. Anfangs fand er das verrückt, so wie ich, aber dann stellte er fest, dass sie nicht darauf verzichteten, weil es schlecht wäre oder weil sie sich nicht unter Kontrolle hätten, sondern weil sie einen einfachen Kuss so sehr schätzten, dass sie Gott und die versammelte Kirchengemeinde als Zeugen wollten, wenn sie es zum ersten Mal machten. Auch ich kenne einige Ehepaare, die sich erst am Hochzeitstag zum ersten Mal küssten, und ich habe das Gefühl, dass sie ganz richtig handelten, obwohl ich es mit meinem Mann anders gemacht hatte. Aber lasst uns zurückkehren zu Jason Everts „genauen" Richtlinien, die er den Jugendlichen gibt:

- kein langes, ausgiebiges Küssen,
- sich nicht auf den Hals küssen,
- keine Zungenküsse,
- sich nicht nebeneinanderlegen, nicht gemeinsam in einem Bett schlafen.

Letzteres, also gemeinsam in einem Bett zu schlafen, ist etwas, das ausschließlich für die Ehe reserviert sein sollte. Wenn jemand sagt „Sie haben zusammen geschlafen", dann denkt man ja nicht ans Schlafen, sondern an etwas anderes. „Im Hebräerbrief 13, 4 wird uns gesagt, dass das Ehebett unbefleckt bleiben soll. Es soll heilig sein, und das bedeutet, es soll für das Heilige reserviert sein. Das Heilige, an das Gott dabei denkt, ist die eheliche Vereinigung."[171]

Das Küssen, vor allem das lange und ausgiebige Küssen, birgt zwei Gefahren: Erstens, dass man Lust auf mehr bekommt, aber das geht (noch) nicht. Zweitens ist es schwerer, nach einem Fünf-Minuten-Kuss aufzuhören, als wenn man sich zum Begrüßen und zum Abschied einen Ein-Sekunden-Kuss auf den Mund gibt. Genauso, wie wenn man sich vornimmt, sich nicht zu betrinken. Wenn man sich vornimmt, nur eine Flasche Bier zu trinken, ist es einfacher, danach nicht weiterzutrinken, als wenn man sich vornimmt, nicht mehr als 5 Flaschen zu trinken.

Zu den Zungenküssen sagt Jason Evert, dass sie vor allem für Männer zutiefst sexuell erregend sind, weil sie die körperliche Vereinigung vorwegnehmen. Weil dabei ein Körperteil des einen in den Körper des anderen eindringt. Sie vermitteln dem männlichen Körper die Botschaft, dass er sich auf eine sexuelle Vereinigung

---

[171] Evert, *If You Really Loved Me*, S. 115.

236

vorbereiten soll. Die kann aber nicht erfolgen, weil man ja sexuell enthaltsam leben will. Man reizt den Körper sozusagen mit etwas, das er dann nicht haben kann. Das kann auf Dauer frustrierend sein.[172]

Jason Evert erzählt: *„Auf der Highschool habe ich nicht viel nachgedacht über diese Art zu küssen (Zungenküsse, Anm.). Es schien mir, dass andere Leute schlimmere Sachen machten, also war das für mich keine große Sache. Jetzt wünsche ich mir mehr als alles, dass ich diese Küsse für meine Braut reserviert hätte, statt sie an Mädels zu verteilen, die ich nach dem Abschluss nie wieder gesehen habe. Aber zu der Zeit dachte ich nicht an die Zukunft. Ich schaute nur auf meine Klassenkameraden und ich kam zu dem Schluss, dass das Leben eben so ablief.*

Als meine Beziehungen reiften und tiefer wurden und ich sie im Gebet mittrug, hörte ich mit dieser Art zu küssen auf, weil es immer den Wunsch nach mehr auslösen würde. Außerdem wurden dadurch immer andere Aspekte der Beziehung zur Seite gedrängt. Ich wusste in meinem Herzen, dass ich nicht selbstbewusst sagen könnte, dass diese Art der Intimität Gott gefallen würde. Also musste ich mit einer Freundin am Beginn unserer Beziehung sprechen und wir vereinbarten, darauf zu verzichten. Das war ein großer Segen und ich konnte sofort sehen, dass die Beziehung heiliger und freudiger war. Wir waren nicht perfekt, aber zum ersten Mal sah ich, dass, je mehr leidenschaftliches Küssen in meinen Beziehungen war, desto weniger war da von sonst allem. Das war etwas, das ich nicht verstand, bis ich es nicht aufgab."[173]

Ja, Jason Evert legt die Latte wirklich hoch. Aber wenn es uns um wahre Liebe geht, um das Wohl des anderen und um den Wunsch, den anderen nicht zu verletzen oder zu benutzen, sondern zu prüfen, ob man heiraten soll oder nicht, dann ist es gut, die Latte hochzulegen. Und Jason Evert sagt noch etwas, mit dem er sicher

---

[172] Vgl. Evert, *If You Really Loved Me*, S. 112.
[173] Evert, *If You Really Loved Me*, S. 103.

recht hat: „Engelhafte Reinheit ist einfacher zu leben als eine 50-prozentige Reinheit"[174], weil man nicht so leicht bis an den Punkt kommt, wo man nicht mehr zurückkann und dann in die Sünde fällt. Je höher die Latte, desto einfacher ist es, die rote Linie nicht zu überschreiten. Ich glaube, die Paare, die sich entschlossen haben, vor der Hochzeit auf das Küssen ganz zu verzichten, haben genau das erkannt.

Legt eure Regeln fest

Nun liegt es an euch als Paar, zu entscheiden, wie hoch ihr eure Latte legen wollt. Bittet Gott und den Heiligen Geist darum, dass Er euch zeigen möge, was das Richtige für euch ist, und fragt Ihn, was ihr tun und lassen sollt, damit ihr Ihn mit eurem Leben, mit eurem Wunsch nach Reinheit und eurem Handeln auf körperlicher Ebene ehren mögt.

Stellt euch als Paar eure eigenen „Regeln" auf, macht einen konkreten, auf euch abgestimmten Plan.

Ihr werdet darüber reden müssen, darum kommt ihr nicht herum. Das kann einige Überwindung kosten, aber es ist notwendig und es wird euch helfen, im Vertrauen zueinander zu wachsen.

Mein Mann und ich hatten uns auch solche Regeln aufgestellt. Wir haben sie auch aufgeschrieben und jeder von uns hatte ein Exemplar bei sich zu Hause. Einige dieser Regeln lauteten:

- Wir schlafen nicht in der Wohnung des jeweils anderen.
- Wenn wir wo gemeinsam schlafen, dann in getrennten Schlafzimmern.
- Keine Zungenküsse.
- Keine Berührungen in erogenen Zonen (Brust, Hintern, Genitalien).

Andere Regeln könnten sein:

- Nicht zusammen in einem Bett liegen.
- Keine eng umschlungenen Filmabende auf dem Sofa.
- Keine spielerischen Rangeleien, Durchkitzeln, Massagen.
- Keine Gespräche über das zukünftige Sexleben.

---

[174] Evert, *If You Really Loved Me,* S. 102.

- Am Abend / in der Nacht, wenn wir schon müde sind, nicht zu lange allein sein.
- Keine Filme ansehen, die uns in Versuchung bringen könnten (Liebesfilme, Filme mit Bettszenen usw.).
- Kein oder nur wenig Alkohol, wenn wir danach allein sind.

Wahrscheinlich fallen euch selber noch einige Dinge ein, die für euch wichtig sind und die ihr hinzufügen wollt. Andere wiederum werdet ihr total überflüssig finden. Dann lasst sie weg. Vielleicht findet ihr es auch übertrieben, das alles aufzuschreiben. Dann sprecht nur darüber, einigt euch auf einige Punkte und fertig. Diese „Regeln" muss man auch nicht ein für alle Mal fixieren. Wenn ihr mit der Zeit feststellt, dass es etwas gibt, das ihr vermeiden müsst, dann redet darüber und fügt es eurer Liste hinzu.

Bei uns war es auch so. Als wir angefangen hatten, uns zu küssen, merkten wir, dass wir auf Zungenküsse verzichten sollten bis zur Hochzeit. Also schrieben wir es auf die Liste.

Auch andere Paare haben sich viele Gedanken über dieses Thema gemacht. Lassen wir sie berichten.

Gabriele und Manfred:

„Wir haben uns mit 20 Jahren bei katholischen Jugendtreffs kennengelernt. Am Anfang war es gegenseitige Sympathie, Interesse am anderen ... wir lernten einander schrittweise kennen. Nach und nach entwickelte sich eine gute Freundschaft daraus und unsere heutige, auf Gott gegründete Ehe. Wir beide hatten uns für ein Leben in Reinheit und die sexuelle Enthaltsamkeit vor der Ehe entschlossen.

Da wir beide 2 ½ Stunden voneinander entfernt wohnten, besuchten wir uns, nachdem wir zusammengekommen waren, jedes zweite bis dritte Wochenende. Beim zweiten Besuch schlug das Feuer in uns über. Wir küssten uns innig und kuschelten angezogen im Bett. Dass das zu schnell war, sagte unser Gewissen gleich. ‚Schade', so wollten wir es eigentlich gar nicht.

Nach diesem ersten Schnellflug sprachen wir über die Reinheit, die zu bewahren uns grundsätzlich sehr wichtig war. Uns kam zum Bewusstsein, dass wir trotz unserer Grundsätze Hilfen brauchen würden, um unser Vorhaben (rein in die Ehe zu gehen) zu schaffen. Fredi empfahl das Buch Frosch trifft Prinzessin von Joshua Harris, von welchem er selbst den ersten Band gelesen hatte. Somit begannen wir gemeinsam, das Buch durchzuackern, und profitierten daraus. Gemeinsam sprachen wir über das Gelesene. Wir teilten einander mit, was uns bewegte, und versuchten auch, manches umzusetzen.

Zusammen haben wir Regeln für unser gemeinsames Miteinander festgelegt und diese aufgeschrieben. Einige unserer Regeln:

- *Nicht gemeinsam im Zimmer schlafen (auf Urlaub und wenn einer übers Wochenende beim anderen übernachtete),*
- *keine lang andauernden innigen Umarmungen,*
- *kein gemeinsames Kuscheln auf Sofa oder Bett,*
- *nicht gemeinsam baden gehen (man muss den anderen nicht durch zu viel nackte Haut aufreizen, scharf machen),*
- *einmal in der Woche aufs Telefonieren miteinander verzichten,*
- *am Abend nicht zu viel Zeit zu zweit verbringen.*

Wir sprachen öfters über unsere Regeln und mussten sie gegebenenfalls updaten. Zum Beispiel entschlossen wir uns nach ca. zwei Monaten unserer Beziehung (nachdem es Gabriela am 8. Dezember im Gebet klar wurde), den Zungenkuss bis zu Ehe aufzusparen.

Puhh, das klingt jetzt ziemlich hart! So viele Regeln und Gebote! Um uns bewusst zu machen, dass wir nicht zu kurz kommen, legten wir eine Schatzkiste an, in welcher auf Zetteln geschrieben stand, was jetzt noch nicht an der Reihe war, wir uns aber in der Ehe auf jeden Fall schenken wollten, z. B. gemeinsamer Badeurlaub, zärtliche Massagen, einander liebevoll füttern und verführen, sehr viel Zeit alleine mit dem anderen zu verbringen ...

Wenn wir Regeln brachen, was auch vorkam, geschah dies meist spätabends, wenn wir uns trennten und dabei alleine waren. Oft ärgerten wir uns im Nachhinein darüber. Wir sprachen meistens gleich darüber, spätestens aber am nächsten Tag. Daraufhin entschieden wir uns wieder neu für die Reinheit und bemühten uns aufs Neue.

Außerdem ging jeder von uns regelmäßig zur hl. Beichte und vertraute täglich in einem Weihegebet sich selbst, die Beziehung und Reinheit der Muttergottes an. Wir baten auch die heilige Maria Goretti um ihre Fürsprache, wenn wir wieder ein Wochenende miteinander verbrachten oder zusammen ausgingen. Weiters half uns das persönliche Gebet sowie das Gespräch mit einer geistlichen Schwester und das Gebet von unserer Familie, guten Freunden und Bekannten. Ohne diese geistigen Hilfen hätten wir dieses Ringen viel schwerer, wenn überhaupt, geschafft.

Wir strengten uns an, dieses Ziel zu schaffen, um ein Leben in Fülle zu haben. Wir bemühten uns stets, an den Segen der Reinheit für unsere Ehe und unsere Kinder zu glauben, und dürfen bereits jetzt Früchte daraus sehen. Zum Beispiel unser starkes und harmonisches Miteinander. Es fiel uns auch leichter, in Zeiten von länger andauernder Krankheit zusammenzuhalten und aufeinander Rücksicht zu nehmen in ehelich enthaltsamen Tagen (wie erwähnt bei Krankheit oder an den fruchtbaren Tagen im Zyklus der Frau, wenn kein Kinderwunsch besteht).

Gott bedankte sich bei uns in Medjugorje bei einem Gebet mit den Worten: ‚Ich freue mich über eure reinen Herzen.‘ Einer der schönsten Momente war für uns jener, als uns unser Beichtvater bei der Beichte am Tag vor unserer Hochzeit die Hand schüttelte und sagte: ‚Nun, Gabriela, Manfred, habt ihr es geschafft. Euer Ringen hat sich ausgezahlt.‘ Halleluja!"

Anita berichtet:

„Es gab keinen konkreten Zeitpunkt, wo ich mich dafür entschieden habe, vor der Ehe sexuell enthaltsam zu leben, es war ein Prozess, ein Nachdenken darüber, der dann reif war, als ich meinen Mann kennenlernte.

Wir haben versucht, nicht miteinander zu schlafen, was teilweise einfach war, da wir eine Fernbeziehung führten und uns nur alle drei Wochen sahen. Als wir uns dann wiedersahen, war es natürlich schwieriger. Von Anfang an war die Reinheit Thema in unserer Beziehung. Wir wollten sie beide versuchen zu leben. Intuitiv haben wir Sachen nicht gemacht, wie gewisse Berührungen, ausziehen, Küsse.

Wir haben es auch mal nicht geschafft und miteinander geschlafen. Wir gingen zur Beichte und arbeiteten an uns. Meine geistige Begleitung hat versucht, uns auf diesem Weg zu stärken, nicht aufzugeben, und hat für uns gebetet.

Relativ schnell konnten wir erkennen, dass wir heiraten und eine Familie gründen sollen. Ich bin dankbar für Gottes Führung, er hat mir einen sehr guten Mann geschenkt."

Sonja erzählt:

„Zwei Monate nachdem ich mich für die Reinheit entschlossen hatte, lernte ich meinen damaligen Freund kennen. (...) Wir sind nach zweieinhalb Jahren auseinandergegangen und ich bin so froh, dass wir nicht miteinander geschlafen haben. Das hilft sehr. Man fühlt sich danach nicht so ausgenutzt. (...)

Nach etwa einem halben Jahr (Beziehung mit ihm, Anm.) stand das Körperliche immer mehr im Vordergrund. Wir küssten einander immer intensiver und spürten auch schon sexuelle Erregungen. Irgendwie – das hat sich langsam und recht unbemerkt eingeschlichen – wurden unsere Gedanken immer mehr nur darauf fokussiert. Man wartete schon darauf, wann man wieder alleine war, um erneut mit den intensiveren Berührungen beginnen zu können. Mit der Zeit aber – jedoch ohne es noch begründen zu können – merkte ich immer mehr Unfrieden in mir. So ging es auch meinem Freund, dem der Glaube auch sehr wichtig war. Beim Gebet war ich gefühlsmäßig plötzlich viel weiter weg von Gott oder drang nicht zu Ihm durch. Zuerst redete ich es mir noch schön: ‚Das Körperliche und die Berührungen gehören ja zu einer Beziehung dazu. Wir schlafen eh nicht miteinander, also die Reinheit halte ich ja eh brav.‘ Wir begannen auch mehr zu streiten – sicher aber aus anderen Gründen auch. Ich glaube, es war dann mein Freund, der den Anstoß gab, oder es ist in einem Gespräch entstanden: ‚Wir müssen wieder weiter zurück. Wir dürfen nicht so weit gehen.‘ Nach und nach merkten wir dann, wo genau für uns die Grenzen waren. Und sie waren schon sehr früh! Wir merkten dann, dass nicht einmal ein Zungenkuss möglich war, da er uns wieder schnell zu mehr verleitete und es dann schwerer war, wieder zu stoppen. Je weiter ‚zurück‘ wir gingen, desto besser funktionierte es. Und desto mehr Frieden fanden wir beide.

Es wurde dann auch immer einfacher. Ich konnte die Versuchungen viel schneller ausstellen. Bald merkte ich auch, dass die Schwestern (die mich begleiteten, Anm.), recht hatten, als sie uns in Vorträgen lehrten, dass den starken Part beim Halten der Reinheit fast immer die Frau hat und sie diesen Part, wenn man es schaffen will, einnehmen muss.

Zu Beginn der Beziehung hatte ich eigentlich gefühlsmäßig auch viel länger mit manchen Zärtlichkeiten oder Berührungen warten wollen, aber ich hatte irgendwie auch meinen Freund nicht abweisen, ihn verletzen oder seine männliche Ehre kränken wollen. Jetzt würde ich das aber wahrscheinlich anders machen. Ich würde hier strenger sein, weil ich später gemerkt habe, dass das auch für den Mann das Bessere ist, und mein Freund war letztlich im Nachhinein immer froh, wenn ich ihn gebremst hatte. Vor allem als die Beziehung dann auseinandergegangen ist, waren wir beide sehr froh darüber, die Reinheit gelebt zu haben. ... Ich hätte *eigentlich nie gedacht, dass unsere Beziehung einmal auseinandergehen würde. Wir dachten beide, wir würden sicher einmal heiraten, und dachten auch schon über Verlobung nach. Deshalb hatte ich mir auch eine Zeit lang gedacht, es sei vielleicht nicht so schlimm, wenn wir schon früher miteinander schliefen, denn wir blieben ohnehin sicher zusammen. Jetzt, im Nachhinein, denke ich mir, man kann es nie sagen, und bevor man nicht diesen Schritt der Eheschließung tatsächlich getan hat, weiß man es nicht.*

Aber irgendwie habe ich das Gefühl, dass uns das Leben in der Reinheit geholfen hat, noch klarer zu erkennen, dass die Beziehung eben nicht gepasst hat, vor allem, es schneller zu erkennen. Die Sexualität hat nichts verdecken oder beschönigen können."

Maria und Johannes berichten:

„Seit wir Freunde waren, konnten wir über alles miteinander reden, auch über das Thema ‚Sex vor der Ehe'. Es war uns von Anfang an klar, dass wir die sexuelle Enthaltsamkeit vor der Ehe leben wollten. Durch Gottes Führung hörten wir einen Vortrag zum Thema Sexualität von Bischof Munilla, als wir noch Freunde waren. Er gefiel uns sehr gut.

Wir haben immer gedacht, dass wir die Dinge, die uns schwerfielen, in eine Art Spardose einwerfen und diese dann in der Ehe zerschlagen könnten, um die daraus gewachsenen Früchte zu ernten. (...)

Einmal gingen wir zu einem Vortrag über das Buch Pijama para dos (Pyjama für zwei, Anm.). Danach beschlossen wir, um die Reinheit gut zu leben, auf das Küssen auf den Mund zu verzichten, damit wir den Schalter nicht einschalteten, von dem in dem Vortrag geredet worden war. Wir verstanden, dass die Zeit der Beziehung vor der Ehe dazu da war, weniger auf der sexuellen Ebene zu kommunizieren als in der Ehe selbst. Das hat uns sehr geholfen."

Ich erinnere mich noch sehr gut, dass sie sich selbst am Tag ihrer Hochzeit nicht auf den Mund küssten. Johannes erklärte den schaulustigen Hochzeitsgästen mit viel Humor, dass er, nachdem er so lange auf diesen besonderen Augenblick gewartet hatte, diesen in trauter Zweisamkeit mit seiner Braut allein auskosten wolle. Er küsste sie erst in der Hochzeitsnacht auf den Mund.

Für manche Personen ist es vielleicht schwer zu verstehen, die Enthaltsamkeit vor der Ehe auf diese Weise zu leben. Sie fühlen sich vielleicht persönlich abgelehnt oder glauben, man habe sie nicht gern, weil der Partner keinen Sex vor der Ehe will. Oder sie fühlen sich in ihrer männlichen Ehre gekränkt, wie Sonja meint. Sprecht über diese eure Gefühle. Wenn dein Freund, deine Freundin nicht darüber reden will, dann suche Rat bei einem Priester oder einer anderen gläubigen Person deines Vertrauens. Bete auch für deinen Freund/deine Freundin, damit er/sie erkennen kann, dass gelebte Keuschheit aus Liebe geschieht, wegen der Liebe, um die Liebe zu beschützen, und nicht weil du sie oder ihn nicht gern hast.
Egal, wer ihr seid und wie überzeugt ihr jeweils von der Lehre der Kirche seid: Ihr werdet alle davon profitieren, vor der Ehe sexuell enthaltsam zu leben.

11.5 Gott

Ich habe schon in Kapitel zehn darüber geschrieben, dass es wichtig ist, Gott in der Beziehung Raum zu geben, gemeinsam zu beten und als Paar im Glauben zu wachsen.
Immer wieder hört man, dass Familien, in denen gebetet wird, nicht so leicht auseinanderbrechen, weil durch das Gebet Gott gegenwärtig ist und das Band der Liebe fester geknüpft wird. Fangt schon als Paar damit an, auch wenn ihr noch nicht wisst, ob ihr einmal heiraten werdet.
Ihr könnt euch überlegen, ob ihr eine fixe gemeinsame Gebetszeit einmal in der Woche halten wollt, wo ihr Loblieder singt, einen Rosenkranz betet, einen Teil davon oder etwas anderes, was euch gut gefällt. Mein Mann und ich haben seit jeher unsere Autofahrten fürs Gebet genutzt. Ihr könnt es euch auch zur Gewohnheit machen, beim Abschied ein kurzes Gebet zu halten und euch dann gegenseitig ein Kreuz auf die Stirn zu zeichnen mit den Worten: „Jesus segne dich."

Ich weiß nicht mehr genau, wann das war, ich glaube, es war eher am Anfang unserer Beziehung, da machten mein Mann und ich die 33-tägige Vorbereitung auf die Weihe an Jesus durch Maria. Ich kannte die dazugehörigen Texte der KGI Wien, die nicht so umfangreich sind wie die Originale von Johannes Maria Grignion von Montfort. Ich übersetzte sie auf Spanisch und dann lasen wir jeden Tag den jeweiligen Abschnitt. Wenn wir Zeit hatten, machten wir das gemeinsam und wir tauschten uns darüber aus, was uns berührte oder wo wir merkten, dass wir im Leben etwas ändern oder einen Schritt setzen sollten. Am Ende dieser 33 Tage beteten wir das Weihegebet gemeinsam.

Ihr könnt auch gemeinsam einen Teil der Bibel, z. B. eines der Evangelien, lesen oder ein christliches Buch und regelmäßig darüber sprechen, was euch berührt. Ihr könnt euch absprechen und jede Woche ein Kapitel oder eine bestimmte Seitenanzahl lesen. Das kann auch ein Buch wie dieses hier sein. Sprecht darüber, welche der hier angesprochenen Punkte euch helfen könnten und welche ihr gerne umsetzen würdet.

Maria und Johannes erzählen: *„Als wir ein Paar wurden, merkten wir, dass wir uns gerne weiterbilden würden. So wie sich jemand auf einen Beruf vorbereitet. Wir beschlossen, den Studiengang ‚Theologie des Leibes‘ zu absolvieren. (...) Das half uns sehr, weil wir jeden Freitag und Samstag die Studienveranstaltungen besuchten. Da stellten wir uns viele Fragen, über die wir dann miteinander sprachen und uns austauschten. Dort knüpften wir auch neue Freundschaften, durch die wir einander näherkamen. Wir fingen an, an den Veranstaltungen unserer Diözese teilzunehmen, z. B. bei den Evangelisationseinsätzen sangen wir im Chor mit. Wir beteten gemeinsam und gingen auch unter der Woche gemeinsam zur hl. Messe.“*

Der Sinn dieser Gebetszeiten bzw. der geistlichen Lektüre ist es immer, Gott näherzukommen. Jeder von euch beiden ist gerufen, Gott näherzukommen, und auch als Paar könnt ihr dadurch im Glauben wachsen. Außerdem hilft es euch, einander besser kennenzulernen und im Vertrauen zu wachsen.

Vergesst dabei eines nie: Der Partner soll und kann nie den Platz Gottes einnehmen. Die allerinnerste Zufriedenheit und Freude

kann nur Gott schenken, nicht euer Partner. Ebenso kannst du
deinen Partner nur bis zu einem bestimmten Punkt glücklich
machen. Es gibt da einen letzten Teil, den nur Gott ausfüllen kann.
Betet deshalb gemeinsam, damit Jesus trotz eurer Beziehung den
ersten Platz im Leben hat.

Zwölf. Sollen wir heiraten?

*Wie schön ist deine Liebe,
meine Schwester Braut,
wie viel süßer ist deine Liebe als Wein,
der Duft deiner Salben köstlicher
als alle Balsamdüfte.
Hld 4, 10*

Ihr seid nun schon seit längerer Zeit ein Paar und es ist euch wirklich ernst. Ihr sorgt ernsthaft füreinander, es geht euch um den anderen als Person und nicht um Äußerlichkeiten. Gleichzeitig fühlt ihr euch stark zueinander hingezogen. Du als Mann hast das Bedürfnis, deiner Freundin ein Beschützer zu sein, und du als Frau hast das Bedürfnis, für deinen Freund zu sorgen, für ihn da zu sein. Euer Miteinander ist respektvoll und ihr hattet auch schon so manche Meinungsverschiedenheiten und Konflikte, für die ihr eine Lösung gefunden habt. Wenn das so ist, dann werdet ihr euch wahrscheinlich Gedanken darüber machen, ob ihr euch demnächst verloben sollt.

Vielleicht geht es euch so und du hast dir schon die Frage gestellt, wie lange man zusammen sein sollte, bevor man heiratet oder der Frau einen Heiratsantrag macht. Diese Frage stellen sich viele Paare und die Antwort ist nicht einfach. Wie so oft im Leben gibt es dafür keine Patentlösung. Jedes Paar muss das für sich herausfinden. Als Richtwert kann man sicher sagen: Je jünger man ist, desto länger kann und sollte man mit einem Heiratsantrag warten. Schließlich habt ihr keine biologische Uhr, die laut tickt, und ihr habt noch nicht so viel Lebenserfahrung wie jemand, der schon 35 oder noch älter ist. Sammelt lieber noch ein paar Erfahrungen, bevor ihr diesen Schritt wagt. Wichtig ist sicher auch, dass einer von euch, meist ist das der Mann, schon eine Arbeitsstelle hat, denn wenn ihr heiratet, kann es sein, dass ihr bald ein Kind bekommt, und da braucht es eine gewisse finanzielle Absicherung.

Freunde von mir, Karoline und Robert, waren zwischen 20 und 25 Jahre alt und schon seit einigen Jahren ein Paar. Als Karoline ihr Studium abschloss, hatte Robert schon eine Berufsanstellung. Das war für sie der Moment, in dem sie merkten, dass sie sich verloben sollten. Karoline hatte zwar noch keine Anstellung, sie wollte sich noch in einer bestimmten Berufsrichtung spezialisieren und sie wussten auch noch nicht, in welcher Stadt sie einmal fix wohnen wollten, trotzdem merkten sie, dass nun der Zeitpunkt gekommen war, dass sie diesen Schritt setzen sollten.

Bittet Jesus und den Heiligen Geist um Hilfe, wenn ihr nicht recht wisst, ob ihr noch warten sollt oder ob ihr jetzt schon den nächsten Schritt setzen sollt.

12.1 Wichtige Fragen klären

Aber bevor ihr entscheidet, ob ihr euch verloben sollt oder noch nicht, gibt es einige Fragen, die ihr für euch beantworten solltet. Wenn ihr euch schon verlobt habt, dann könnt ihr diese Fragen in der Verlobungszeit klären. Wichtig: Geht nicht in die Ehe, ohne euch darüber Gedanken gemacht zu haben, und versucht, eine Lösung für die Fragen zu finden, bzgl. derer ihr euch uneinig seid. Wenn es Fragen gibt, wo ihr euch total uneinig seid oder merkt, dass ihr viel zu unterschiedliche Ansichten habt, dann solltet ihr euch überlegen, ob es nicht besser wäre, nicht zu heiraten.[175]

Fragen bezüglich eurer Beziehung

Wie sieht es um unsere Freundschaft aus?
Habt ihr eine solide freundschaftliche Basis? Seid ihr gern zusammen? Sprecht ihr gern über die Dinge, die euch beschäftigen? Hört ihr einander gut zu? Kennt ihr euch wirklich gut? Habt ihr, so gut es geht, auch eure schlechten Eigenschaften kennengelernt? Bist du bereit, diese schlechten Eigenschaften deines Freundes,

---

[175] Viele dieser Fragen sind den Büchern *If You Really Loved Me* von J. Evert (vgl. S. 77–98) und *Frosch trifft Prinzessin* von J. Harris (vgl. S. 193–208) entnommen.

deiner Freundin zu akzeptieren in dem Wissen, dass sich diese nicht so schnell verändern werden, wenn überhaupt?

Seid ehrlich und überlegt, was euch wirklich vereint! Geht es dir wirklich um die andere Person oder fühlst du dich einfach nur gut in der Gegenwart deines Freundes, deiner Freundin? Seid ihr zu abhängig voneinander? Führst du die Beziehung nur, weil du vor der Einsamkeit flüchtest?

Prüft eure Freundschaft im Licht Gottes! Wenn du falsche Motive oder Unehrlichkeit siehst, dann hab den Mut, sie zu beenden!

Hilft mir meine Freundin/mein Freund, Gott näherzukommen, und helfe ich ihr/ihm, im Glauben zu wachsen?

Betet ihr gemeinsam? Könnt ihr über geistige Dinge reden, darüber, wo Gott gerade wirkt in eurem Leben, was euch auf dieser Ebene beschäftigt? Habt ihr dieselben Ansichten, was den Glauben betrifft? Glaubt einer von euch nicht an Gott? „Die Bibel rät davon ab, jemanden zu heiraten, der ungläubig ist (1 Kor 7, 13–14), weil die Ehe schon schwierig genug ist, ohne dass es Unterschiede gibt in einem Bereich, der das Fundament eures gemeinsamen Lebens sein sollte. Wenn einer katholisch ist und der andere in eine andere christliche Kirche geht, dann sei dir bewusst, dass es deshalb zu Schwierigkeiten kommen wird. Die Kirche erlaubt gemischte Ehen, aber sie rät davon ab wegen der Schwierigkeiten, die während der Ehe auftauchen.“[176]

Ähnlich oder wahrscheinlich noch komplizierter ist es, wenn einer von euch einer nicht christlichen Religion angehört, z. B. dem Islam. Auch hier können in der Ehe große Schwierigkeiten oder Probleme auftauchen, weil in dieser Religion unter anderem die Rolle der Frau eine ganz andere ist als im Christentum.

Das heißt nicht, dass du deinen Partner nicht heiraten sollst, wenn eines der eben genannten Beispiele zutrifft. Aber frag Gott ehrlich im Gebet, ob du den Weg mit diesem Partner weitergehen sollst. Vertrau auf Ihn. Suche auch Rat bei einem Priester. Mithilfe des Heiligen Geistes wirst du die richtige Entscheidung treffen.

---

[176] Evert, *If You Really Loved Me,* S. 78f.

Was sagen eure Freunde und Familienmitglieder zu euch als Paar? Ich will mit dieser Frage nicht sagen, dass du alle deine Freunde, deine Eltern und Geschwister um Erlaubnis bitten musst, damit du deinen Freund bzw. deine Freundin heiraten darfst. Nicht alle deine Familienmitglieder und Freunde werden deinen Partner unendlich sympathisch finden. Das ist gar nicht notwendig, denn sie müssen ihn oder sie nicht heiraten. Aber wenn mehrere Personen unabhängig voneinander Bedenken äußern bezüglich der Beziehung, die du führst, dann solltest du ernsthaft darüber nachdenken und vor Gott prüfen, ob du diese Beziehung weiterführen sollst oder nicht. Deine Eltern, Geschwister und besten Freunde kennen dich sehr gut, sie wissen um deine Vorlieben, Gewohnheiten und Träume, und wenn sie solche Bedenken äußern, dann deshalb, weil sie dich lieben und nur das Beste für dich wollen.

Jason Evert berichtet: ***„Als ich mein Masterstudium beendete, war ich mit einer jungen Frau zusammen und wir fassten die Möglichkeit einer Eheschließung ins Auge. Wir trafen uns mit ihren Eltern, um über unsere Hoffnungen zu sprechen. Die Eltern stimmten unserer Beziehung zu, aber eine Eheschließung war für sie noch mehrere Jahre entfernt. Zu jenem Zeitpunkt frustrierte mich, dass sie nicht sehen konnten, wie sehr wir einander liebten, aber sie lagen richtig in ihrer Weisheit und der Herr trennte unsere Wege nach einiger Zeit. Ihre Familie war wirklich weise und sie wussten, dass wir, wenn wir zusammenbleiben sollten, geduldig und im Gebet bleiben mussten, um den richtigen Zeitpunkt abzuwarten.“***[177]

In diesem Fall war der Rat der Eltern nicht, die Beziehung zu beenden, sondern mit der Hochzeit noch zu warten.

Wenn jemand in deiner nahen Umgebung Bedenken äußert oder euch zum Warten anregt, dann bete in diesem Anliegen und bitte um das Licht des Heiligen Geistes, damit du die richtige Entscheidung triffst.

---

[177] Evert, *If You Really Loved Me*, S. 79.

Habt ihr schon so manche Konflikte gelöst?

„Gute Ehen bestehen nicht darin, niemals Probleme zu haben, sondern mit diesen gut umzugehen!"[178] Deshalb lautet die Frage nicht, ob ihr noch keine Konflikte hattet, sondern ob ihr den einen oder anderen Konflikt schon auf gute Weise gelöst habt. Ohne euch gegenseitig zu manipulieren, Probleme herunterzuspielen oder problematische Themen überhaupt zu vermeiden. Besprecht ihr eure Probleme und Meinungsverschiedenheiten in Ruhe? Bittet ihr euch um Vergebung, wenn ihr merkt, dass ihr einen Fehler gemacht oder den anderen verletzt habt? Verzeiht ihr einander oder hortet ihr Groll?

Wenn ihr merkt, dass ihr Konflikte und Probleme falsch angeht, dann heißt das nicht, dass ihr nicht heiraten sollt. Wenn ihr bereit seid, euch zu ändern und solche Dinge ab jetzt anders anzugehen, dann bittet Gott um Hilfe, damit ihr in diesem Umlernprozess schnell Fortschritte macht.

Welche Rolle spielt eure gegenseitige sexuelle Anziehung?

Spielt sie eine zu große Rolle? Wenn man sich körperlich sehr nahekommt, dann fühlt man sich auch innerlich sehr nah und man kann dadurch das Gefühl haben, dass die Beziehung sehr gut läuft. Das muss aber nicht so sein.

„Körperliche Intimität benebelt unser Urteilsvermögen – und das sollte sie auch. Einer der Nutzen der totalen körperlichen Intimität für Ehepaare ist, dass sie sie weniger kritisch dem anderen gegenüber macht. Diese Trübung unserer Gedanken gehört jedoch in die Ehe, nicht in die Zeit davor."[179]

Auch wenn ihr auf sexueller Ebene nicht bis zur körperlichen Vereinigung geht: Wenn ihr merkt, dass ihr zu weit geht, dann geht einen Schritt zurück, damit ihr eure Beziehung in einem besseren Licht seht.

Umgekehrt gilt auch: Wenn überhaupt kein Verlangen vorhanden ist, dem anderen sexuell nahe zu sein und du dich körperlich überhaupt nicht zu deinem Freund/deiner Freundin hingezogen fühlst, dann würde ich dir raten, die Beziehung zu beenden. „Sich zu jemandem hingezogen zu fühlen, ist wundervoll, und ich würde

---

[178] Harris, *Frosch trifft Prinzessin,* S. 200.

[179] Evert, *If You Really Loved Me,* S. 77.

einem Paar nicht empfehlen zu heiraten, wenn sie sich nicht zueinander hingezogen fühlen. Denn so hat uns Gott gemacht."[180] Wenn also jegliche körperliche Anziehung fehlt, ist von einer Hochzeit abzuraten.

Möchtest du deinen Freund, deine Freundin aus ganzem Herzen heiraten?
Vielleicht klingt diese Frage ein bisschen fehl am Platz, aber trotzdem solltest du dir darüber Gedanken machen. Willst du diese Person wirklich heiraten? Oder bist du mit ihm/ihr zusammen, weil deine Eltern oder jemand anders deine Meinung zu sehr beeinflusst und meint, dass deine Freundin/dein Freund der perfekte Partner für dich ist? Oder hast du insgeheim den Eindruck, dass du die Beziehung beenden sollst, aber gleichzeitig hast du Angst davor, wieder single zu sein und am Ende niemanden zu finden?
Sei auch ein bisschen selbstkritisch, wenn du diese Frage für dich beantwortest! Will ich diese Person heiraten? Bin ich bereit, sie so zu akzeptieren wie sie bzw. er ist?
Vermeide es, eine „Liste" zu machen mit Dingen, die du an deinem Partner verändern willst! Das wird nicht klappen. Nur Gott kann uns verändern. Du bist gerufen, „Ja" zu sagen zu allen Stärken und Schwächen, Talenten und Begabungen deiner Freundin, deines Freundes. Willst du das?

Praktische Fragen

Wie viele Kinder wollen wir haben?
Das ist eine Frage, die sich sicher jedes Paar früher oder später stellt, und nicht immer ist es einfach, auf einen gemeinsamen Nenner zu kommen. Wer Kinder liebt und am liebsten zwei Kleinbusse mit den eigenen Kindern füllen will, wird eine Lösung suchen müssen, wenn sein Partner nur zwei oder maximal drei Kinder will. Sich auf eine genaue Kinderzahl festzulegen, ist aber nicht immer ganz einfach, weil das Leben auch so manche Überraschung bereit hält, mit denen man nicht rechnet.

---

[180] Evert, *If You Really Loved Me,* S. 83.

Ich habe zu meinem Mann immer gesagt: „Mindestens drei und dann schauen wir weiter." Ich wollte und konnte mich nicht auf eine genaue Zahl festlegen. Mein Mann wiederum hätte auch nichts gegen eine ganze Fußballmannschaft gehabt, aber er war auch realistisch genug, um einzusehen, dass eine Fußballmannschaft aus verschiedenen Gründen für uns nicht möglich ist. Also heirateten wir mit dem Vorsatz: „Mindestens drei."

Wie wollen wir unsere Kinder während ihrer ersten Lebensjahre erziehen? Bleibt die Frau und Mutter zu Hause oder der Vater? Können wir uns vorstellen, dass beide eine Weile zu Hause bleiben, oder wollen wir beide möglichst wenig Zeit zu Hause verbringen und so bald wie möglich wieder arbeiten? Wenn Letzteres der Fall ist, welche Art der Kinderbetreuung würden wir bevorzugen? Kinderkrippe, Großeltern, Tagesmutter, ein privates Kindermädchen?
Wie du schon weißt, ist mein Mann Spanier, und nachdem ich einige Zeit hier in Spanien verbracht hatte, stellte ich fest, dass sehr viele Mütter bald nach der Geburt ihrer Kinder wieder zurück an die Arbeit gehen. Das hat verschiedene Gründe, auf die ich hier nicht eingehen will. Dass der Vater eine Weile zu Hause bleibt, ist sehr ungewöhnlich und war bis vor einiger Zeit rechtlich auch nicht ganz einfach. Aufgrund dessen, was ich in Österreich gesehen, erlebt und von Psychologen und anderen Wissenschaftlern gehört hatte, wollte ich auf jeden Fall einige Jahre nach der Geburt unserer Kinder zu Hause bleiben, auch wenn wir finanziell einige Abstriche machen müssten. Deshalb sprach ich mit meinem Mann darüber, als wir noch nicht verheiratet waren. Er verstand meine Ansichten und war damit einverstanden.

Wo wollen wir wohnen?
Wie wir bei Karoline und Robert gesehen haben, muss man diese Entscheidung nicht unbedingt treffen, bevor man heiratet. Jedoch sollte man darüber geredet haben. Die beiden hatten sich sicher gemeinsam darüber Gedanken gemacht, wo sie nach der Hochzeit wohnen könnten bzw. was sie sich vorstellen könnten, wo sie mittel- bis langfristig wohnen wollten. Jetzt sind Karoline und Robert seit einigen Jahren verheiratet und vor Kurzem haben sie ihr Eigenheim gekauft. Mit anderen Worten: Nicht immer muss

man schon vor der Hochzeit eine endgültige Entscheidung treffen und das Haus muss auch nicht unbedingt schon gebaut bzw. gekauft sein.

Mein Mann und ich wollten in der Stadt bleiben, in der wir wohnten, aber wir wussten nicht so recht, wo und was kaufen. Also haben wir uns nach der Hochzeit eine Mietwohnung genommen und beschlossen, einen Hauskauf auf später zu verschieben.

Wenn einer von euch aus dem ländlichen Bereich kommt und den landwirtschaftlichen Betrieb der Eltern übernimmt oder schon übernommen hat, dann ist es wahrscheinlich klar, wo ihr wohnen würdet. Da liegt es dann am Partner (meist an der Frau), dies zu akzeptieren.

Sprecht also darüber, wo ihr gerne wohnen wollt, ob es übergangsmäßig oder von Anfang an der fixe Wohnort sein soll.

Wo und wie wollen wir unseren Weg zur Heiligkeit in der Ehe gehen?

Diese Frage bezieht sich darauf, wo und wie, in welcher Pfarre bzw. Gemeinschaft oder Bewegung wir uns im Glauben engagieren wollen.

Wenn du dich erinnerst, ich habe erzählt, dass mein Mann am Beginn unserer Beziehung in der Gemeinschaft Emmanuel war und ich nicht. Für mich war das auch überhaupt kein Problem, dass er dort zu den verschiedenen Treffen fuhr, ohne dass ich dabei war. Als wir schon längere Zeit ein Paar waren, nahm ich auch an einigen dieser Treffen teil und es gefiel mir sehr gut. Ich merkte, dass ich dort meinen Glaubensweg weitergehen wollte und nicht in der Evangelisationsgruppe, in der wir beide engagiert waren. Darüber sprachen wir und es stellte sich heraus, dass es auch meinen Mann zur Gemeinschaft Emmanuel hinzog. Also beschlossen wir, die Evangelisationsgruppe zu verlassen, nachdem die Zusammenarbeit mit der Gemeinschaft Emmanuel abgeschlossen war, weil wir merkten, dass Gott uns dazu gerufen hatte, in der Gemeinschaft Emmanuel unseren Weg zur Heiligkeit weiterzugehen.

Wenn ihr beide aus derselben Gemeinschaft oder Bewegung kommt, dann stellt sich diese Frage vielleicht gar nicht, weil es für euch klar ist, dass ihr dort euren Weg weitergehen sollt, auch wenn ihr verheiratet seid.

Für manche von euch ist diese Frage wahrscheinlich komplizierter, besonders wenn ihr aus zwei verschiedenen Bewegungen bzw. Gemeinschaften kommt oder wenn einer von euch die Welt der Erneuerungsbewegungen nicht kennt. Nicht immer kann diese Frage vor der Hochzeit restlos geklärt werden. Vielleicht wollt ihr beide die jeweilige Bewegung oder Gemeinschaft des anderen kennenlernen, um herauszufinden, wohin Gott euch ruft. Oder ihr merkt, dass ihr einen ganz neuen Weg einschlagen sollt, oder ihr habt das Gefühl, dass ihr diese Frage erst in ein paar Jahren beantworten könnt. Oder einer von euch merkt, dass er aus Rücksicht auf den anderen einige Abstriche machen muss.

Sprecht auf alle Fälle darüber. Dieser Punkt ist wichtig, denn „ein Ehemann und seine Frau sollten in der Lage sein, gemeinsam mehr für Gott zu tun, als sie das einzeln schaffen. Sie sollten ein Team sein und um effektiv zu sein, müssen sie dasselbe Ziel im Kopf haben"[181].

Fragen, die euch selbst noch wichtig sind

Vielleicht findet ihr, dass die eine oder andere Frage fehlt in dieser Liste. Wenn es Themen gibt, die für euch wichtig sind, dann besprecht sie, bevor ihr den nächsten Schritt setzt.

Ich kann mich noch gut an die letzten Wochen und Monate vor dem Heiratsantrag meines Mannes erinnern. Oft, wenn wir uns trafen, stellte er mir Fragen, die für ihn wichtig waren im Hinblick auf eine mögliche Ehe. Eine davon war, ob ich mir vorstellen könnte, seine Eltern oder einen von beiden bei uns zu Hause zu pflegen, wenn sie sehr alt sind und nicht mehr allein leben können.

Bedenkt aber, dass nicht immer alles so kommen muss, wie ihr es abmacht oder als Antwort auf die jeweilige Frage verzeichnet. Wenn ihr beschließt, mindestens fünf Kinder zu haben, aber es stellen sich später in der Ehe gesundheitliche oder andere Probleme ein, dann kann es durchaus sein, dass es dann am Ende nur zwei oder drei Kinder sind.

Wichtig ist aber: Sprecht offen über alle Dinge, die euch beschäftigen, auch wenn es sein kann, dass es dann anders kommt, als ihr euch das vorstellt. Das offene und ehrliche Gespräch ist eine gute Basis für die Ehe.

---

[181] Evert, *If You Really Loved Me,* S. 79.

12.2 Die Vergangenheit

Wenn ihr merkt, dass es in eurer Beziehung Richtung Verlobung geht, dann solltet ihr euch auch Gedanken darüber machen, ob es Erlebnisse oder Vorfälle in eurer Vergangenheit gibt, die eurer Partner kennen sollte.

Joshua Harris erzählt, dass seine Frau Shannon an einem bestimmten Punkt ihrer Beziehung merkte, dass sie Joshua von ihrer Vergangenheit erzählen sollte und sie tat es dann auch. Als Jugendliche führte sie ein sexuell sehr ausschweifendes Leben. Mit 14 erlebte sie ihr erstes Mal und auch während ihres Studiums hatte sie ständig wechselnde Freunde, mit denen sie auch schlief. Als sie Jesus kennenlernte und erkannte, welch großer Schatz das Leben in Reinheit ist, bereute sie zutiefst, was sie in ihrer Jugend gemacht hatte.[182]

Es ist nicht notwendig, alle Details zu erzählen, aber solche und andere Dinge, die dich tief geprägt haben, solltest du deinem Partner erzählen, vor allem wenn ihr ernsthaft überlegt, ob ihr euch verloben sollt. Sonst musst du später in der ständigen Angst leben, dass dein Partner etwas über dich herausfindet, das er nicht weiß.

In den meisten Beziehungen kommt man irgendwann ohnehin auf die Vergangenheit zu sprechen, aber vielleicht gibt es das eine oder andere, das du deinem Freund/deiner Freundin noch nicht erzählt hast. Das kann wie bei Shannon ein sexuell ausschweifender Lebensstil sein, ein Kind, das deine Ex-Freundin/dein Ex-Freund erzieht, eine Vergewaltigung, eine Abtreibung, eine lange, komplizierte Beziehung, sexueller Missbrauch, körperliche Gewalt, psychische Gewalt usw.

Wählt für so ein Gespräch einen Ort aus, wo ihr ungestört seid. Sei gewiss: Wenn dein Freund, deine Freundin dich wirklich liebt und respektiert, so wird sie oder er deine Vergangenheit akzeptieren, so wie er/sie dich annimmt, wie du bist.

---

[182] Vgl. Harris, *Frosch trifft Prinzessin*, S. 171.

12.3 Vorbereitung auf die Ehe

Wenn ihr nun beschlossen habt zu heiraten, dann bleibt mir nur, euch zu gratulieren und euch das Beste zu wünschen. Gott hat sich wirklich etwas Tolles für uns ausgedacht, als Er die Ehe erfunden hat. Sie ist ein Weg, der niemals langweilig wird, auf dem es viel zu entdecken und zu lernen gibt, ein Weg, auf dem man eine ganz neue Vertrautheit erfährt und auf dem auch so manche Schwierigkeiten auf euch zukommen werden.

Der Weg der Ehe ist ein wunderbarer Weg. Wenn ihr ihn beschreitet, vergesst nie, dass es neben der großen Verliebtheit, die am Anfang der Beziehung ganz stark ist, die Liebe gibt, die unsere Handlungen voraussetzt, die Agape. Sie ist eine Liebe, „die darauf wartet, zu wachsen, aber sie ist eine leisere Liebe als die, die ein Paar am Anfang ihrer Beziehung kennt. Es ist bedauerlich, dass nur so wenige die Geduld haben zu warten und aufopfernd zu arbeiten, damit sie ihre Blüten sehen"[183].

Deshalb ist es so wichtig, möglichst viel Zeit in die Ehevorbereitung zu investieren. Wie viele Paare stecken fast unendlich viel Zeit und Kraft in die Hochzeitsvorbereitungen, und die Vorbereitung auf die Ehe geht dabei fast unter? Natürlich will so ein besonderes Fest gut geplant und vorbereitet sein, aber trotzdem: Lasst die Ehevorbereitung nicht außer Acht! Macht nicht irgendeinen Schnell-schnell-Ehevorbereitungskurs, wo man maximal zwei Abende investieren muss, sondern sucht euch einen, wo ihr viel lernen könnt, auch wenn er mehr Zeit in Anspruch nimmt.

Ich kenne den Fall eines Paares, das ein ganzes Wochenende investiert hat, von Donnerstag bis Sonntag. Auch die mehrstündige Anreise hat es nicht davon abgehalten, genau diesen Kurs zu machen, der ihm sehr geholfen hat.

Mein Mann und ich haben zusätzlich zum Ehevorbereitungskurs ein Buch gemeinsam gelesen, das speziell für (junge) Ehepaare geschrieben war. Vielleicht wollt ihr auch ein Buch lesen, um eure Vorbereitung zu vertiefen und damit ihr es lernt, in der gelebten Liebe zu wachsen und zu reifen. Ein empfehlenswerter Klassiker ist hier sicher das Buch *Die fünf Sprachen der Liebe* von Gary Chapman, oder ihr lest ein anderes, das euch jemand empfiehlt.

---

[183] Evert, *If You Really Loved Me,* S. 80.

Was dir klar sein sollte

Es gibt einige Punkte, derer ihr euch bewusst sein solltet, bevor ihr in die Ehe geht:

Erstens. Du kannst den anderen nicht verändern, du kannst nur dich selbst verändern und den anderen so akzeptieren, wie er ist. „Eine Ehe ist nicht deshalb erfolgreich, weil man die perfekte Person gefunden hat, sondern weil man die nicht perfekte Person liebt, die man geheiratet hat."[184] In allen Ehen tauchen früher oder später Schwierigkeiten auf. Wenn man nach der Hochzeit anfängt, zusammenzuwohnen, lernt man den Partner noch einmal anders kennen und man entdeckt Schwächen und Fehler des anderen, die man zuvor nicht gesehen hat. Das ist ganz normal. Oder es ändern sich manche Lebensumstände, die neue Eigenschaften deines Partners ans Licht bringen. Hier liegt es an dir, dich dafür zu ENTSCHEIDEN, deine Frau bzw. deinen Mann so anzunehmen, wie er oder sie ist, auch wenn es nicht immer leicht ist. Wenn du das tust, wirst du merken, dass eure Liebe tiefer und erfüllender wird. So wie einmal jemand sagte: „Ich habe sie geheiratet, weil ich sie geliebt habe, jetzt liebe ich sie, weil ich sie geheiratet habe."[185]

Zweitens: Wenn ihr heiratet, ändern sich die Prioritäten für euch. Die oberste Priorität wird immer Gott sein, das sollte sich nie ändern. Aber das, was danach kommt, ändert sich. An erster Stelle nach Gott und Jesus Christus soll der Ehemann bzw. die Ehefrau stehen, nicht mehr die Eltern oder Geschwister. Sie rücken in der Liste nach unten. Das lässt sich gut an einigen Beispielen verdeutlichen.
Ich kenne eine ältere Dame, die schon Witwe ist und immer wieder gern von ihren Lebenserfahrungen berichtet. Einmal erzählte sie von einem Erlebnis, als sie frisch verheiratet war. Sie war, wie auch vor der Hochzeit, berufstätig und ihre Mutter ging daher immer wieder zu ihr nach Hause, um ihr Bett zu machen und ein bisschen aufzuräumen. Als sie nun geheiratet hatte, behielt ihre Mutter diese Gewohnheit bei und ging vormittags in die Wohnung ihrer Tochter

---

[184] Evert, *If You Really Loved Me,* S. 80.
[185] In Evert, *If You Really Loved Me,* S. 80.

und ihres Schwiegersohns, um aufzuräumen. Den Schwiegersohn jedoch störte das. Er fand, dass das nicht angebracht war, und sprach mit seiner jungen Frau darüber. Die Frau akzeptierte die Ansichten ihres Mannes und ging daraufhin zu ihrer Mutter und bat sie, nicht wieder zu ihnen nach Hause zu kommen, um aufzuräumen. Das hinzunehmen war nicht einfach für ihre Mutter, aber sie erkannte, dass die Priorität ihrer Tochter nun eine andere war, nämlich ihr Mann und in gewissen Situationen so zu handeln, dass in erster Linie die Harmonie in der Ehe aufrechterhalten blieb und nicht so sehr die zwischen Eltern und Kind. Also ging sie von nun an nur mehr dann zu ihrer Tochter, wenn sie ausdrücklich eingeladen wurde.

„Leon und Johanna waren relativ frisch verheiratet, als Johanna den Geburtstag ihrer Schwiegermutter vergaß. Ich sage deshalb, „Johanna vergaß', weil sowohl in Leons als auch in Johannas Familie die unausgesprochene und unangefochtene Regel galt: Die Frau ist verantwortlich für alle Geburtstage, Jubiläen und Geschenke.

Trotzdem kam der direkte Vorwurf ihres Schwiegervaters für Johanna völlig unerwartet. Er rief sie im Büro an und kam direkt zur Sache. Seine Stimme hatte einen scharfen Unterton. ‚Wie konntest du ihren Geburtstag vergessen? Ausgerechnet in diesem Jahr! Wo sie doch so viel für euch getan hat!'

Vergessen wir die Tatsache, dass Leon den Geburtstag seiner Mutter genauso vergessen hatte. Vergessen wir, dass Johanna drei Monate nach der Hochzeit noch genug mit ihrer neuen Situation als Ehefrau zu tun hatte. Ihr Schwiegervater war sauer und ließ seinen ganzen Ärger an ihr aus.

Stunden später, als Leon nach Hause kam, hatte Johanna den Schock immer noch nicht überwunden. Leon merkte sofort, dass sie geweint hatte. ‚Was ist denn los?', wollte er wissen und hoffte insgeheim, dass nicht er aus Versehen schuld an ihrer Laune war.

Johanna schüttete ihm ihr Herz aus und berichtete von dem wütenden Telefonanruf seines Vaters. Wieder kamen Tränen, als sie sich wortreich dafür entschuldigte, den Geburtstag versäumt zu haben.

Leon stand auf und ging ruhig zum Telefon. Er sagte kein Wort und wählte.

‚Hallo Mom, hier ist Leon‘, sagte er. Johanna hielt erschrocken die Luft an.

‚Hör mal, es tut mir wirklich sehr leid, dass ich deinen Geburtstag vergessen habe. Ich hoffe, du hattest gestern trotzdem einen schönen Tag. Du kriegst noch eine Geburtstagskarte, versprochen. Lieber spät als nie, oder?‘, scherzte Leon. ‚Kann ich bitte mal mit Dad sprechen?‘

Er wartete einen Augenblick. ‚Hallo Dad, hier ist Leon.‘ Johanna lauschte gebannt.

‚Dad‘, fuhr Leon entschlossen fort, ‚du hast heute Johanna wegen Moms Geburtstag angerufen. Aber sie trifft keine Schuld und du hattest kein Recht, sie so anzugreifen. Ich liebe dich, Dad, aber das kann ich nicht so stehen lassen. Sie ist nicht dein Kind; sie ist meine Frau. Ich möchte nicht, dass du noch einmal so mit ihr redest.‘

Leon war fertig. Johanna vermutete, dass sein Vater sich verteidigte.

‚Nein‘, unterbrach ihn Leon mit fester Stimme. ‚Das steht nicht zur Diskussion, Dad. Tut mir leid.‘

Wieder hörte Leon zu.

‚Ich bin froh, dass du das so siehst. Danke für dein Verständnis. Mach's gut, Dad.‘‘[186]

Leon handelte richtig in dieser Situation. Er machte seinen Eltern und seiner Frau klar, zu wem er grundsätzlich halten würde. Für Johanna war es wichtig, zu erkennen, dass sie für Leon wichtiger war als seine Eltern. Diese Loyalität ihres Mannes gab Johanna Sicherheit in Bezug auf die Beziehung mit ihren Schwiegereltern.

Im Buch *Was jeder Bräutigam wissen sollte* wird noch ein weiteres Beispiel erzählt. David und Lisa heirateten und bald nach ihrer Hochzeit traten Spannungen zwischen Lisa und ihrer Schwiegermutter auf. David stellte sich dabei immer auf die Seite seiner Mutter, die er sehr bewunderte und respektierte. Im Laufe der Zeit wies David Lisa immer wieder darauf hin, was und wie sie

---

[186] Wolgemuth / DeVries, *Was jeder Bräutigam wissen sollte*, S. 174f.

sich verändern sollte. Lisa vermutete, dass David das an ihr kritisierte, was auch seine Mutter als schlecht empfand. Deshalb verschloss sie sich gegenüber allen Vorschlägen Davids und die Stimmung in der Ehe wurde immer schlechter. David merkte, dass die Ehe nicht gut lief, und fuhr deshalb zu seinem Freund Sam, um mit ihm das Problem zu besprechen.

„Es dauerte nicht lange, bis David eine Frage stellte, die Sam aufhorchen ließ: ‚Wie kriege ich Lisa dazu, sich endlich so zu verändern, wie meine Mutter es will?‘

Sam lehnte sich auf seinem quietschenden Stuhl zurück und verschränkte die Hände hinterm Kopf. ‚Hört sich an, als solltest du von zu Hause weglaufen‘, sagte er mit einem Schmunzeln.

David war schockiert. ‚Ich soll von zu Hause weglaufen?‘

Sam zitierte aus dem Gedächtnis: ‚Darum wird ein Mann seinen Vater und seine Mutter verlassen und seiner Frau anhangen, und sie werden ‚ein‘ Fleisch.‘ Er sah seinen Freund an. ‚Du hast versucht, in zwei Häusern gleichzeitig zu wohnen. Als ihr beide, du und Lisa, geheiratet habt, hast du vielleicht deine Siebensachen in eure gemeinsame Wohnung getragen, aber dein Herz wohnt woanders. Es lebt immer noch in deinem Elternhaus bei deiner Mutter. Das Problem liegt also bei dir, nicht bei Lisa. Bis du deine Mutter verlässt und komplett bei Lisa einziehst, wird sich an der Situation nichts ändern.‘‘[187]

Diese Worte waren sehr hilfreich für David und er fasste den Entschluss, ab sofort, egal bei welchem Thema, immer Partei für seine Frau Lisa zu ergreifen. Das war für seine Mutter sehr schwer zu akzeptieren und auch Lisa war am Anfang skeptisch. Aber David handelte mit Entschiedenheit und wies seine Mutter immer wieder behutsam, aber ohne zu zögern, in die Schranken. So zog er nach einigen Monaten ganz bei Lisa ein und ihre Beziehung zueinander verbesserte sich sehr.

Diese Änderung der Prioritäten geschieht natürlich nicht von einem Tag auf den anderen. Heute sind wir noch nicht verheiratet, also sind meine Eltern wichtiger, morgen bin ich verheiratet, also

---

[187] Wolgemuth / DeVries, *Was jeder Bräutigam wissen sollte*, S. 177f.

ist mein Mann bzw. meine Frau wichtiger. Vielleicht muss so mancher Vater oder so manche Mutter schon vor der Hochzeit ein wenig in die Schranken gewiesen werden. Das müsst ihr als Paar erkennen. Wichtig hierbei ist, dass ihr beide besprecht, was euch stört oder wo ihr das Gefühl habt, dass die Eltern in der Prioritätenliste zu weit oben stehen. Ihr sucht eine Lösung, die ihr dann den Eltern unterbreitet. Dabei bespricht der Mann mit seinen Eltern und die Frau mit ihren die jeweilige Angelegenheit, so wie wir es in den Beispielen gesehen haben. Leon wies seinen Vater darauf hin, dass er sein Verhalten nicht billigte, die alte Dame besprach das Besuchsthema mit ihrer Mutter und David sagte seiner Mutter immer wieder, dass er zu Lisa halte. Immer sind es die Kinder, die mit ihren Eltern heikle Themen ausreden, nicht die Schwiegerkinder. Nicht immer wird es notwendig sein, als Paar darüber zu reden und eine Lösung zu finden.

Im Beispiel von Leon und Johanna hat Leon, nachdem ihm seine Frau erzählt hatte, was passiert war, seinen Vater angerufen und ihn gebeten, in Zukunft nicht mehr so mit seiner Frau zu reden. Da gab es für ihn nichts zu besprechen, sondern er redete gleich direkt mit seinem Vater. Im Zweifelsfall und in Gegenwart der Eltern, vor allem wenn man schon verheiratet ist, gilt: Immer Partei für den (Ehe)Partner ergreifen.

Dasselbe wie mit den Eltern gilt auch, wenn ihr einmal Kinder habt. Auch wenn ein Baby am Anfang sehr viel Zuwendung braucht und viel Zeit in Anspruch nimmt, die Kinder stehen in der Liste unter dem Ehepartner. Das Wichtigste ist und bleibt trotz Kindern die Beziehung zum Ehepartner: Es gilt, diese nicht zu vernachlässigen, Zeit für Gespräche zu finden und für Dinge, die man als Ehepaar gern unternimmt.

Es gibt sicher noch weitere Themen, die ich hier nicht angesprochen habe, die aber wichtig sind, um gut gewappnet in die Ehe zu gehen und spätere Schwierigkeiten zu meistern. Versucht daher, euch wirklich gut auf die Ehe vorzubereiten! Die Zeit, die ihr darin investiert, ist keine verlorene Zeit, sondern Gott wird es euch vergelten und eure Ehe wird dadurch zu einem Segen für euch und eure Kinder werden.

Bibliografie

Ange, Daniel, *Dein Leib geschaffen für die Liebe*, Medienverlag Christoph Hurnaus, Linz 2003.

Benedikt XVI, Enzyklika *Deus Caritas Est*, Rom 2005.

Bonelli, Raphael M., *Frauen brauchen Männer (und umgekehrt) Couchgeschichten eines Wiener Psychiaters*, Kösel, München 2018.

Eldredge, John, *Der ungezähmte Mann. Auf dem Weg zu einer neuen Männlichkeit*, Brunnen, Gießen 2008.

Eldredge, Stacy und John, *Weißt du nicht, wie schön du bist? Was passiert, wenn Frauen das Geheimnis ihres Herzens entdecken*, Brunnen, Gießen 2007.

Evert, Jason, *If You Really Loved Me. 100 Questions on Dating, Relationships, and Sexual Purity*. Revised and expanded. Totus Tuus Press, Denver 2013.

Hammond, Jeremy (Hrsg.), *Frei. Mann. Sein. Stell dich dem Kampf um sexuelle Reinheit*, Stiftung Christliche Medien, Holzgerlingen 2018.

Harris, Joshua, *Frosch trifft Prinzessin. Wie gehts weiter, wenns gefunkt hat*, Gerth Medien, Asslar 2009.

Harris, Joshua, *Ungeküsst und doch kein Frosch. Warum sich Warten lohnt – radikale neue Einstellungen zum Thema Nr. 1*, Gerth Medien, Asslar 2010.

Johannes Paul II: Apostolisches Schreiben *Familiaris Consortio*, Rom 1981.

Katechismus der Katholischen Kirche. Neuübersetzung aufgrund der Editio typica Latina, De Gruyter Oldenbourg, München 2015.

Kuby, Gabriele, *Die globale sexuelle Revolution. Zerstörung der Freiheit im Namen der Freiheit*, Fe-Medienverlag, Kißlegg 2016.

Lubben, Shelley, *Pornographie. Die größte Illusion der Welt*, Ruhland, Bad Soden 2016.

Päpstlicher Rat für Gerechtigkeit und Frieden, *Kompendium der Soziallehre der Kirche*, Herder, Freiburg im Breisgau 2006.

Sonet, Denis, *Triunfar como pareja*, Editorial Claret, Barcelona 1986.

West, Christopher, *Theologie des Leibes für Anfänger*, Fe-Medienverlag, Kißlegg 2005.

Wolgemuth, Robert/DeVries, Mark, *Was jeder Bräutigam wissen sollte. Die 12 besten Tipps für die Ehe*, Francke, Marburg an der Lahn 2015.

Youcat Detusch. Jugendkatechismus der Katholischen Kirche, Pattloch, München 2011.

Dank

Darum will ich dir danken, Herr,
inmitten der Nationen,
ich will deinem Namen
singen und spielen.
Ps 18, 50

Als Erstem und allen voran will ich Gott danken. Er hat mir in Jesus Christus, Seinem Sohn, das Leben in Fülle geschenkt und mir den Wunsch ins Herz gelegt, dieses Buch zu schreiben. Danke, Vater! Danke, Jesus! Danke auch dir, Heiliger Geist, der mich immer wieder inspiriert hat und mir neue Ideen gegeben hat. Ihr heiligen Helfer im Himmel, danke euch allen für eure Fürsprache. Besonders danke ich dir, Johannes Paul II. Die Theologie des Leibes war eine wichtige Hilfe und Basis für dieses Buch.

Miguel Ángel, danke für deine ungebrochene Unterstützung. Seit Jahren stehst du fest hinter mir und hast mich in allem unterstützt, was dieses Projekt angeht. Besonders hast du mir geholfen, immer wieder Zeit zum Schreiben und Arbeiten zu finden.

Josef, Andrea, danke, dass ihr mich immer wieder motiviert habt, weiterzuarbeiten, und für eure große Geduld, weil das Buch nicht so schnell fertig wurde, wie ich dachte.

Liebe Freunde, danke, dass ihr mit euren persönlichen Berichten und Zeugnissen dieses Buch zu etwas Lebendigem und Lebensnahem gemacht habt.

Danke an alle, die sich die Mühe machen, Zeitschriften mit christlich-katholischem Inhalt zu schreiben. Ich habt mir immer wieder neue interessante Bücher vorgestellt und mich dadurch auf neue Ideen gebracht.

Mein besonderer Dank gilt auch Daniel Ange und Jason Evert. Eure Bücher sind ein großer Schatz für die Jugendlichen, die ein keusches Leben führen wollen, und sie waren auch mir ein Licht beim Schreiben dieses Buches.

Ich danke auch der hiesigen Universitätsbibliothek, weil sie auch Nichtstudenten dort arbeiten lässt. Danke für euren Arbeitsraum und die ablenkungsfreie Stille, die dort herrscht.

Danke allen Freunden fürs Vorablesen, Korrigieren und eure Gedanken, Kommentare und Ideen. Das war mir eine große Hilfe.

Besonders danken will ich allen, die für dieses Projekt gebetet haben. Dank dieser Unterstützung ist dieses Buch das, was es ist, und ohne eure Gebete wäre es sicher noch nicht veröffentlicht worden.